隐蔽战线春秋书系 | 回忆录卷

丹心素裹

中共情报员沈安娜口述实录

沈安娜◎口述
李忠效 华克放◎整理

中共党史出版社

图书在版编目（CIP）数据

丹心素裹：中共情报员沈安娜口述实录 / 沈安娜口述；李忠效，华克放整理 .—北京：中共党史出版社，2016.10（2023.9 重印）
（隐蔽战线春秋书系 . 回忆录卷）
ISBN 978-7-5098-3890-7

Ⅰ . ①丹… Ⅱ . ①沈… ②李… ③华… Ⅲ . ①沈安娜（1915—2010）– 传记 Ⅳ . ① K827=7

中国版本图书馆 CIP 数据核字（2016）第 231853 号

书　　名：丹心素裹——中共情报员沈安娜口述实录
作　　者：沈安娜（口述）　李忠效 华克放（整理）

出版发行：中共党史出版社
责任编辑：吴江
责任校对：龚秀华
责任印制：段文超
社　　址：北京市海淀区芙蓉里南街 6 号院 1 号楼　邮编：100080
网　　址：www.dscbs.com
经　　销：新华书店
印　　刷：北京盛通印刷股份有限公司
开　　本：720mm × 1000mm　1/16
字　　数：340 千字
印　　张：23
版　　次：2016 年 10 月第 1 版
印　　次：2023 年 9 月第 6 次印刷
书　　号：ISBN 978-7-5098-3890-7
定　　价：55.00 元

此书如有印装质量问题，请联系中共党史出版社读者服务部 电话：010-83072535

沈安娜（1915—2010）

沈安娜与华明之

‖代序‖ 罗青长

沈安娜、华明之同志是在长期的对敌斗争中，我们隐蔽战线可以引以为自豪的无数无名英雄之一。在他们的身上凝聚着周恩来、董必武、邓颖超等老一辈无产阶级革命家的谆谆教诲和深情厚望，受到隐蔽战线老前辈王学文、吴克坚、刘少文等同志的直接领导。可以说，如果离开党的领导，我们隐蔽战线的战士就会寸步难行、一事无成。这是曾经在敌人营垒战斗过的老同志感触最深的。当沈安娜、华明之同志身处逆境险情时，是党给予了他们智慧和力量，是党在危难时刻给他们指明了方向。由此可见，党的领导是情报工作的生命线，是情报工作成功与否的根本保证。而隐蔽战线的同志们必须自觉地将自己置身于党的绝对领导之下，要有崇高的理想，坚定的信念，严格的纪律，永远忠诚于党的事业。

在沈安娜、华明之的身上，我们还可以看到隐蔽战线的老同志“威武不能屈、贫贱不能移、富贵不能淫”的优良品质。面对国民党的高官厚禄，他们始终不为所动。出于污泥而不染，身居浮华而慎独。即便在生死考验面前，他们也临危不惧，处乱不惊。这种革命情操在新的历史条件下，特别值得大力提倡。我们隐蔽战线的同志们一定要自尊、自重、自强、自信、自律，始终把理想、信念、忠诚、气节作为第一操守，经得住险恶环境与和平环境下的各种考验。

沈安娜同志之所以能打入敌人的心脏十四载，不仅未被敌人识破，而且获得了大量核心机密和一些战略性、预警性、动态性的有价值的情报，不能不说她精湛的速记技能给她提供了方便可靠的掩护条件。这也给我们提供了一个重要启示，艺高方能人胆大，一招鲜才能走遍天。凡是立志献身于党的隐蔽战线的同志们，不仅要通晓各项情报保卫业务，而且要精通一两门专业。

沈安娜、华明之同志和隐蔽战线上成千上万的无名英雄一道，兢兢业业、默默无闻地为党工作。苟利国家生死以，岂因祸福避趋之。他们如同冰天雪地默默绽放的腊梅，“冰清玉洁独立寒风傲霜雪，丹心素裹智闯虎穴斗敌顽。”他们这种无私奉献的精神，理应受到人们的赞许、钦佩、弘扬，祖国和人民永远不会忘记他们对革命事业作出的特殊贡献！

于 1989 年

（代序作者曾任中共中央调查部部长）

目 录

引子　从一张老照片说起

这是保存在中国第二历史档案馆的一张老照片。1948年4月4日摄于南京丁家桥国民党中央党部礼堂，同年4月14日发表于南京的《中央日报》。画面上站在主席台中央正在讲话的是蒋介石。主席台后排一侧，是两个速记员的

1948年4月4日，蒋介石在南京丁家桥国民党中央党部礼堂主持国民党中央全会。主席台右二为沈安娜

席位。其中在花架前的一位年轻女速记员，就是我，那时我叫沈琬，是一名中共秘密情报员。

我受中共党组织的派遣，打入国民党营垒内部，在高层核心机要岗位上，为蒋介石等高官要员主持的国民党中央执行委员会常务委员会、中央执行委员会全体会议、国防最高委员会、中央政治委员会、国民政府军事委员会、中央训练团等各种会议以及蒋介石亲自主持的高层小范围绝密会议，担任速记员，搜集了许多具有重要参考价值的国民党党、政、军秘密情报。我的战友和终生伴侣华明之则根据组织指示，一直指导、配合、掩护和支持我的工作。我们在艰苦而惊险的隐蔽战线上战斗十余载，为中国人民的解放事业，为中国共产党的情报事业默默奉献。

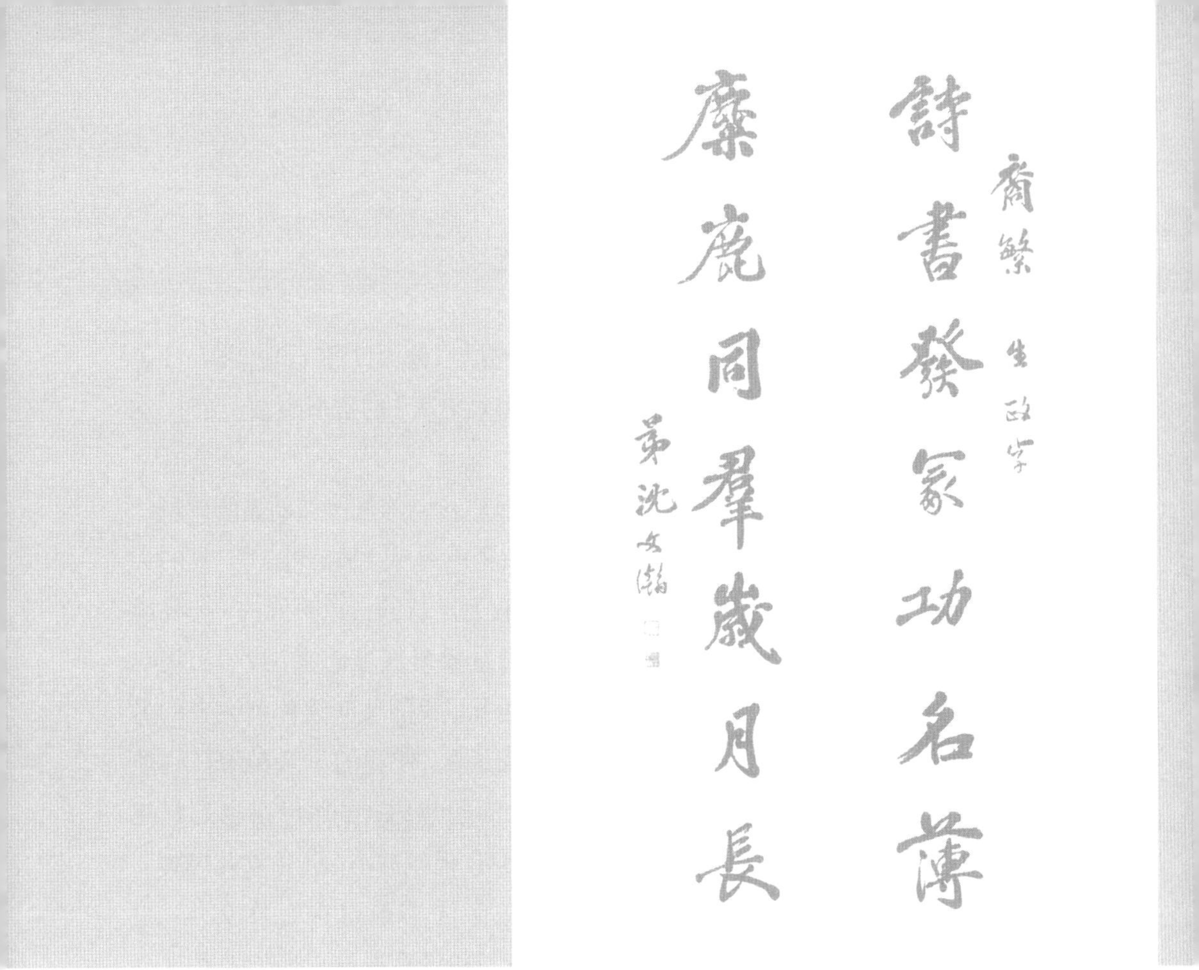

一、“命运要掌握在自己手里”

(1922 年秋—1932 年春　在泰兴)

幼年的反抗

我（原名沈琬，字淑和）1915年农历十月初一（公历11月7日）出生在江苏泰兴。我家在县城北门大街，门楣上挂有“沈太史第”的破旧匾额，当时，沈家在泰兴城里也算大户人家。

1922年秋天的一个夜晚，一出展现中国封建社会陈规陋习的裹脚闹剧，正在沈家大宅门里上演。被强行裹脚的女孩子就是我，那时我7岁。我的大伯母、沈家老宅的当家人，指挥着用两条足有七尺长的白色裹脚布，把我柔软的脚趾紧紧缠裹起来，我一边哭叫一边挣扎。我的哭叫声传到大宅的另一个院子里，使我的母亲杨淑怀心烦意乱、满脸焦虑。虽然母亲也是封建世家出身，但她并不主张给女儿缠脚。我的父亲沈季航也很心疼女儿，脸色阴沉，却没有办法。他在沈家排行老四，父母过世后长兄主事，长兄去世后长嫂当家，现在沈家事无巨细都由长嫂作主，他只能躲在书房里紧蹙眉头，对传来的哭声和呵斥声无所适从。

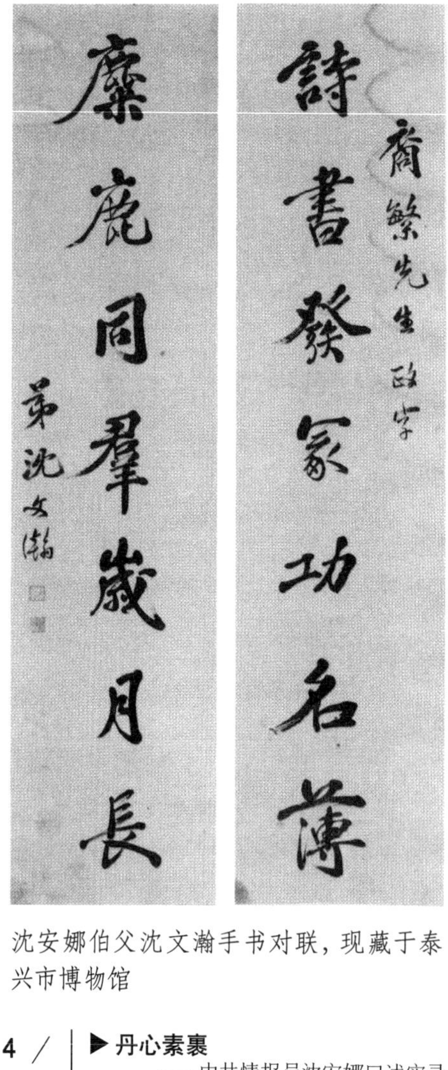

沈安娜伯父沈文瀚手书对联，现藏于泰兴市博物馆

我的大伯父沈文瀚是前清光绪年间的进士，任翰林院编修，是长达二十六卷的《宣统泰兴县志》的总纂，1922年秋去世。二伯父、三伯父早年夭折。父亲沈季航排行老四，是清末秀才，20世纪20年代曾在家里设私塾，后执教于县立城东女校及襟江

小学，教授国文、地理等课程。

清末民初的沈家，作为大户人家，有四个门堂。沈文瀚身为翰林，住的门堂最大，后院还有一座小洋楼作翰林书房。大门内的回廊上有一顶褪了色的轿子，大伯父外出办事都要坐轿前往。那是一种身份的象征。

我的母亲杨淑怀是江苏省东台县人。当年外祖父与大伯父因一同进京赶考时相识，遂成为莫逆之交。沈文瀚在与杨先生闲谈中，讲到四弟季航为人忠厚，尚未娶亲，杨先生立即表示愿将长女淑怀嫁于季航。不久，沈家便请了媒人上杨家说媒。杨家则信守诺言，包了一条船，载了嫁妆，将杨淑怀嫁到泰兴沈家。

我的母亲封建世家出身，眉清目秀，一副大家闺秀模样。她持家有方，为人贤惠，遇事颇有主见。大哥大嫂的年纪比她大很多，再加有“长兄如父，长嫂如母”的传统，母亲对大哥大嫂非常尊敬，只是对大嫂逼着女孩子缠小脚的做法很是不快，因为她自己有缠小脚的切肤锥心之痛。

我的大伯父去世之后，大伯母成了一家之主。或许是因为急于在大宅门里树立“威信”，她当家后做的第一件事情，便是给沈家的女孩子裹小脚。

大伯母也出身于封建世家，书香门第，还是个才女，会作诗。我小时曾亲眼看见她与大伯父一起吟诗作对，因此对她很有些崇拜。她也很喜欢我，经常亲自给我梳小辫子，夸我聪明懂事。对家族中别的女孩则很少这样做。

大伯父在世时，大伯母一心相夫教子，从不关心家政。大伯父去世后，她自然成了封建大家族的当家人。在她看来，女孩子裹脚是天经地义的事情，没想到居然遭遇一个7岁小女孩的顽强反抗！

我不明白，喜欢我的大伯母为什么非要让我裹小脚，更不明白把脚裹成小粽子样有什么好看。躺在床上的我又挣扎又喊叫，实在累了，虽然双脚火辣辣的生疼，渐渐地还是睡着了，而泪水还留在脸颊上。守在一边的姐姐十分心疼。

姐姐沈珉比我大3岁，已经10岁了。大伯母认为10岁的女孩骨头开始长硬，不好缠了，沈珉便躲过了这一劫。

半夜时分，我又疼得醒过来。我爬起身想把裹脚布解开，但是针线缝得严严实实，无法解脱，我便哀求姐姐道：“给我拿剪刀来，我要剪掉！剪掉！”

沈珉起床点上灯，找出剪刀交给我。

我拿起剪刀，狠狠地把裹脚布剪开了，疼痛的双脚立刻有了一种被“解放”的感觉。看着那一堆蛇皮状的裹脚布，我含着眼泪开心地笑了……

过了两天，大伯母过来检查我的“金莲”小脚，发现我早已“金蝉”脱壳，很生气，就叫人再缠。

结果，倔强的我又在夜里爬起来再剪，还发狠劲，干脆把长长的裹脚布剪得寸断，像一堆蒜皮。

面对我的坚决反抗，大伯母无计可施。再加上我母亲的脸色越来越难看，她也不能不有所顾忌，最后只得退而求其次，和我母亲商量，让人给我做尖头小鞋穿。

穿小鞋和缠脚一样难受，也会使小脚变样。我畏于大伯母的权威，大伯母在时，不得不穿上敷衍一下，只要大伯母不在，我马上就脱下来。过了一段时间，母亲让人给我做了一双圆头鞋。大伯母只好睁一眼闭一眼，装作没看见。

虽然只裹了十几天的脚，穿了不长时间的尖头小鞋，但已经使我的双脚变了形，那种痛苦的感觉足以让我铭记一辈子。我对这种摧残妇女身心的封建陋习厌恶之极，这不仅为我后来积极反封建，追求妇女解放打下了基础。而且保留了“天足”，也为我日后走上革命道路提供了有利条件。

一个人的命运，虽然受社会环境的影响很大，但性格在某种程度上起到重要的作用。我从小性格倔强，7岁就敢于反抗封建家庭的权威人士，可以说是我人生的第一次“革命”，而且获得了双脚解放的胜利。“性格决定命运”这句话，似乎在我身上得到了某种验证。

启蒙教育

作为封建大家庭，沈家的男孩可以进学校，还可以送到外地学习，女孩只能在家学女红（绣花之类）。父亲沈季航是清末秀才，却很开通，他不相信“女子无才便是德”。他在家中开设的私塾，不光教男生，也教女孩子。大厅是男生的课堂，女生的课桌则安放在他自己的房间，与大厅的男生隔开。女孩子们也能识字，也能像男生一样背《论语》，一样听他讲孔子门人弟子的故事。他还让女孩背《木兰辞》，给我讲木兰从军的故事。就这样，父亲在顾及“男女授受不亲”旧规的同时，为女孩子争取到了受教育的权利。

在我的记忆中，父亲文质彬彬而又潇洒倜傥。开了一段时间私塾后，父亲进了县立城东女校和襟江小学当教书先生。晚上，父亲在油灯下批改学生作业，我常守在父亲身旁，一边剥瓜子给父亲吃，一边看父亲工作。

有时父亲随手拿出一本作业，翻到其中一篇作文让我读，开始有点结结巴巴，后来我居然能一字不差地读下来。

从此，父亲每天出个题目教我写作文，还教我背诵唐诗宋词等。我记性好，听父亲教上两遍，就能朗声背诵。虽对含义不甚了了，但对韵律把握得很好。父亲听我背诵古诗文，如沐春风。后来除了教我背诵诗书外，还教我写毛笔字。我也满心欢喜，刻苦用功，正式上学校读书之前，便已经能写楷书和行书了。小孩子都喜欢听大人讲故事，秀才出身的父亲不喜欢讲童话或神话，喜欢把中国儒家传统文化忠、孝、节、义等思想用人物故事或古诗名句的形式讲给孩子们听。忠，讲岳飞“精忠报国”；孝，讲孟郊“谁言寸草心，报得三春晖”；节，讲文天祥“人生自古谁无死，留取丹心照汗青”；义，讲孔子的“杀身成仁”、孟子的“舍生取义”……这些古诗名句和故事，在我们两姐妹的心中留下了深刻的印象。

父亲沈季航虽然是封建时代的文人，但在两个县立小学教了很长时间的书，与师生们朝夕相处，接触了不少新鲜事物，思想开通。他常把小学五六年级的语文课本带回家辅导女孩，我们获益匪浅。因此，我们离开私塾就考进正规学校读书，1929年，我入泰兴县城东女校读小学五年级，沈珉则直接考入泰兴县立初级中学。

20世纪20年代，对于一个偏僻小县城的女孩子来说，能上正规学校读书，是非常难得的机会。学校的学习内容和课间活动丰富多彩，女孩子也可以参加体育活动。我和姐姐在学校里接受了许多新思想，感受到身心的解放，真是开心极了！

在沈家众多的兄弟姐妹中，我和姐姐沈珉最亲密。姐姐性格内向，温柔善良，勤劳孝顺，五六岁就开始帮助母亲做家务，照顾弟弟妹妹。为了给弟弟妹妹喂饭，往往自己顾不上吃。等忙完后，饭已经凉了。这时她就随便扒几口冷饭，喝几口剩菜汤了事。等到她大一点儿了，就帮母亲做针线活儿。在油灯下做鞋、做衣服，常常熬到深夜，困得眼睛睁不开，把针扎到手上了，才去睡觉。天刚放明，便起来诵读诗文，随后便开始了一天的忙碌。

尽管柔嫩的肩膀承担了如许繁重的家务，沈珉从不放弃学习的机会。她和我一起跟着当教书先生的父亲读书、识字。她没上过一天正规小学，在父亲的指导下自学了小学课本，熟读了许多古文、诗词，所以后来直接考入了中学。

沈家的衰落是从1922年大伯父去世后开始的。封建世家书香门第，本有许多繁文缛节，大伯父又官至翰林，在小县城丧葬仪式排场显得特别大。1926年，我11岁时，父亲去世。接着，大伯母、长兄、堂嫂等相继去世。没有钱办丧事，只好变卖家产。先卖土地，后卖房子，再卖家具、首饰、字画。连年几个丧事办下来，家族元气大伤，家境日趋困顿，最后只好分家。

此时，我们一家只剩孤儿寡母，没有经济来源，主要靠外婆家接济维持。最困难时，只能以菜粥糊口。

我12岁那年，正值军阀混战。当时我年纪尚小，弄不清军阀谁打谁。据泰兴县志记载，1927年3、4月间，大军阀孙传芳所属郑俊彦部败退江北，路经泰兴县境时，沿途勒索钱粮，大肆劫掠，致使难民成灾。大群的老百姓涌进县城乞讨。他们破衣烂衫，蓬头垢面，男女老幼纷纷沿街席地而卧，有的一倒下就永远起不来了。几乎每天早晨都会有人死去，满街都能听到灾民们的哀号之声。我在县城里长大，还是第一次看到如此凄惨的景象。对此，心中充满同情，同时又疑惑不解。

5月，北伐的国民革命军第十四军进入泰兴县城。我看到一个医官指挥部下在沈家大门口插上红十字牌子，觉得此人眼熟，上前仔细一看，原来是自己的大堂兄，大伯父沈文瀚的长子沈彦堪！在沈彦堪的指挥下，沈家将原来存放棺材的大厅打扫干净，铺上稻草，又让家人拿出自用的被褥给伤兵和难民用，还把沈家的米粮拿出来，用大锅熬粥施舍给难民。家中男孩女孩都出来帮忙。我的姐姐沈珉在臂上戴着红十字袖章，帮助医官照顾伤员。12岁的我也不甘落后，主动为难民和伤员端粥。

我为那些伤兵端粥时，见有的伤兵手不好使，就耐心地喂他们。大堂兄沈彦堪对我的表现非常满意，拍拍我的头，赞道：“很好！很好！琬儿有同情心，会伺候人了！”

那些逃难的同胞刚歇了几天，又传来军阀进犯的消息，难民们继续逃离。我们一家也随着母亲逃到常州。

几个月后，局势稍稍平稳，一家人才返回泰兴。这次赈济难民和逃难的经历，给12岁的我留下了深刻的印象。我亲眼看到了军阀混战、百姓遭殃的惨状，也看到身为国民革命军医官的大堂兄沈彦堪医治并赈济难民的义举。

沈彦堪作为一个革命者的形象，深深地印在我幼年的脑海里。另一个印在我脑海里的革命者形象，是泰兴县立初级中学（前身为襟江书院，现为泰兴中学）的刘伯厚老师。

刘伯厚，1886年生于南京。两江师范毕业，历任教师、校长。大革命失败后曾参加中共泰兴县委领导的反“清党”斗争。因此被捕入狱，惨遭毒打。后经多方营救，方得开释。九一八事变后，他在泰兴中学领导学生运动。抗日战争时期在新四军中入党，1946年部队北撤时，光荣牺牲。

1931年，我进入泰兴县立初级中学，那时正值九一八事变，日本帝国主义侵占东北，大片国土沦陷，千万同胞家破人亡，流离失所。

事变的第二天中午，上海的《申报》、《新闻报》即送到了泰兴县立初级中学。同学们看了报纸，群情激愤。在刘伯厚老师的领导下，全校师生迅速开展了轰轰烈烈的抗日救国宣传活动。学生会主席汪普庆很会写诗，全校师生都被他的救亡诗感动。我当时是班长，带领本班同学参加了学生会组织的各种活动，并带头上台作抗日演讲。

有一次，我控诉日本帝国主义侵占东北的罪行，在班上向同学们宣传抗日，当讲到东北同胞沦为任人宰割的亡国奴时，我情不自禁热泪盈眶，泣不成声。同学们先是默默流泪，接着便哭成一团。有的一面哭，一面悲愤地高声呼喊：“我们不做亡国奴！我们不做亡国奴！”

这时，忽然有人拍案而起，大声道：同学们，不要哭，哭有什么用？要行动！

同学们这才注意到，刘伯厚老师不知何时来到了教室，坐在最后一排。

刘伯厚老师对大家说：同学们，你们的爱国热情是好的，作为一个热血青年，怎能对政府的不抵抗行径不闻不问？我们要行动起来，唤起民众，要求政府坚决抗日，收复国土，拯救东北同胞！

学生会组织大家写壁报、贴标语、上街游行，动员群众捐钱捐物，支持东北义勇军。但报上不断传来消息，在九一八事变后仅四个月，东三省全部沦陷，三千万同胞沦为亡国奴。全体师生无不痛心疾首。

在风起云涌的抗日浪潮的冲击下，我的心中孕育着强烈的反帝、爱国的情怀。60年后，1990年6月，我撰写了《怀念爱国主义启蒙老师刘伯厚烈士》一文（收入《刘伯厚烈士碑揭幕纪念集》）。文中我写道："我之所以能够在当时上海白色恐怖下参加革命，其主要原因是由于在泰兴中学接受爱国主义教育，打下了反帝反封建的思想基础。我一直认为刘伯厚老师是我爱国主义的启蒙老师。"

离家求学

我离家求学的起因是姐姐沈珉的封建包办婚姻。

1930年，沈珉在泰兴县立初级中学读初中二年级，刚满18岁。此时，母亲轻信媒妁之言，把她嫁给一个比她大十几岁的男子。男方是大地主的儿子，因死了老婆，没有孩子，想娶个年轻的媳妇给他们家传宗接代。母亲想，虽然男方年纪大了些，但家境殷实，女儿去后，便无衣食之忧。没想到沈珉婚后两年，没有生育，因此受到虐待和辱骂。沈珉每次回娘家都与母亲和我诉说心中的委屈，母亲后悔自己缺少主见，害苦了女儿。母女三人时常相对而泣。

1932年夏的一天，沈珉受到辱骂，又偷偷跑回娘家。听了她的哭诉，母亲一边抹眼泪一边叹气。我却坚强地对姐姐说："那你就不要回去了！"

母亲无奈地说："嫁出去的女，泼出去的水。哪能说不回去就不回去了？还是忍一忍吧！"

过了一会儿，沈珉擦去泪水，拉着我进了小屋，小声而又坚毅地对我说：

“你刚才说得对，我不回去了，我要离家出走。”

我虽然主张姐姐不要回婆家，但是当姐姐决定不回婆家，要离家出走，还是有些意外。我非常同情姐姐。当想到，这种封建包办婚姻带来的不幸将来也会降临到自己的头上时，便果断地对姐姐说：“好，我跟你一起走！”

可是到真的要走时，想到母亲，沈珉又有些不忍。她说：“我们走了，娘怎么办？”

“有陈三照顾呢！”我说。陈三是母亲多年前收养的一个孤儿，长大后一直住在我们家，是个听话又能干的小伙计。

“那我们去哪儿呢？”我问。

“到上海读书去！”沈珉回答道。

“不过这可是件大事，得找个信得过，能拿主意的人商量商量。”沈珉接着说。

“那就找刘伯厚老师吧？”我说。

“对，刘老师是我们信得过的好老师。”沈珉说。

于是，我便径直去找刘伯厚老师。我虽然比姐姐小三岁，大人却说我比姐姐有闯劲。从小就胆大气壮，敢作敢为。

平时刘伯厚老师很器重我，认为我是个有志气的女孩。听了我的想法，刘老师鼓励说：“好，你们要摆脱封建束缚，有爱国志向，到上海求学，我支持你们！”

得到了刘伯厚老师的支持，我心里有了底，接着又去找自己上小学时的城东女校校长蔡振东[①]和她的父亲蔡亮伯。

蔡振东毕业于江苏省立第一女子师范，长期从事教育工作，一直没有结婚。蔡校长的父亲蔡亮伯与我的父亲沈季航是世交，蔡亮伯也曾教过我。几年前，我在城东女校高小毕业，时值冬天，还要过半年才能进入秋季招生的泰兴县立初级中学。蔡振东与父亲蔡亮伯便主动在孔庙后面的藏经阁开设补习班，为我们女孩子补课半年。蔡老先生说我的毛笔字写得工整、娟秀，就

① 蔡振东（1905—2007），女，新中国成立后曾任上海县政协委员。2005 年，老人过百岁生日。沈安娜嘱托女儿专程前往上海为恩师祝寿。

2005年已值百岁的蔡振东老人

把她的文稿、诗词、散文，以及补习班学生的优秀作文拿来，让我用小楷抄写一遍，装订起来，作为语文课的辅导教材，让学生们传阅。蔡家父女对我关爱有加，我对他们也非常尊敬。

蔡老先生听说我要和姐姐去上海求学，沉思片刻，对我说道：“你聪明、勤奋，是个有远见、有勇气的女孩子，我支持你们姊妹去上海。”

蔡振东校长也说：“晚走不如早走，说不定会闯出一条光明的路来。”

临别时，蔡振东校长和蔡老先生取出两块银元，装在我的口袋里，慈祥地嘱咐我道：“孩子，上海是个花花世界，你们交友要慎重啊！”

“我们一定牢记老师教导。谢谢老师！”我给蔡老先生父女深深鞠了一躬，含着眼泪与他们告别。

回到家里，我把老师们的意见告诉了姐姐。沈珉激动地抱着我说：“太好了！我们走定了！”接着她沉吟道，“但要好好和娘说明白，让她放心！”

随后，我们姐妹俩把要去上海读书的想法告诉了母亲，并强调说，刘老师和蔡老师都表示支持。开明的母亲知道，要想改变女儿的命运，也只能让她们出去闯一闯了。既然女儿已经下了决心，就随她们去吧。

第二天，母亲找出自己陪嫁的首饰和还值几个钱的衣物拿去变卖，为女儿准备盘缠。

我的二哥叫沈勤，在扬州盐务稽核所供职。他与我们两个妹妹感情很好，听说我们要去上海求学，便积极支持。他帮沈珉办了离婚手续，还赞助了我们俩一些钱。就这样，我们姐妹俩在老师和亲人的支持下，挣脱了封建的枷锁，开始走向独立自主的新生活。

23岁的沈伊娜（沈珉），1936年摄于上海

几天后的一个早晨，鸡叫头遍，天还没亮，泰兴县城的北门大街沈家大院的宅门，走出我们姐妹俩——20岁的姐姐和17岁的我。我们一人挎一个蓝底白花的包袱，我手里还提了一个小巧的皮箱。外人一看便知，我们是要出远门了。母亲在小伙计陈三的搀扶下跟在后面，出来为两个女儿送行。她虽然是小脚，但走起路来脚步却坚实有力，她脸上的神情看上去克制而平静，显然她不想让远行的女儿还没启程就哭哭啼啼。

我和姐姐站在大门口，回头看看沈家大院，当年昌盛时的模样还依稀可见，只是大伯父沈文瀚的红轿子不在了，大伯父独用的小洋楼书房也破旧不堪了。黑漆的大门上油漆已经剥落，门上的铁环生了锈，连墙砖的缝隙也长出了杂草，显出没落封建大家庭的衰败景象。

母亲事先雇好了鸡公车，这是一种既能坐人又能载物的独轮车，也是那个年代泰兴人出远门常用的交通工具。

当时母亲才四十多岁，可是已经守寡多年。她不辞劳苦，好不容易将儿女们抚养成人，而今又都一个一个地离开了她。两年前她刚送儿子沈勤去扬州谋生，现在又要送两个女儿到上海求学，她们的前途将会怎样，谁也不清楚。此刻，只有做儿女的才理解母亲的心情。

我和姐姐在陈三的帮助下，每人抱着一个小包袱上了鸡公车，小皮箱放在中间，两人各坐一侧，鸡公车就吱吱呀呀地上路了。母亲站在门口默默地向我们招手，姐姐又哭了。我没有哭，我轻轻提醒姐姐道：“别哭，娘会难

沈安娜母杨淑怀，摄于1950年

受的。”

沈珉马上抹去了眼泪。她不想让娘为我们伤心。

我们姐妹俩回头再看一眼娘，再看一眼生于斯长于斯的沈家老宅，此次别离，不知何时才能再回来。

母亲迈开尖尖的小脚，跌跌撞撞地向前跑了几步。她想再看一看，送一送即将远去的女儿。可她赶不上鸡公车夫的大步，只好停下来，站住了。她无奈地向女儿挥了挥手。她心里明白：不走，又有什么出路呢？还是让她们自己去闯吧！

随着鸡公车吱吱呀呀的响声，我们看见母亲和沈家大宅门在浓雾中一点点变得模糊起来。最后看见母亲放下了轻轻摇晃的右手，与左手交叉着垂在身前，像一尊雕像立在那里。此后的很长一段时间，母亲的这个形象一直深深地印在我的脑海中。

泰兴县有着千年历史。它位于江苏中部，东接如皋，西临长江，南界靖江，北依姜堰，原为海陵县地。南唐烈祖升元元年（公元937年）因升海陵为泰州，乃析海陵南境五乡设立泰兴县，即随泰州兴起之意。20世纪30年代，由于长年战乱，官匪勾结，横行乡里，鱼肉百姓，泰兴和苏北的一些小城镇一样，百业凋敝，农村的自然经济破产，民不聊生。为了躲避战乱和破产带来的危机，大批难民和破产农民盲目涌向城镇，以向命运做一次抗争。可是他们一贫如洗，无衣无食，贫病交加，饥寒交迫，往往于途中便撒手人寰。我们姐妹俩见沿途哀鸿遍野，路有饿殍，顿生恻隐之心。对这些遭受灾难的同胞，我们寄予无限的同情，对昏庸无能的当局，心怀极大的悲愤。

鸡公车整整走了一天，黄昏时才到达长江边的一个叫口岸的小镇。我们俩买了去镇江的船票，登上一条小火轮，找了个角落坐了下来。

船舱里很静，耳边只有小火轮“突突突”的响声。

我吃完烧饼，刚想闭眼休息。突然，姐姐沈珉睁开眼，在我耳边一字一顿地轻声说：“从此以后，我再也不做传宗接代的工具了！”

姐姐的这句话，是发自心底的呐喊，我至今记得。当时我也一字一顿坚定地说：“从此以后，我们的命运要掌握在自己的手里！”

二、人生的十字路口

(1932 年夏—1934 年冬　在上海)

考入“南洋高商”

第二天早上，镇江到了。下船后，我们直奔镇江火车站，登上了开往上海的火车。

上海是我们十分向往的地方，但我们对上海实在知之甚少。来到上海，只见街上车水马龙，路人熙来攘往。尤其是“叮叮当当”往返行驶的有轨电车，使我们感到新奇。可是我们没有料到的是，在这个素有“东方巴黎”之称的大都市里，居然和家乡县城里一样，到处都可以看到沿街乞讨的人。

阴霾笼罩着上海，也笼罩着我们姐妹俩的心。

沈珉从包袱里拿出一个旧信封，上面是二堂兄家（大伯父沈文瀚的次子沈彦如）在上海的地址。上海这么大，堂兄家在哪儿呢？

我说：鼻子底下有张嘴，可以找人问问嘛。

沈珉有点为难地说：我们一口江北话，怎么问呢？

所谓江北话是指江苏境内长江北岸的方言。“江北人”也即苏北人。当时从苏北来上海谋生的穷苦百姓比较多，而且大都从事服务性行业，如浴池擦背的、理发的、修理旧胶鞋和雨伞的等等。因此说江北话的人常常被上海人瞧不起。

我们还算幸运，在一位江北老乡的指点下，很顺利就找到了二堂兄的家。二堂兄在上海不过是个小职员，他家房子很小，虽然堂兄和嫂子很热情，但长住显然是不可以的。我们必须赶快去报考可以寄宿的学校。

第二天，我们就开始寻找读书的学校。当时有女生宿舍的学校很少，几天下来，沈珉才找到一家“务本女中”（现上海市第二中学的前身），可以插班上高二，不过只剩下一张床位了。我则准备报考“南洋商业高级中学”（简称南洋高商）。

据招生广告和堂兄介绍，南洋高商是一所由东南亚爱国华侨吴醒濂先生创办的学校，具有爱国、民主、积极、健康、进步的传统，设有女生宿舍。我找到位于善钟路（今常熟路）的南洋高商，但是学校的招生已经结束了。

我听门房老伯伯讲话有江北口音，就用家乡话哀求他说：“老伯伯，我是

南洋商业高级中学旧址（1934年摄），位于上海常熟路（原善钟路）

从泰兴来的，能不能帮帮忙，让我再试试？”

老伯伯很同情我这位江北来的小同乡，沉吟片刻，给我出主意道：“校长不在，你到教育主任室去找毛先生吧。毛啸岑①先生可是一个有大学问的大好人。求求他，说不定还行。”

我谢过门房老伯伯，按照他的指点找到了教育主任室，敲门进去，见一位三十多岁的先生正在案头用毛笔写着什么。

毛啸岑先生高个子，穿一件长衫，显得又高又瘦，看上去人是非常和

① 毛啸岑（1900—1976），江苏吴江人，原名毛兆荣，早年受五四运动影响，曾与同乡柳亚子共同办报宣传反封建新文化思想。1924年初，由柳亚子介绍加入中国国民党。1930年又参加了由邓演达、谭平山等人领导的中华革命党。邓演达被国民党杀害后，他开始流浪生涯。1932年被曾是中华革命党党员的爱国华侨、上海南洋商业高级中学校长吴醒濂聘为该校教育主任兼训育主任。新中国成立后，任上海市工商联常委、中国民主建国会委员。1976年2月在马鞍山逝世。

善的。

我说：“我是来报考高中部的学生。”

毛啸岑对我说：“现在考期已过，招生刚刚结束，我们不能再收学生了。”

我一听，马上取出转学证和成绩单，双手捧给毛先生看，并苦苦哀求道：“我从报上看到了招生广告，从乡下赶到上海，路途远才误了考期，请先生千万给我一个机会。”

毛啸岑看了成绩单，各科成绩都还不错，特别是语文分数比较高。这使毛先生对我这个女生有了初步的好印象。

“你叫什么名字？家住哪里？”毛先生问道。

“我叫沈琬，家住江苏泰兴。”

“是在泰兴县立初级中学读书么？”

“是。”我点点头。

“我知道那个学校。”毛先生说，“它的前身是襟江书院，很有名。”

毛先生接着问：“你为什么要来上海求学？”

这个问题，让我感到一言难尽，心里就像打翻了五味瓶，禁不住泪水涌上了眼眶。

毛啸岑看到此景，不免动了恻隐之心。他沉吟片刻，对我说：“你自选题目，写一篇作文给我看看再说。”

我接过毛先生递过来的毛笔，在毛先生对面的桌前坐下，一边研墨一边开始构思作文。毛先生回到自己的桌前，继续准备他的教案，并不时抬头看我一眼。

写什么呢？我来不及过多思考，决定把自己从家乡来到上海求学的经过向毛先生述说一番。面对着毛先生慈爱的目光和这次难得的机会，我自命题《求学》，一气呵成写了一文。文中叙述了我和姐姐为挣脱封建包办婚姻的束缚而离家求学的艰难，抒发了参加抗日救亡学生运动的激情，字里行间流露出强烈的对新生活的憧憬。每写到动情处，我热泪盈眶，不时用小手绢擦拭眼泪。

毛啸岑

沈华昇

写完作文，我双手呈给毛先生，恭敬地说："请先生阅正。"

毛啸岑起身接过，站在那里一口气把文章读完，他既惊讶，又感动。后来他告诉我，首先是毛笔字漂亮，清丽娟秀。再读文章，文风朴实，感情真挚。文中反映的反帝、反封建的愿望，正和自己的思想吻合。如果不是亲眼目睹现场写作的过程，他很难相信这篇作文就是眼前这个十六七岁的小姑娘一挥而就的。

"姑娘，留下你的地址，我要和校长商量一下再给你答复。"毛啸岑说。

我便把住址写在一张纸上。

毛啸岑看了地址说："还好，住得不是很远。我尽量想办法，让你来上学！"

我走后，毛啸岑把我的作文拿回家，给师母沈华昇看，笑着说："这个姑娘是你们沈家的才女啊。"

师母沈华昇看了，也很感动，对我们的遭遇深表同情，对我的思想境界相当赞赏："很难得，这个女孩子如果好好培养，将来会有出息的。"

沈华昇（1896—1974）也是江苏吴江人，早年就读于上海爱国女子师范学校，毕业后在学校教书。她比毛啸岑大四岁，是个积极参加妇女运动的新女性，她是冲破封建的束缚和毛啸岑自由恋爱结婚的。婚前他们不在一地，鸿雁传书年余，时常赋诗步韵，抒发情怀，共同的革命志向和对中国古典文学的爱好、修养，把他们紧密地连在了一起。

毛啸岑对夫人说：“我想破格录取沈琬。”

沈华昇是学校女生部的督监，因此对女生更有发言权，她也说：“应该录取。她的家境不好，我想请校长减免她部分学费。”

由于毛啸岑夫妇的保荐，校长吴醒濂决定破格录取我，插班在高中部读高一，并免去三分之一的学费。我做梦也没想到，一篇作文打通了我的求学之路。后来我总说自己幸得“贵人相助”，称毛啸岑、沈华昇夫妇是我“一生的恩师”。

姐姐和我都找到了学校，于是便从二堂兄家搬了出来。姐姐沈珉从小养成了吃苦耐劳、勤俭持家的习惯，她白天读书，晚上还要帮人做些针线活，挣点零钱，补贴伙食。姐姐就读的务本女中当时在南市，离“南洋高商”很远，她非常惦念我，每隔两周就要来看望我。为了节省车费，她每次都是步行，来回要走三四个小时，用省下的车费买些书刊，和我轮流阅读。

播“火种”的人

我们姐妹俩从苏北小县城来到上海，原以为从此可以改变自己的命运，岂料现实与我们的想象之间落差太大了。在上海，我们不仅看到租界林立，到处插着“万国旗”，看到“朱门酒肉臭，路有冻死骨”，特别是亲眼目睹国民党政府的腐败，特务、宪兵和军警飞扬跋扈，到处搜捕共产党人，肆意迫害进步青年。

上海的国民党特务机关，除了中统①上海行动区之外，又增加了军统②(当时称复兴社特务处）上海区。对待共产党人他们奉行“宁可错抓一千，也

① 国民党中央执行委员会调查统计局的简称。其前身为国民党中央组织部调查科，成立于 1928 年。1938 年更名为中央调查统计局。是国民党庞大的特务组织之一。

② 国民党军事委员会调查统计局的简称。其前身为“复兴社”（亦称“蓝衣社”），成立于 1932 年。1946 年更名为国防部保密局。是国民党庞大的特务组织之一。

鲁自诚（1939年）

不放过一个"的信条。上海笼罩在白色恐怖中。我们虽然还不知道"中统"、"军统"，但看到警车横冲直撞，心中忿忿不平，十分痛恨国民党。但怎样才能改变这种现实？自己的出路在哪里？我们感到茫然。

然而，即使在白色恐怖最严重的时候，中共党组织的地下活动在上海也没有停止过。在我就读的"南洋高商"，就有中共地下党员在活动。

1933年8月的一天，一个身材高大的中年男子走进"南洋高商"，径直向男生宿舍楼走去。他戴一副金丝边眼镜，穿一件灰色长衫，文质彬彬的，像一名教书先生。实际上，此时他是中共上海中央局领导下的一名党员领导干部，正在上海及上海附近建立组织，检查工作。他的名字叫鲁自诚①。

1911年辛亥革命爆发时，鲁自诚参加了武昌起义，并在那时就认识了同盟会成员董必武。1919年，他从上海到英国剑桥大学勤工俭学四年。1924年1月回国，6月在天津加入了中国共产党。此后，他做工会工作，还曾在北大、北师大、中大任教，宣传革命思想。1933年至1934年底，他奉命在上海，从事党的组织工作和白区中央的情报工作。今天他来"南洋高商"，就是要通知该校高三毕业班学生舒曰信②，他已经被批准加入中国共产党了。

半年前，鲁自诚受在外地做秘密工作的战友、中共党员张曙时的委托，看望和照料他在"南洋高商"读书的儿子张勉。与此同时，鲁自诚结识了张勉同

① 鲁自诚（1893—1969），祖籍浙江绍兴。新中国成立后，曾任西南军政委员会财经贸易处处长以及中央政法委员会委员，最高人民法院顾问，国务院参事室参事等职。

② 舒曰信（1915—1987），江苏宜兴人，抗日战争、解放战争时期在上海、南京、北平等地从事党的秘密情报工作。新中国成立后，曾任中共上海市委调查部处长等职务。1955年因受"潘汉年案件"株连，长期受到不公正对待。1982年8月平反落实政策，享受副局级离休待遇。

宿舍的学生舒曰信、华明之。

舒曰信

舒曰信很早就开始阅读社会科学书籍和进步作家的作品，如饥似渴地探索先进思想和革命道理，面对黑暗的社会现实，眼看百姓挣扎在水深火热之中，他经常与华明之等学友漫谈对马克思主义的认识，决心救国救民，为中华民族解放事业而奋斗。九一八事变后，舒曰信同华明之等进步师生一起走出学校，涌上街头，参加反对日寇侵占我东北的示威游行，还在学校内办墙报，宣传抗日爱国思想。舒曰信出身于江苏宜兴一个大地主家庭，父亲早逝，母亲准备送他到日本留学，将来可以光宗耀祖。他却说：“国难当头，难于安心读书。”母亲从家乡宜兴赶到上海，对他说：“你是舒家的独生子，舒家那么大的家业需要你继承。孩子，不留学也罢，决不能参加赤色分子的活动，还是回家吧！”舒曰信断然拒绝了母亲的苦苦劝说，从“南洋高商”一毕业，就与地主家庭一刀两断，投身到火热的革命斗争中去了。当时他除了身上穿的衣服和一件冬天御寒的皮袍，别无他物，成了一名地地道道的无产者。

像舒曰信这样有知识、有文化、接受了先进思想、背叛剥削阶级家庭的革命青年，正是中国共产党所需要的新生力量。于是，鲁自诚与舒曰信交上了朋友。经过一段时间的考察，鲁自诚觉得此人可靠，便公开了自己的身份。舒曰信正苦于报国无门，一听说眼前的鲁先生就是共产党，立刻要求加入党组织。鲁自诚一口应允做他的入党介绍人。舒曰信虽然已经毕业，但他没有地方住，暂时仍住在“南洋高商”的男生宿舍。鲁自诚登上二楼，如约按时到达，舒曰信正在房间里等他。舒曰信刚刚十八九岁，脸上稚气还未尽退，然而举止却显出几分老成。

学校放暑假了，校园里人很少。鲁自诚对舒曰信说：党组织通过对你的考察，认为你积极要求革命，主动脱离地主家庭，思想进步，立场坚定，已经批准你加入中国共产党了。我正式通知你，从今天起，你就是中国共产党党员了!

舒曰信听了非常激动。他紧紧握住鲁自诚的手说：我要革命到底，永不叛党!

鲁自诚说：现在上海形势很严峻，没有条件举行入党仪式。我在英国勤工俭学时向工人们学会了一首全世界无产者的歌，也是我们共产党人的歌——《国际歌》，现在我就来教你唱。

歌词通俗易懂，旋律铿锵有力，舒曰信唱着全世界无产者的歌，热血沸腾，热泪盈眶。他对鲁自诚说：“从现在开始，我就是党的人了！”他还郑重表示决心：虽然现在到处是白色恐怖，虽然做共产党员就要准备流血牺牲，但是我不怕，我相信，野火烧不尽，春风吹又生。

在此之前，舒曰信曾向鲁自诚介绍，同宿舍的学生华明之也是个进步青年。现在，已经是中共党员的舒曰信对鲁自诚说：鲁先生，根据你的意思，我约了华明之，他过一会儿就到。

鲁自诚点点头，然后纠正他说：以后不要再叫我先生了，可以叫鲁自诚同志，或者叫鲁大哥。

舒曰信想了想说：那我就叫你鲁大哥吧。

正说着，华明之敲门进来了。他身材修长，瓜子脸，戴一副近视眼镜，眉宇间透出一股英武之气。华明之，祖籍江苏无锡荡口，1913年农历正月十九（公历2月24日）出生于上海。父亲华国祥是一个本分的小职员，母亲朱明仁是个贤惠的家庭妇女。华明之是长子，下有几个弟弟妹妹，上面还有长辈，一家老老小小，生活十分清苦。华明之好不容易读到初中毕业，父亲为了节省开支，只得让他就读于职业高中，以求早日毕业，谋职养家。

1931年夏天，华明之考入“南洋高商”。刚入学不久就发生了九一八事变，华明之受反帝爱国思想的影响，读了不少进步书刊，如邹韬奋编辑出版的《生活》周刊等。在学校，他与一些进步同学一起主办壁报。开始由舒曰信主办，取名《曰信》。舒曰信毕业后，华明之接着办，取名《前夜》。华明之还画了一幅画：一列火车车灯很亮，冲破黑暗，奋力前行。以此作为壁报的刊头画。在家里，他用自己接受的革命思想，影响了弟弟妹妹以及他们的同学。最先受影响的是妹妹华曼倩（参加革命后改名华韵三），还有三弟华家騄和四弟华介民。三弟和四弟只读到初中，父亲就没有能力继续供他们上学了。于是，三弟进了一家银行当见习员，四弟则在一家绸缎庄学徒。1936年2月，华家騄参加了由银行等职业界员工组成的共产党外围组织"抗日救国会"，从此参加革命。华介民也参加了绸缎界共产党的地下秘密活动。妹妹华曼倩在学校受进步老师同学的影响，回家经常跟着大哥与几个同学一起读进步书籍、写心得体会。华明之把妹妹以及同学写的心得体会汇编成一本小册子，取名《合力》，互相传阅。有时他们还在家里聚会。华明之的父亲听他们在屋里慷慨激昂地骂国民党政府，就让老伴儿在楼下大门口坐着剥毛豆，给孩子们望风。后来，华明之与比他高一届的同宿舍同学舒曰信关系越来越密切，受舒曰信的影响，华明之多次参加革命集会和游行活动。

九一八事变后，蒋介石实行"攘外必先安内"的方针，对中共领导的革命根据地进行疯狂"围剿"，上海地下党组织几次遭受严重破坏，革命处于低潮时期，上海市也笼罩在一片白色恐怖之中。但是，在舒曰信的影响下，华明之的革命情绪却日益高涨。

22岁的华明之，1935年摄于上海

1933年，华明之曾跟随舒曰信到恒丰路桥南集合，参加"反对内战，一致抗日"的示威游行，还曾到虹口打浦桥一家茶馆，参加地下党组织领导的集会游行。游行开始之前，参加人员悄悄聚集在茶馆附近，时间一到，组织者以摔茶壶为信号，茶馆楼上立刻撒下许多传单，参加游行的工人和学生看到传单，马上从四面八方集中起来，形成上百人的游行队伍，喊口号，撒传单，向大马路前进。等警车开来，游行队伍就化整为零，立即解散。因为这种集会聚得快，散得也快，因此被称为“飞行集会”。

一次，宋庆龄倡导的“中国反帝大同盟”，组织进步学生游行，舒曰信问华明之：这次可不是撒了传单就散，而是游行到终点。你敢不敢参加？

华明之坚定地回答：敢！

在游行队伍中，华明之迈着坚定的步伐，举着小旗，带头呼口号，撒传单，表现出一往无前的英雄气概。

舒曰信觉得华明之诚实可靠，就经常约他到离南洋高商不太远的静安寺后面的“外国坟山”（该外国坟山已拆除，今在原址修建了静安公园）谈心，那里行人很少，比较隐蔽，可以谈得比较深入。共同的理想把两个年轻人的心连在了一起。

经舒曰信介绍，华明之的革命倾向受到鲁自诚的关注。鲁自诚将华明之列为党的培养对象。鲁自诚曾对舒曰信说：从外表看，华明之是个文弱书生，内心却满怀激情，如果好好培养，会是个有勇有谋的革命者。

这天，鲁自诚特别嘱咐舒曰信约了华明之来见面。

在舒曰信和华明之的宿舍里，鲁自诚向他们讲当前的形势，介绍他参加辛亥革命以来的亲身体会。他说：辛亥革命推翻了清朝皇帝，建立了共和政府，但是现在二十多年过去了，中国怎么样了呢？封建主义并没有完全扫除，军阀混战，外敌入侵，租界林立，特务横行，人民群众一直在水深火热中挣扎，日寇占领了东北，反动政府却“攘外必先安内”，蒋介石的独裁统治越来越不得人心。在这种情况下，只有把中国的无产者联合起来，才能抵御外敌，彻底推翻封建地主和官僚资产阶级，解放劳苦大众。

鲁自诚一席话，给两个年轻人，指明了前进的方向。舒曰信和华明之是鲁自诚在白色恐怖笼罩下的上海播下的革命火种，而这革命的火种照亮了我们姐妹俩的心灵，将我们也引上了革命之路。

在恩师家的邂逅

1933年冬，一直省吃俭用，在经济上接济我们俩的二哥沈勤，自身陷入了经济危机。他作为一名小职员，本来收入就不高，结婚后有儿有女，经济日渐窘迫，无法继续接济妹妹，我们俩带出来的那点钱也已所剩无几，只够维持两人最基本的生活，无钱交纳学费，双双面临辍学。危难之际，又是毛啸岑夫妇伸出援助之手，帮助我们摆脱困境。

毛啸岑夫妇此时已调到上海正风文学院工作，师母沈华昇安排我在文学院女生宿舍临时住下。姐姐只好辍学，到一个私人诊所当助理护士，实际上是勤杂工，以微薄的收入维持我们俩的生活，并支持我继续上学。

“南洋高商”是个新思想比较活跃的学校，学生成分也比较复杂。大部分学生是南洋华侨子女。学生华侨的家庭背景迥异，有富豪巨贾，也有“卖猪仔”[①]。尽管这些家庭贫富差距悬殊，但家长们都希望把自己的孩子送回祖国学习中华文化，教育子女不要忘了祖宗。另一部分国内的学生，家庭状况也各不相同，有大地主大资本家的小姐少爷，也有一般平民的子女。由于该校重视体育、文艺教育，因此出了一批文艺和体育小明星。

我自幼喜欢运动。当年在城东女校任校长的蔡振东老师记得，那时在泰兴县举办的小学童子军比赛活动中，城东女校获得冠军，身为中队长的我代表学校捧回银盾奖牌。

上海南洋高商体育运动气氛很活跃，我是体育活动的积极参与者，尤其喜欢打篮球。学校的女篮队长叶露茜[②]，和我同班、同桌、同宿舍，我和她关系特别好。叶露茜每次练球，都拉着我一起去。据该校学生、电影演员黎莉莉[③]在她的回忆录《行云流水篇》中回忆：“南洋高商”的女篮很厉害，除了体育专科学校，简直威震上海所有的校队。“南洋高商”的男篮也很出色。男篮中有一名健将叫蔡演雄，后来曾参加过1936年在柏林召开的奥运会。

受叶露茜等人的影响，我的篮球技艺进步很快，特别是低身传球，又快又准，被同学们称为一绝。

毛师母鼓励我说：你篮球打得很好，要多参加文体活动。

---

① 海外对那些卖做劳工者的蔑称。

② 叶露茜，女，20 世纪 30 年代电影明星。后与知名电影演员赵丹结为夫妇。

③ 黎莉莉，女，20 世纪 30 年代电影明星。中共“龙潭三杰”之一钱壮飞的女儿，原名钱蓁蓁，1929 年随中华歌舞团到南洋演出期间，认团长黎锦晖为义父改名黎莉莉。

但是我有难言的苦衷。打篮球，运动量大，体力消耗也大，有时参加比赛，赶不上学校食堂的晚饭，又没闲钱，不能下馆子，只能在学校的校门口买点零食，往往吃不饱。有的女生有男朋友，比赛后由男朋友邀请下馆子，我不愿随便交男朋友，更不愿吃别人的，时常夜里饿得睡不着觉。为了夜里不饿肚子，只好减少运动量。后来就干脆找各种借口，不参加篮球比赛了。

1934年农历新年到了，上海的天气格外寒冷。我和沈珉姐妹俩没有路费回泰兴老家，便冒着细雨，去给恩师毛啸岑夫妇拜年。在毛先生家，我们意外遇到了"南洋高商"的校友——已毕业的舒曰信（时用名庸之）和还在校读书的华明之（时用名家骊）。这两个男生也是毛先生夫妇的高足。

毛先生夫妇给我们四人作了介绍。四人之中，沈珉虽然不是毛先生的学生，但因为我的关系，和毛先生一家人也很快相熟了，于是四个年轻人自然地交谈起来。我们四个人的性格差异很大，舒曰信热情奔放，华明之少年老成，沈珉少言寡语，而我比较开朗活泼。

舒曰信给我们姐妹的第一印象是性格爽朗，谈吐不凡，眉宇之间流露出刚强和自信，一看就是个胸怀大志之人。我悄悄地把自己的想法告诉了毛先生，毛先生笑着点点头。

沈珉问我和毛先生小声说什么，我把我的猜测告诉了姐姐，并悄声说：我看他很有激情，但好像不大会照料自己的生活，你看他衣服邋邋遢遢，不知多少天没有换洗了。

沈珉听了忍不住笑起来。舒曰信问她笑什么，沈珉看看舒曰信，不好意思地低下头，轻声说：不告诉你。

舒曰信也不好追问，却忍不住盯着她看。

我不由自主地更注意观察华明之。华明之戴一副近视眼镜，说话慢条斯理，镜片后面的大眼睛炯炯有神。他比我大两岁，处事沉稳，待人诚恳，给我留下了很深的印象。时过七十年之后，我还清楚地记得那次见面时的情景。

我留给华明之的印象也非常好，他后来告诉我：你清秀婉约，纯朴活泼，落落大方。

四人相识，交谈甚欢。舒曰信以学长的口吻对我说："以后学校里有什么事，就找明之兄帮忙。"我很自然地说："我会的。"我正盼着有人说这句话呢。我为有华明之这样一位学兄感到高兴，当然不会放过找他帮忙的机会。

21岁的华明之，1934年摄于上海

毛先生的独生子、不满10岁的毛安澜和大哥哥大姐姐们很熟，他时常依偎在我的身旁，听我们聊天儿。舒曰信和我比较健谈，华明之大部分时间是在听，偶尔插插话，而沈珉则很少说话，她在听的同时，手也不闲着，不停地帮毛师母干一些家务。毛先生把客厅让给四个学生，到书房做他自己的事情去了。

此后，我们四个志同道合的年轻人几次在毛先生家聚会。话题海阔天空无所不及。华明之和舒曰信曾问及我们姐妹俩家里的情况，面对两位学长，我们俩一点不觉得他们是外人。就连平时不大爱说话的沈珉，话也变得多起来，在我讲述的过程中，不时插话补充点什么。

发生在苏北泰兴沈家大宅门里的故事，让江南大地主家庭出身的舒曰信和上海小职员家庭出身的华明之感到新奇，特别是我反抗裹脚的经历，更是让依偎在我身旁的少年毛安澜听得入迷。舒曰信和华明之一边听着，一边不时交换一下目光，他们对我们姐妹的身世和志向表现出极大的兴趣。

听我说完我和姐姐来上海求学的经过，舒曰信就爽朗地哈哈大笑道：原来你们俩和我一样，也是封建家庭的叛逆啊！

和舒曰信、华明之相识，改变了我们姐妹俩的命运，使我们先后走上了革命道路，同时也为我们的个人感情找到了归宿。

事后，舒曰信向鲁自诚报告：我们结识了一对和我们一样有革命志向的姐妹。她们思想纯朴，为人正直，在苏北家乡中学里曾积极参加抗日救亡活动，为反抗封建包办婚姻来到上海求学，她们有强烈的反帝、反封建愿望。

鲁自诚听了很高兴，对舒曰信和华明之说：你们要好好启发她俩的革命觉悟。要让她们知道，今后要走什么样的路，中国的希望在哪里。

舒曰信和华明之领受任务之后，就有意识地和我们姐妹俩接触，给我们讲社会发展史，一起学艾思奇的《哲学讲话》，指导我们读进步刊物《生活》、《新生》等。华明之与我同在“南洋高商”上学，见面的机会较多。他跟我讲，他大量阅读了中国农业、工业和国际贸易方面的资料，深入思考中国在帝国主义的侵略压迫下，殖民地及次殖民地的百姓被榨干脂血，最终爆发反抗之时近了。他坚定地说正准备写论文。后来，明之的论文登载在“南洋高商”毕业纪念册上了。而舒曰信和沈珉都已走上社会，沈珉经常主动帮舒曰信的忙，于是二人的来往便多了起来。这样的格局导致了我们姐妹终身大事的各自走向。特别是我和明之兄，共同的志趣、理想和事业，使我们走到了一起，并共同度过了漫长的琴瑟和谐的岁月。

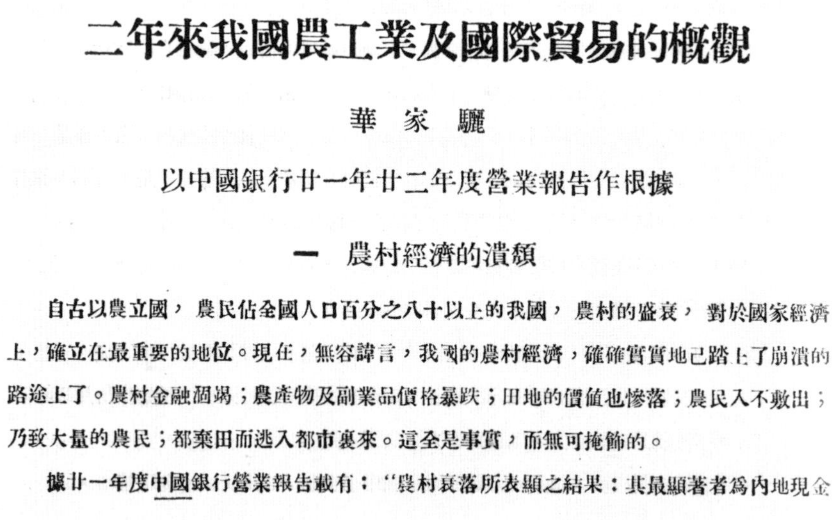

二年來我國農工業及國際貿易的概觀

華家驪

以中國銀行廿一年廿二年度營業報告作根據

一 農村經濟的潰頽

自古以農立國，農民佔全國人口百分之八十以上的我國，農村的盛衰，對於國家經濟上，確立在最重要的地位。現在，無容諱言，我國的農村經濟，確確實實地已踏上了崩潰的路途上了。農村金融涸竭；農產物及副業品價格暴跌；田地的價值也慘落；農民入不敷出；乃致大量的農民；都棄田而逃入都市裏來。這全是事實，而無可掩飾的。

據廿一年度中國銀行營業報告載有：“農村衰落所表顯之結果：其最顯著者爲內地現金

1934年华明之在“南洋高商”写的毕业论文

白色恐怖下的“亭子间”

1933年8月，鲁自诚介绍舒曰信入党之后，便将舒曰信交给“中央特科”[①]的王学文[②]直接领导，做秘密情报工作。自1931年顾顺章叛变后，从1933年5月至1935年秋，中央特科的负责人先后由武胡景、刘子华、王世英担任。此时，王学文在中央特科专做秘密情报工作，他发现舒曰信聪慧好学，有一定的理论水平和文字能力，性格开朗又不失沉稳，便有意培养他，让他在中央特科担任情报工作的内勤，负责搜集资料和整理编辑情报等工作。

当时中国共产党正处于极度困难的时期，上海做地下工作的同志，工作和生活都很艰难。舒曰信没有掩护职业，党内称为“职业革命者”。党组织每月给他很少一点生活费，有时只有8至10元，只够租住上海弄堂石库门里最便宜的小阁楼，俗称“亭子间”，伙食费等开支必须自己想办法。因为他与地主家庭脱离了关系，没有其他经济来源，所以生活十分清苦，好在他会写文章，经常给报纸和杂志投稿，卖文补贴生活用度。

我们姐妹俩在刚刚认识舒曰信和华明之时，还不知道他们二人的政治身份，只觉得他们热情、诚恳，充满激情，是两位可以信赖的学长。

舒曰信进入中央特科以后，便搬出“南洋高商”的学生宿舍，在上海的弄堂房子中，找最便宜又比较安全的亭子间租住。有时因交不起房租或有安全隐患，又不得不另找住处，但毕竟有了一个“小窝”。这样，我们姐妹俩经常在舒曰信的小亭子间和两位学长聚会。

亭子间很小，上面是水泥晒台，下面是厨房，夏天亭子间像个大蒸笼，冬天像冰窖。舒曰信为了抄写情报，夏天不管天气多热，必须放下窗帘，屋内闷得透不过气来。到了冬天，因为窗户朝北，终日不见阳光，室内比户外还冷。

---

① 中央特科是中共早期的情报、保卫机构，前身为1927年由周恩来领导，在武汉创立的中共中央军事委员会特务工作处。

② 王学文（1895—1985），原名王守椿，号首春，江苏徐州市人。1927年入党。1933年春至1935年秋，先后在中央特科潘汉年、武胡景、贺昌之、王世英领导下，从事情报业务的组织领导工作。1937年到延安，曾任中央马列学院副院长等职。新中国成立后，曾任全国政协常委，全国人大代表。

亭子间里摆设极简陋，只有一张桌子和两只凳子，一开始连床也没有，只能睡地铺。当我们四个人聚会的时候，两人有凳子坐，另两人就只好坐在桌子上或者地上。

四个年轻人相识于1934年春节后，在亭子间相聚时，差不多是上海一年中最冷的时候。虽然生活条件非常艰苦，窗外寒风呼啸，屋内又阴又冷，可就是这个简陋的亭子间，却成了我们四个热血青年的避风港，充满了温馨……

四个年轻人在一起，渐渐形成了一个学习小组，已经是中共党员的舒曰信就像个小组长。我们一同学习社会发展史，探索民族的命运，国家的未来。你一言，我一语，讨论十分热烈。

华明之说：上高中以后，我开始学会思考社会问题。我看到了“朱门酒肉臭，路有冻死骨”；看到被分割成一块块的租界和飘扬着的“万国旗”；看到了“攘外必先安内”！于是满脑子都是问号：这是为什么？将来怎么办？我该做什么？我能做什么？

我问：学习了社会发展史，我知道了现在的中国是封建主义、资本主义、殖民主义并存，什么都有，但到底算什么社会？

华明之说：从理论上，我讲不清。反正是在封建主义、帝国主义和官僚资本主义统治下的殖民地和次殖民地的中国，到处一片黑暗。按照马克思主义的观点，光明的未来是共产主义。

舒曰信说：光是向往未来不行，还要投入社会变革的活动中去。他进一步启发大家说，一个人单枪匹马，什么事也干不成，要有组织，要把更多的人组织起来才行。

对于我们姐妹俩来说，“组织”和“组织起来”这些词语很新鲜，也很吸引人。

华明之接着解释说：曰信这些话的意思就是，要参加组织和团体，要进行有组织的活动。比如那种反动派害怕的“飞行集会”和“中国反帝大同盟”游行示威，就是由组织发动的。

其实，舒曰信和华明之的这些话，都是从鲁自诚那里学来的。舒曰信曾经用它启发过华明之，现在，舒曰信和华明之又一起用它来启发我们。

我们姐妹俩在舒曰信和华明之的教育帮助下，逐步认识到，劳苦大众和妇女要想得到解放，就必须组织起来反帝、反封建。从两位学长嘴里，我们不时听到“革命组织”和“共产党”等神秘的词汇。继而进一步懂得，要抗日救国，只有在中国共产党的领导下才能实现。于是我俩猜测：莫非他们就是共产党？

我悄悄对姐姐沈珉说：“我们也要参加革命，做他们那样的革命者！”

姐姐沈珉说：“不要着急。我们还不完全了解他们。”

沈珉对他们的了解，是从接近舒曰信开始的。沈珉比舒曰信大三岁，她经常像大姐姐一样，到舒曰信的亭子间帮他整理家务，照顾他的生活。经沈珉一收拾，亭子间的面貌焕然一新。舒曰信则经常向沈珉传播革命思想，引导她走上了革命道路。两人在接触中，逐渐产生了感情。

沈珉虽然少言寡语，但内心情感丰富。她能吃苦，会体贴人，舒曰信对她情有独钟。在沈珉的眼里，舒曰信满腹经纶，能言善辩，做事有魄力，和那个大她十多岁的前夫相比，虽然都是大地主的儿子，却是完全不同的两种人。她曾经冰冷寂寞的心被舒曰信的热情所感染，渐渐复苏。可她也有顾虑，毕竟自己曾经经历过一次不堪回首的婚姻，而且还比他大三岁。因为有了这些顾虑，所以她总是回避舒曰信那热情的目光。

舒曰信（1942年摄于上海）

舒曰信感觉到沈珉是喜欢他的，但对她的犹疑的神情却无法理解。在舒曰信的追问下，沈珉终于一口气倾诉了心中的苦恼，舒曰信听罢，安慰她说：你是封建包办婚姻的受害者。我们革命的目的就是反封建，反压迫！如果我们自己还不能从封建思想的桎梏中挣脱出来，还怎么革命？你比我大三岁，这又不是什么坏事情？

经他这么一说，沈珉完全打消了顾虑，彼此的心里都亮堂起来。

舒曰信向王学文汇报了他与沈珉的爱慕之情。王学文说：“她是个好姑娘。”他在舒曰信的亭子间里见过沈珉，认为她既温柔又有韧性，勤俭吃苦，会成为一个好妻子，将来也会成为舒曰信地下工作的好帮手。经王学文批准，1934年夏天，舒曰信和沈珉结为“革命夫妻”——那个年代，很多在革命工作中相识、相爱的人结成夫妻后，都被人们称为革命夫妻。婚后，沈珉才知道自己心爱的人是共产党员，她坚定地表示要和舒曰信一起做革命工作。经过一段时间的考察，王学文认为她确是棵革命的好苗子，便批准她为中央特科的一员。在王学文的直接领导下，沈珉除了协助舒曰信抄写、收藏、保管情报和文件外，后来还做秘密交通和掩护机关等工作。

设立党的秘密机关，在中央特科的历史上有其特殊涵义。这些机关各有不同用场：有的用来开会、办公，有的用来接头联络，有的设立电台，有的专门保管文件……。

上世纪30年代，要在上海租房并不难，但要有殷实店铺具保，不然办不成。租下房子以后，长期在此居住（办公）的人员，叫“住机关”。“住机关”的男人如果是单身汉，就要调来一个女同志扮作假夫妻，以免引起敌人怀疑。按照秘密工作需要“社会化”的原则，“住机关”的人行动要符合自己的身份，住家要像住家，商店要像商店；住家的夫妇，女的要像家庭主妇一样操持家务，这样才能隐蔽得好。

当时的形势极其险恶，特务侦察，叛徒告密，上海的党组织多次遭受严重的破坏，不少共产党员被捕和牺牲。地下党员冒着生命危险，与敌人斗智斗勇，进行生死较量。

舒曰信和沈珉觉得我还在上学，就没有向我透露，他们是在共产党领导下从事秘密情报工作的。一个偶然的机会，我才知道姐姐和姐夫都是革命者。

自从沈珉结婚以后，我发现姐姐像是变了一个人，过去脸上忧郁的神情被灿烂的笑容所替代，过去总是沉默寡言很少唱歌的她，居然在干家务的时候情不自禁地哼起了扬州民歌“鲜花调”。

我忍不住问姐姐：姐夫是不是对你很好啊？

沈珉抑制不住内心的兴奋，对我说：现在翻了身，生活再苦再累，我都能坚持。浑身有使不完的劲头！

我追问姐姐道：“现在翻了身”是什么意思？

姐姐犹豫了一下，神秘地说：我找到了一个革命者做丈夫！

我被姐姐的快乐情绪所感染，我发现姐姐的精神面貌发生了巨大变化，于是大受鼓舞，便缠着姐姐说：我也要参加革命！我也要参加革命！

沈珉有些为难地说：“这个事我做不了主，侬要问伊（他）。”这个“伊”是指舒曰信。

舒曰信听说我也要参加革命，便严肃地对我说：参加革命，做秘密工作，是要吃苦的，还有坐牢和杀头的危险。

我坚强地说：我能吃苦，也不怕死。

舒曰信认真地看着我，从我的神情中可以看出，我是那种说得到做得到的人，便答应我，等请示了上级以后再给我答复。

舒曰信现在正忙着办华明之入党的事情。他大概是把我们姐妹列为下一批党员培养对象。

1934年7月的一天，已经从“南洋高商”毕业的华明之，被舒曰信约到他的亭子间。天很热，却关着窗户，还挂着窗帘，华明之一看就知道舒曰信要和他谈重要的事情。

平时随和的舒曰信，今天的神情显得十分庄重，他郑重其事地对华明之说：我受鲁自诚同志的委托，向你转达党组织的决定。由鲁自诚和我做你的入党介绍人。经过一年多的考验，党组织认为你政治上可靠，批准了你的入党申请。从今天起，你就是中国共产党党员了！

华明之听了非常激动，立即表示：我一定忠于党，保守党的秘密！

舒曰信说：现在上海白色恐怖形势严峻。鲁自诚同志不便与你见面。他让我转达党组织的决定。一年前，我入党的时候，鲁大哥教会了我唱《国际歌》，今天由我把这首歌教给你。

接着，舒曰信便在闷热狭小的亭子间里，低声教华明之唱起了《国际歌》。雄浑的旋律在亭子间里响起，在华明之的心中回荡。

舒曰信告诉华明之，入党以后，鲁大哥让他们一起在“老李”（王学文）的直接领导下，从事党的秘密情报工作。

明之最初的情报工作

几天之后，华明之在舒曰信的亭子间里第一次见到了“老李”。

化名老李的王学文1895年生，江苏徐州人。早年留学日本，1927年入党。1931年在上海担任中国社会科学家联盟和中国社会科学研究会第一任党团书记，后任中央文委书记。1933年春天开始，在中央特科从事秘密情报工作。那时王学文身体很不好，由于生活条件差营养不良，工作环境险恶，他面黄肌瘦，看上去像个文弱的穷教书先生。舒曰信向华明之介绍说：“这就是老李，我们喊他‘舅舅’。”

32岁的王学文，1927年摄于日本

王学文紧紧握着华明之的手说：“欢迎你在党处于如此艰难的时期加入到党的组织中来！”

当时中共党组织确实正处于极其艰难的时期。三年前的1931年4月24日，中共中央政治局候补委员、中央特科负责人顾顺章被捕叛变。顾顺章变节投敌，不仅对中央领导机关的安全造成极大威胁，也使特科的工作几近停顿：原有机构的所有重要干部、联络地点，以及活动方式等都必须立即进行重大调整与重新部署；在敌人内部建立起来的情报网受到严重破坏，许多工作不得不从头做起。虽然中共秘密党员钱壮飞及时获取情报，使设在上海的中共中央机关重要部门和主要领导人在周恩来的紧急部署下及时转移，但上海的秘密组织系统却受到严重破坏。在顾顺章被捕叛变的57天之后，即6月22日，中共中央总书记向忠发因为不遵守纪律，不服从指挥而被捕并随即叛变。1932年11月，中统上海行动区区长史济美执行中统头目徐恩曾“扩大自首潮流，瓦解中共组织”的政策，多次破坏了上海中共中央机关、中共江苏省委机关和共青团中央机关。1932年12月，中共中央政治局常委、中华全总负责人卢福坦被捕叛变。上海地下党组织接连遭到严重破坏。1933年上半年，在不到半年的时间内，上海被捕的中国共产党党员达六百人左右。1934年6月，中共上海中央局书记李竹声被捕叛变。10月，中共上海中央局代理书记盛忠亮被捕叛变。11月，以邝惠安为首的中央特科“红队”大部分队员被捕，多人壮烈牺牲……

上海地下党组织在1934年一年中，被破坏了四次，平均每三个月一次。

就是在这样严峻的形势下，舒曰信和华明之依然满怀革命激情，于1933年和1934年先后加入中国共产党。

王学文是在1927年中国革命处于最低潮的时候加入共产党的，深知此时入党的危险性，因此他对在上海白色恐怖极其严重的时期，怀着坚定的革命信念加入共产党的舒曰信和华明之，更是刮目相看。

1934年夏，华明之从“南洋高商”毕业，随即考入国民政府交通部上海国际电信局无线电台（设在沙逊大厦），当业务员。那天，王学文在舒曰信的亭子间里约见华明之时，特别问他：你们那里有公用的信插吧？

华明之回答：有。

当时国际无线电台员工众多，私人信件均放在信插中由各人自取。

王学文说：明之同志，交给你一个重要任务，为党组织收转外地的秘密信件。

原来，外地的地下党组织或地下党员寄来的密信，很多是用药水密写的情报即“药水信”，以假姓名寄到一个固定、安全的地方，再由专人负责收转。

1934年华明之在上海国际电信局期间的医疗证

这种做法在当时很普通，但负责转信的人却很重要。他知道哪些信是秘密信件，又知道交给谁，因此这件事情必须由政治上可靠的人来做。王学文交给华明之的第一个任务，就是把寄到国际无线电台李某某收的秘密信件，偷偷取出后，交舒曰信转送王学文。

“你拿到信不能打开，这是纪律！”王学文严肃地说。

“知道了。”华明之认真地回答。

几天之后，华明之就在单位的信插里发现了李某某收的来信。信插前人来人往，华明之几次想去取信都没能得手。他不能让别人看到他取走的是一封写着别人名字的信。

一直到下午快下班的时候，他才找到一个机会，把那封密信偷偷取走。赶快躲到单人的“马桶间”里，撕掉信封，在抽水马桶里冲掉，将密信藏在鞋底里。等到约定时间在法租界的一家时装店前与沈珉接头，偷偷将信交给她。她再交舒曰信，转王学文。

过了几天，王学文看华明之转信工作做得不错，又交给他一项新的任务，与英租界巡捕房的一位同情革命的巡捕联系，从他那里获得中共党员和爱国青年被捕的消息，供党组织了解被捕人员情况，以便相机设法营救。

这位巡捕出身贫寒，住在离华明之的家老北门不远处。华明之第一次去见他时，由于匆忙只换了长衫，没有换西裤。这位巡捕便提醒华明之：这里环境差，住的都是穷人，你这样的衣着很显眼，以后到这里来要穿得整脚一点。

华明之连连点头称是。以后，在秘密接头会面时便非常注意衣着言谈等细节，学会了秘密工作的伪装和隐蔽。

1934年底的一天，身为业务员的华明之在整理电报时，突然看到一份被国际无线电台新闻检查官扣下来的外国通讯社电讯稿，上面有“红军突围”的消息！

电讯大意是说：中央红军在撤出中央苏区后，在赣粤、湘粤、湘桂边境突破四道“政府军”的封锁线，进入贵州……

看到这则电讯，华明之异常振奋。一下班，他就匆匆跑到舒曰信的亭子间，把他意外看到的外国通讯社电讯内容告诉了舒曰信。

舒曰信觉得这个情况很重要，马上让华明之凭记忆把它写下来，然后给王学文送了去。

1934年10月，中央红军主力被迫撤出中央革命根据地，开始长征。国民党的报纸铺天盖地，全是“国军”胜利的消息，声称“共匪”主力已被“剿灭”，“余匪抱头鼠窜，溃不成军”。中共上海中央局代理书记盛忠亮正是在这种形势下被捕叛变的。盛忠亮出卖了上海秘密电台台长程祖怡。随后，上海秘密电台全部被国民党特务破坏，中共上海中央局与党中央及共产国际中断了秘密电讯联系。

中央到底去了哪里？中央红军的命运到底怎样？这是上海中央局党组织非常关注的问题。

王学文看过华明之手写的电讯内容后，非常高兴地说：“这个消息很重要！外国通讯社的报道，往往比国民党的报纸真实可信，我马上向领导报告！”

此后，华明之又几次通过被扣的外国通讯社的电报，获得了一些关于中央红军长征初期的战斗、行程以及游击队活动情况的消息。

1984年，王学文在他的口述笔录中写道：“当时华明之管检查电报，凡有扣留的，就告诉我们，其中也有重要的情报。”

华明之在上海国际无线电台工作期间，一直保持低调，从不流露自己的政治倾向，始终以本分的小职员形象面对众人。

有一天，一个相熟的同事徐本熙神秘地把他拉到没人的地方，悄悄对他说：华先生，我们同事已有一段时间了，看起来你是个正派人，一定也是向往进步的。我们正在发展CY(共青团)，你要不要参加？

华明之毫无思想准备，没想到他们发展共青团组织的方式会是这样。先是一怔，接着故意支支吾吾地说：我们家人口多，父亲让我好好工作，养家糊口……

徐本熙见他很为难，就说：这种事情是自愿的，不能勉强，既然你不愿意，就算了。

望着徐本熙离去的身影，华明之心里很矛盾，他想：他们一定很瞧不起我，骂我是胆小鬼，只知道听从父命，养家糊口，不敢革命……转念又一想，真有意思，我已是CP(共产党)了，还让我参加CY，这不是颠倒了么？

华明之一直到后来离开国际无线电台，都隐蔽得很好。他宁可被人误解，也绝不暴露自己共产党员的身份以及他所做的秘密情报工作。

一锤定音 改变人生轨迹

1934年的夏天，华明之高三毕业，将离开“南洋高商”，而此时我刚读完高二。自从1933年冬，二哥沈勤中断了对我们的接济后，我们便变卖了从家里带出来的全部首饰，加上沈珉微薄的工资支撑着，我才算勉强读完了高二。1934年夏，我实在交不起学费了，只得恋恋不舍地离开了“南洋高商”。心想我学业未成，中途辍学，将来怎么办？姐姐和姐夫建议我去学一门技术，以便日后谋生。可是学什么呢？我有些茫然。

一天，我看见路边的电线杆上贴着很多广告，有治疗疑难杂症的，有寻找走失亲人的，有求租房屋的……我希望能看到招工之类的广告，可惜很少。我突然发现前面有几个年轻人围着一根电线杆，在看一则刚贴的小广告，我也凑了上去。原来是一所中文速记学校的招生广告。广告上说，只需半年即可毕业，学费也不贵。

我觉得学速记比较适合女孩子。掌握了速记技术，谋职可能容易些。我要与姐姐、姐夫商量一下，是否先去上半年速记学校。

这期间，上海的左翼文化人士正在筹备拍摄进步电影，也在四处物色相貌端正、思想进步的年轻女演员。舒曰信爱好文艺，还认识一些进步导演和演员。我去找姐姐、姐夫商量是否上速记学校的时候，舒曰信却兴奋地对我说：小妹，你想不想去拍电影，当电影明星？

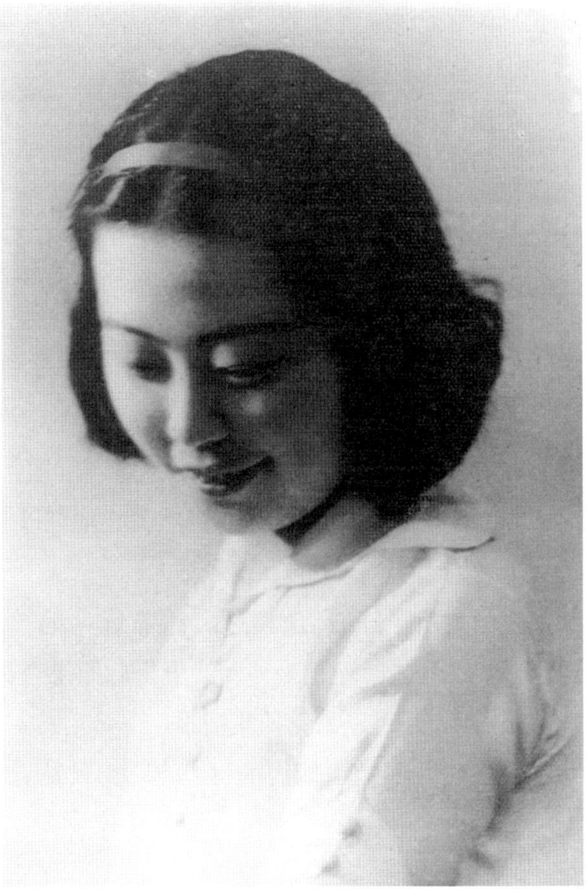

19岁的沈琬（沈安娜），1934年摄于上海

我一听拍电影，心里不由得一动。我入“南洋高商”后就听说，同学中有好几个当时已经是小有名气的电影演员，如王人美、黎莉莉等。王人美已拍了《渔光曲》等片，黎莉莉拍了《小玩意》等随即出名。据黎莉莉的回忆录《行云流水篇》所述，在“南洋高商”黎莉莉和王人美是初中英语专修班的学生，她们一边拍电影（半工）一边读书（半读）。黎莉莉特别爱好体育，是“南洋高商”50米短跑冠军，还会游泳。在电影《体育皇后》中，她那清新脱俗、健康向上的风格，受到广大观众的欢迎。我和叶露茜是高中班的，我俩同班同宿舍，相处甚好。叶露茜当时正与年轻的电影演员赵丹热恋。

在我离开南洋高商之前，有一天，叶露茜执意要拉我去一家照相馆拍明星照。盛情难却，我只好一同去了。叶露茜拍了很多张各种姿势的照片，我只拍了一张。发型是照相馆帮助设计的，衣服、项链也是照相馆借的。这张充满青春浪漫气息的明星照，我一直珍藏在身边。现在听姐夫说可以当电影明星，潜藏于内心深处的“明星梦”便苏醒了，在我的心头荡漾起来，情不自禁地说：当电影明星？那多美啊！

姐姐沈珉问：你真的想当明星？

我问姐夫：当电影明星也能干革命么？

舒曰信答道：“拍进步电影，宣传革命思想，当然也是干革命！”其实他的想法是：如果沈琬当了影星，有机会接触上层人物，也许可以做情报工作。

但此事重大，他得听听领导和战友的意见。他把自己的想法先对华明之说了，华明之不同意。后来又对鲁自诚说了，鲁大哥认为，当电影明星接触上层获得情报，不可取。并郑重地让舒曰信和华明之去征求王学文的意见。鲁自诚在把舒曰信和华明之发展入党，输送给中央特科之后，因其他工作之需，就不再领导他们了。但他仍然关心他们以及我们姐妹俩。他认为，这样的大事，应该请示他们的直接领导人。

王学文听了舒曰信的汇报，很有远见地一锤定音说：不要去当什么电影明星，还是掌握速记技术好。毕业后如果有机会进入国民党机关谋一个职位，说不定还可以为党搜集情报。

我当时并不知道他们的这些想法，只是觉得自己没学过表演，当明星有点难，相比之下，学速记会容易些。又听了“舅舅”（王学文）、鲁大哥、舒曰信和华明之的话，我决定报名进了设在闸北海宁路942弄南高寿里一号的上海炳勋中文速记学校。校长杨炳勋曾留学美国，他参照英文速记基本原理，用汉语拼音方法设计了“炳勋中文速记”，

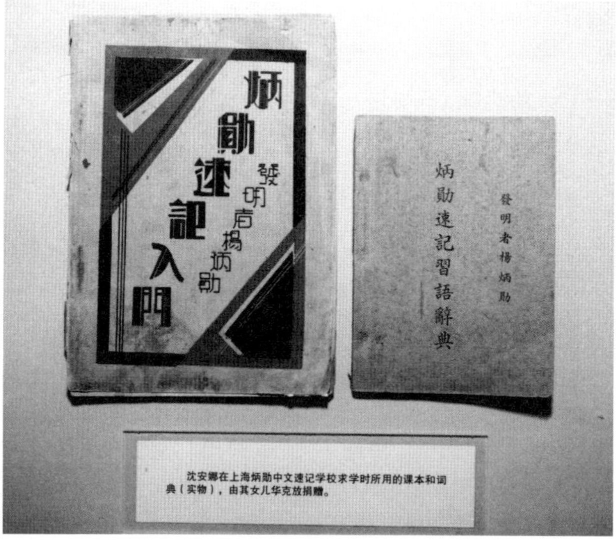

1934年，沈安娜在上海炳勋中文速记学校期间使用的课本和词典

于1925年发表了《炳勋速记》一书，并在上海设校推广。

这一时期在中国流行的速记法有好几种，除了“炳勋速记”外，还有“张才速记”、“汪怡速记”和“邦永速记”等。各家自成体系，互不相通。

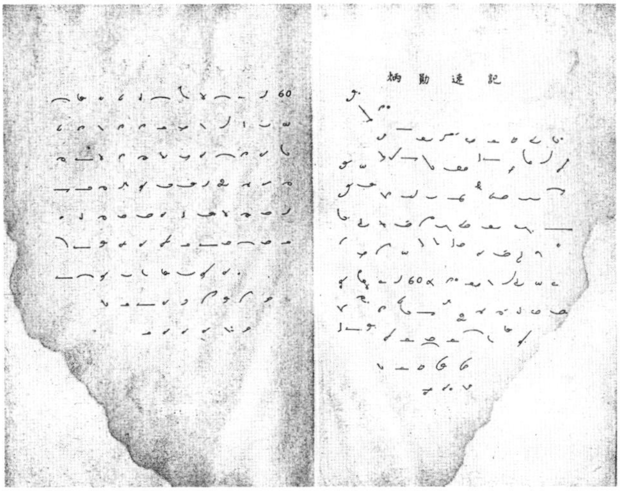

沈安娜使用的炳勋中文速记符号

我在炳勋中文速记学校学习期间，主动提出帮助学校刻蜡纸，印教材，张贴招生广告，打扫教室。校长便免去了我部分学费作为回报。

我勤奋好学，因此学习速记比别人要快，原本是半年的学业，我只用两三个月就基本掌握了速记技术。

入秋的一天，我在学校门口马路边的电线杆上看到一张广告，一个叫于熙俭的翻译家，要招聘一名速记员，协助他翻译一部英文作品。我觉得这是一个检验自己速记能力和能否借以谋生的好机会，我立即把小广告撕下来，找到于熙俭的工作室。经过简单的测验，于熙俭决定录用我。

于熙俭要翻译的作品，是美国现代舞创始人爱莎多娜•邓肯的《邓肯女士自传》。他手捧英文版原著，用汉语口译，要求我速记下来，然后整理成中文，交给他。如果于熙俭对我提供的中文译稿有较大修改，则交由我再抄一遍。

在翻译《邓肯女士自传》的过程中，邓肯的革命精神使我受到强烈的震撼。我对姐姐和姐夫说：“邓肯不仅是一个舞蹈家，而且是一个真正的革命家。”

邓肯是美国人，她多年浪迹国外，接受了进步思想。1917年苏联十月革命爆发时，她正在法国大都会歌剧院演出。她在自传中写道：

俄国爆发革命的消息传来的那一天，一切爱自由的人们都充满着希望、快乐。那天晚上我跳了《马赛曲》，是以创作歌曲时原来就有的真正革命精神来表演的。接着，我即兴表演了《斯拉夫进行曲》，其中出现了沙皇的国歌，我就把这段音乐用来表现皮鞭抽打下被压迫奴隶的形象。

1934年版《邓肯女士自传》（国家图书馆藏）

……

说也奇怪，在我的全部艺术生涯中，正是这种绝望和反抗的舞姿最吸引我。我穿着红色图尼克舞衣，不断地表演革命，号召被压迫者武装反抗。

由于她的这种革命倾向，以及她那无拘无束的性格，她在法国和希腊待不下去了。1921年春，她收到苏联政府发给她的电报：“只有苏联政府能了解你。欢迎速来，将为你建立舞蹈学校。”于是她去了苏联，并受到热烈欢迎，列宁和斯大林等苏联领导人都观看过她的演出，她还和苏联年轻诗人叶塞宁结了婚。后来她回到美国，由于她的亲共、亲苏言行，被美国政府剥夺了美国国籍。

在白色恐怖笼罩下的上海，于熙俭决定把这样一部作品翻译出来，奉献给中国读者，是要有相当的胆识和勇气的。

我白天要上课，只能在下课后到于熙俭的工作室速记，然后回到宿舍连夜整理，第二天将译稿交给于熙俭。就这样我每天都要忙到深夜。虽然休息时间很少，但是我心里很高兴。这项工作迅速提高了我的速记水平，还得到了平生第一次报酬，学费、晚饭也有了着落。这使我顿时萌生了一种前所未有的自食其力的自豪感。

一连忙碌了两个多月，我将全部课余时间都用在这项速记工作上了。于熙俭对我的工作非常满意。1934年底，此书由上海商务印书馆顺利出版。于熙俭赠送我一册样书，他在书的扉页上写道：感谢沈琬小姐。

此书在当时的青年读者中影响很大。黎莉莉在她的回忆录里这样写道：“看了《邓肯女士自传》，给我很大启发。我被书中所说的跟着音乐自我想象、自我发挥进行舞蹈创作迷住了……”

说来太巧了，1934年冬天，我刚刚帮助于熙俭完成《邓肯女士自传》的翻译工作不久，国民党浙江省政府到炳勋中文速记学校招考一名速记员。我那个班的学生还有一个月才毕业，校长杨炳勋决定挑选学习成绩比较好的我和另外两名男生去实习、应试。一个月后，根据成绩和表现，从三人中录用一名。这是进省政府工作啊，同学们都趋之若鹜，而我的态度却并不积极。我不愿去国民党的衙门应试，而希望毕业后能以速记技能谋职，成为一个独立自由的新女性，或者成为姐姐和姐夫那样的职业革命者。我认为，就是去拍摄进步电影，也比到国民党机关衙门里去侍候官僚舒心。

此时的我，处在了人生的十字路口。

舒曰信和华明之把以上情况向王学文做了汇报。王学文兴奋地说：太好了，国民党浙江省政府招考速记员，对我们来说，正是个千载难逢的好机会，沈琬已有一定的革命思想基础，你们一定要好好启发她，叮嘱她努力争取考上。不要去当电影演员，这不是我们获取情报的好办法。也不要当什么职业革命者。要抓住眼下这个自然考录的机会，打入国民党浙江省政府，然后有可能相机开展情报工作。

王学文一锤定音，舒曰信欣然服从。

根据王学文的指示，舒曰信和华明之商议好之后在沈珉的陪伴下找我谈话。

谈话的气氛自然是非常严肃的，谈话的地点仍然是在姐姐、姐夫的小亭子间。

舒曰信神色严峻地对我说：你不是要求参加革命么？你先说说你为什么要参加革命？

我不假思索地说：我参加革命，就是要追求妇女解放，不受包办婚姻的束缚。要求自由，要求民主，要求进步。

舒曰信说：还有呢？

我想了想说：还有就是不做亡国奴！九一八事变，国民党不抵抗日军，却镇压爱国志士。我痛恨国民党反动派，我听你们讲了，只有共产党能救国救民。

舒曰信说：好！现在浙江省政府招速记员，党组织决定派你去应试。

我听到“党组织”一词，吃了一惊。此前，我曾听姐姐说过，姐夫是革命者，我也曾积极要求参加革命，但是后来就不见了下文。此时我用试探的口吻问道：你们是共产党？

舒曰信和华明之郑重地点点头。

我当时震惊万分。这一年多来，我听到、看到国民党反动当局残害共产党人的许多骇人听闻的消息。在我的心目中，共产党人都是些大义凛然、舍生忘死的革命志士。没想到自己的姐夫和学兄都是共产党。令人敬佩的共产党就在自己身边！我心灵受到了极大的震撼，一时不知说什么好，就对姐姐说：这么大的事情，你怎么不早告诉我？

沈珉拍拍我的手说：好好听他们给你交代任务吧！

舒曰信接着说：党组织很需要掌握国民党反动政府的内幕情况。希望你一定要认真应试，争取被正式录取。

华明之补充道：去浙江省政府担任速记员，就是参加革命。

我高兴地说：“真的么？只要是参加革命，我就去！”做一个革命者，这是我梦寐以求的。

舒曰信说：到国民党政府部门去做速记员，可以预先知道敌人的图谋。

华明之接着说：这样我们就可以更有效地保护自己，更有力地打击敌人。

此时我的心情非常激动，虽然我对共产党的认识很肤浅，对情报工作更是一无所知，但是我了解姐夫和学兄，并对他们充满信赖，认为跟着他们走，没有错。于是我坚定地说：我要革命，我一定好好干。

华明之强调说：打入国民党内部为党工作，是很危险的，甚至可能会牺牲生命……

我当即说：我知道。最近的报纸上经常有很多这种消息：这个中共组织被破坏了，那个中共党员被抓了，谁谁谁叛变了，谁谁谁自首了。

舒曰信拿出几张几天前的报纸，递到我面前，上面有当年(1934年)11月，共产党员“红队”邝惠安等人被处绞刑的消息。我接过报纸看了看，顿时心里悲痛、愤慨。

舒曰信郑重地问：沈琬，你真的不怕死？

屋外，又有响着警笛的汽车疾驰而过，然后是一片令人毛骨悚然的寂静。

舒曰信、华明之和沈珉，六只眼睛紧盯着我，当时我刚过了19岁生日。

此时我已经想好了，于是非常镇静、果敢地说：过去我想要抗日救国，可是徒有报国之心，却无报国之门。今天报国有门了！我要革命，我不怕死！

三人听了都很感动：没想到小妹在人生的十字路口，选择了革命！选择了共产党！

舒曰信沉思片刻，对我和沈珉说：你们俩现在参加革命了，改个名字表示决心吧！我和明之现在的名字都是参加革命后改的。

我和沈珉都拍手说好。

沈珉对舒曰信说：“我知道你原来叫庸之。”

舒曰信说：“是的，就是‘中庸之道’那个‘庸之’。”

“那你为什么要改为‘曰信’呢？”

“‘曰信’，意为‘下定决心，说到做到’。‘曰信’，就是言必信，言而有信。”

我又对华明之说：“我知道你原来叫家骊。”

华明之说：“是的，我原来叫家骊，字鸿申。参加革命之后，自己改为明之，表示我一生为追求中国光明未来的决心。”

我马上说：“好，你们的名字改得好，太有意思了。可是，我们改个什么名字呢？”

舒曰信想了一下说：“革命的苏联是我们中国的未来。我建议改个苏联女孩的名字。我看你就叫安娜吧！”

华明之马上说：“好，安娜这个名字好，既好听，又符合沈琬活泼的性格。”

我说："我喜欢安娜这个名字。那么姐姐改什么名字呢？"

华明之又冒出一句："叫伊娜怎么样？"

当时中国的进步青年都向往世界上第一个社会主义国家苏联，安娜和伊娜，显然有浓郁的苏联味道，是俄罗斯姑娘的名字。我和舒曰信认为伊娜这个名字好，沈珉却站在一边微笑着，没有吭声。

我对姐姐说："姐，你倒是说话呀！"

沈珉有点不好意思，轻声说："你们都说好，那就叫伊娜吧。"

这时我忽然想起一个重要问题："我到杭州去实习应试，用哪个名字？"

舒曰信沉思了一下说："你们对外还是用原来的名字，这样比较安全。在亲人之间，用你们新改的名字，以表示你们新生命的开始。"

我和姐姐坚定地回答："好！新的生命从此开始！"

此后，他们都不再叫我们俩沈琬和沈珉的原名，而以安娜和伊娜相称了。

我正式对外使用沈安娜这个名字，是在1949年5月上海解放以后。有一天，当时在上海负责领导情报工作的老领导吴克坚对我们几个原来搞地下工作的同志进行保密教育时说：上海刚解放，社情很复杂，有不少潜伏特务。国民党机关的人认识你沈琬的人很多，要改名字。

我说：我刚参加革命时，华明之和舒曰信给我起了个名字叫安娜，后来党内领导和亲人、熟人也都叫我安娜。

吴克坚说：对的，我也一直这样叫你安娜，叫惯了。今后就正式用安娜吧！

由于我自上海解放后一直使用沈安娜这个名字，现在知道我叫沈琬的人反而不多了。

分手的时刻到了，舒曰信嘱咐我说：安娜，到了杭州以后，要谨慎从事，遵守纪律，保守秘密，不要暴露自己的进步思想，有重大事情，要设法告诉我和你姐姐，或者华明之同志，我们再向"舅舅"汇报。

我郑重地点头说：记住了。

舒曰信向我伸出手，高兴地说：安娜同志，祝你成功！

我和舒曰信握手的时候，华明之和伊娜也把手伸了过来。四个年轻人的手握在一起，同时把各自的心拴在了一起，把各自的命运拴在了一起。

第二天，我在浓重的白色恐怖阴影下，迎着扑面袭来的阵阵寒风，带着党组织交给我的绝密使命，坐火车离开上海，直奔杭州。从此，我的人生轨迹由于王学文具有远见卓识的“一锤定音”，发生了根本的改变。

三、在国民党浙江省政府站稳脚跟

(1935 年初—1937 年夏　在杭州)

打入国民党浙江省政府

杭州是我国古都之一，与苏州齐名，素有人间天堂之称，其中尤以湖光山色，名胜古迹，遐迩闻名。我谨记党组织的嘱托，决心竭尽全力争取省政府机关录用。尽管我的速记技巧可以胜任，但仍夜以继日反复练习，丝毫不敢掉以轻心，因此根本无心领略杭州美景。而入选省政府机关对于与我同去的两个男生来说，并非志在必得，因此他们练习不大用功，其中一个还喜欢喝酒，在省政府机关里影响很不好，这件事不知被什么人反映到秘书处一个科长那里。

一天，科长当着我的面，对两个男生说："你们不好好练，还喝酒！"他指着其中一人的鼻子说："你不喝酒就不能速记了？"可是他指错了对象。因为他态度很严厉，没喝酒的男生也不敢争辩。

我在一边想了想便笑着小声说："不是他喝酒，科长您弄错了。"

这位科长见我好意地提醒，才知道骂错了人，他不但没有恼羞成怒，反而觉得好笑，也忍不住笑了一下，使原本紧张的气氛顿时缓和了。

"好好练习速记！"科长给自己找了个台阶，走了。

在此之前，浙江省政府一直没有速记人员，是新的省政府主席黄绍竑[①]来了以后才提出要用速记的。

黄绍竑是广西人，属于"桂系"。他一开始拥蒋，后来反蒋，旋即又拥蒋，最后又反蒋。反反复复的行为，不仅反映了他的思想波动，也折射出当时形势的多变。黄绍竑是广西人，他的部下多为两广人氏。我就读的上海"南洋高商"学生多是华侨子弟，讲广东话的居多，所以我对黄绍竑以及那些部下带有浓重两广口音的国语，不但完全听得懂，而且能记录下来，而那两个男生对广式国语连听都比较困难，还谈何速记？我从小跟着父亲练字、作文，因此我整理出来的毛笔誊写的文稿字迹端正，文章通顺。加上我是有备

---

① 黄绍竑（1895—1966），字季宽，广西容县人。新中国成立后，任中华人民共和国政务院政务委员，是第一届全国人大常委、中国国民党革命委员会中央常委。

而来，因此学习特别下功夫，加上我反应较快，速记能力明显比两个男生强。试用一个月后，我被录用，两位男生则被淘汰。

1935年1月，我正式进入国民党浙江省政府秘书处议事科（原称记录科）担任速记员。后来，经王学文同志认定，我参加革命，成为中央特科领导下的成员，就从这时开始。

省政府在杭州梅花碑附近。每个正式职员都有一个徽章，进大门的时候，站岗的警卫看见戴徽章的都要敬礼。我第一次佩戴徽章去上班，不知道警卫敬礼时，自己该怎样还礼。于是我不露声色地站在一边观察。发现即使是年轻职员也都是趾高气扬点点头就过去了，我便学着别人的样子，目不斜视，昂首向前。警卫给我敬礼时，也装出很老练的样子点点头。我表面上看很老练，其实心里很紧张，很不自然。后来我认识到，这种紧张与不自然并不完全来自初次面对警卫的敬礼，还来自对自己如何适应“白皮红心”的双重身份缺乏自信。镇静自如是装不出来的，未来的路还长着呢，自己还需要好好磨炼才行！

果然，需要磨炼的事情很多。第一次参加黄绍竑主持的省政府会议时，我进会场后，连自己的位置在哪里都不知道。到会的都是大员，一看那架势，我很有些不知所措，就在靠后面的一个凳子上坐下了。这时过来一个人，拉着我往前面走，我不知道这人是谁，也不知此人拉我是什么意思，我还停留在女学生的角色位置，并且觉得被一个陌生男人拉扯着，很不自在。

那人把我拉到黄绍竑身边，指着一个空位说：“你坐这里。”后来我才知道，此人是省政府的秘书长。从此，我作为省政府的第一位速记员，在会场上有了自己的位置。

过去我从没接触过政府公文，不知公文格式是什么样的，也没想到应该向科长请教。第一次整理出来的速记稿不符合上报文稿规定的格式。因为炳勋速记采用的是从左至右横书的西文写法，所以我不假思索，就按照在速记学校传授的从左至右的横写格式，把会议记录整理出来，并送给议事科科长薛元燕审阅。我满以为会得到科长的肯定，没想到科长只看了一眼，就使劲皱起眉头。我知道科长不高兴了，但是不知道问题到底出在哪里。

科长也不说话，另找了一份文件放在我面前，用手点点，那意思是：你自己看吧！

我一看才明白，是我把格式弄错了，当时中文的书写方式是从右至左，从上至下竖写。

我红着脸朝科长笑笑，默默地把那份会议记录拿回去重新抄了一遍。第二次拿给科长看时，科长没皱眉头，但也没表扬我。不过我心里还是很感谢这位厚道的科长给我留了面子，没有当众批评我。

议事科的办公室是一个大房间，四五个人在一起办公。科长朝南坐，用大办公桌。其他有速记员，收发员，油印员都用小桌子。朝东是一排铁皮柜及木质柜，柜子前面还有一排长桌，上面放着蜡版和油印机。印的材料大都是会议议程、报告、决议及附件等等，都摆在那里。

我发现，科长在科员面前显得很威严，平时一般很少说话，只要他一皱眉头，大家就知道出问题了，都吓得不敢吭气。

我平时除了做会议速记，有时也起草一些一般性的公文。我吸取第一次的教训，不管写什么，一定要先请教薛科长。科长会很认真地告诉我，抬头怎么写，第一行怎么写，落款怎么写。经科长指点，我很快就掌握了一般公文的程式。

黄绍竑是个有文化的军人，他并不要求速记员原封不动地将口语整理成文，而喜欢在口头语言的基础上略为加工，成为简洁明了的书面语言。薛元燕科长的古文功底很深，我整理的省主席讲话稿，经他润色后，更加简练准确。我在誊清时发现，薛科长锤炼语言的功夫非同一般，于是常常仔细琢磨，认真学习。黄绍竑对我整理的讲话稿很满意，薛元燕从来不说是经他改过的。后来朱家骅[①]接替黄绍竑当浙江省政府主席，当面夸奖我，我马上说："那是科长润了色的。"朱家骅和薛元燕说我"不掠他人之美"，给他们

---

① 朱家骅(1893—1963)，字骝先，浙江吴兴（今湖州）人。1912年加入国民党。1914年赴德国留学，1922年获博士学位回国。历任北大教授、广东大学教授、广东省教育厅长、中山大学校长、中央大学校长、教育部长兼"管理中英庚款董事会"董事长、浙江省主席、国民党中央党部秘书长、中央组织部长兼中统局局长、国民党中央常委等职。1949年去台湾，任"行政院"副院长，"中央研究院"代理院长。

留下了好印象，后来薛科长欣然认我做干女儿，朱家骅对我也格外器重。

我按照王学文的指示，逐渐在浙江省政府内站住了脚，姐姐伊娜，姐夫曰信，学兄明之，特别是“舅舅”王学文，都非常高兴。

我自1935年1月参加革命，实际上当时刚满19岁。一投身革命就在中央特科直接领导下，做秘密情报工作。当时我并不知道自己是受中央特科领导的，就连舒曰信和华明之也不知道，甚至新中国成立后，仍不知道。直到半个世纪之后的80年代，我们才知道当年我们属中央特科领导。

“第一炮打响了！”

我在国民党浙江省政府工作一个多月之后，姐姐伊娜写了封暗语信，暗示我回上海汇报工作。我就以回家取行李为由，向科长薛元燕请了假。

这次回沪，带什么给“舅舅”作为“见面礼”呢？

我所在的议事科，专门负责浙江省政府主席主持的各种重要高层会议的秘书、会务工作，油印和保管机密文件是我们工作的一部分。我分几次偷偷从印得不是很清楚、尚未销毁的油印的机密文件中，抽了几份自认为有用的，还有几份高层会议的原始速记稿，与衣物混装在一只小皮箱里，大模大样地坐火车带回上海去见姐姐姐夫。

到了上海姐姐姐夫住的亭子间，我得意地对姐姐说：“看看，我给你带来了什么！”

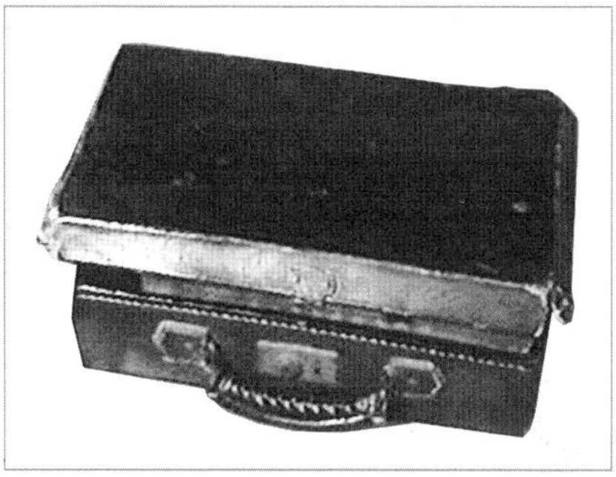

沈安娜、华明之传送情报用过的小皮箱，现陈列于重庆红岩革命历史博物馆

伊娜打开小皮箱一看，几份浙江省政府的机密文件赫然在目，不由得吓了一跳，数落我道：你这个冒失鬼呀，这么做多危险呀！

我觉得很委屈，对姐姐说：你们不是叫我搜集情报么？我拿回来了，还说我！

姐夫舒曰信把责任揽了过来。他对伊娜摇摇手，说：不要说她了。这要怪我们事先没有教她怎么密藏嘛。

我听到“密藏”一词，才意识到自己太大意了，便向姐姐做了个鬼脸儿。舒曰信边翻阅我带回的文件，边鼓励我道：你干得很好！回头我再教你一些秘密工作的方法。他挑了几份涉及国民党浙江省政府策划“清剿”的材料，密藏后，匆匆出门。临走时嘱咐我，抓紧时间把那几份速记稿整理出来。

舒曰信把情报送给我们的直接领导王学文，说明是沈安娜从杭州带回来的。王学文一看，高兴地说：这都是重要情报啊！安娜第一炮就打响了！

舒曰信说：她还带回来几份速记稿，正在整理呢！

王学文说：我要见安娜，你安排一下。

根据王学文的指示，舒曰信约我和华明之在亭子间里等待王学文。

舒曰信和沈伊娜的日子过得很艰难。常因囊中羞涩而揭不开锅，经常是两人一餐只买四个大饼充饥，以沿街叫卖的热豆腐花加盐当菜。沈伊娜只吃一个半大饼，让舒曰信多吃一个。沈伊娜说，老舒工作忙，辛苦，一顿两个大饼吃不饱。其实她自己当交通，整天在外面跑，更辛苦。为了节省车费，凡是传递时间要求不太急的文件和通知，她都是靠两条腿走路，是真正的“跑”交通。

沈伊娜整天忙忙碌碌在外面跑，舒曰信则整天在家里整理情报。为了不引起邻居的怀疑，他们统一口径对邻居说，舒曰信是个穷作家，现在作品还没有问世，因此要沈伊娜外出替人家做做家务活，贴补家用。

舒曰信有一件从家乡带出来的皮袍，因囊空如洗，夏天就把皮袍送进当铺当几个钱。后来天冷了，还是华明之用自己的工资把他的皮袍赎了出来，他才得以穿着皮袍过冬。

生活虽然艰苦，但是在理想和信念的支持下，舒曰信夫妇却觉得生活是如此充实，而我不忍心让姐姐和姐夫过如此贫寒的生活，就把刚领到的工资硬塞给姐姐。

伊娜用我的工资买了两个凳子和茶杯、茶叶，于是我们终于可以每人一个凳子，坐下来谈话了。

我与明之也许久不见，这次见面显得格外亲热。我们彼此都很思念对方，只是当时谁也没有说出来。

70岁的王学文，1965年摄于北京

王学文来了。此前，我经常听姐姐、姐夫和明之提到“老李”，又亲昵地称他为“舅舅”，我还不曾见过。舒曰信便介绍说：他是老李，我们的舅舅。

我大大方方地叫了声“舅舅”，王学文微笑点头。他似乎对我印象不错。

老李落座之后，对我说：你在国民党浙江省政府做速记员，已经站住了脚，工作也有成效，很好。

第一次受到领导当面表扬，我真有些不好意思。

接着，老李耐心地开导我，帮助我提高对党的秘密情报工作的认识。我习惯地拿出速记本，准备记录，却被舒曰信制止了。

“安娜，不要记录。”舒曰信说，“只能记在心里。”

我难为情地马上把速记本收了起来。

老李向我详细讲述了党的秘密情报工作的基本原则和做法。最后特别交代说：你今后要注意搜集“清剿”的军事情报。要注意筛选，做好密藏。一定要保证安全，不可冒失大意。

我把老李的每一句话都认真记在心里了。

我觉得老李是个很有学者风度的忠厚长者，是个不一般的“舅舅”。很久以后我才知道，老李的真实姓名叫王学文，是我们的直接领导人。这是当年我与王学文惟一的一次见面。之后都是通过舒曰信、华明之和沈伊娜得到他的指示。

王学文是我和明之参加秘密情报工作后的第一位领导，也是第一位言传身教的好老师。后来我听说，王学文的生活也很艰苦，得了肺病，无钱治疗，更谈不上营养，因此面黄肌瘦。有一次，他到舒曰信家联系工作，邻居偷偷问伊娜：你舅舅是不是抽鸦片的？这么瘦！

沈伊娜只好解释说：他身体不好。

那天，王学文走后，舒曰信问我道：舅舅的那些话你都听懂了么？

我点点头，又摇摇头。我基本听懂了舅舅的话，但因为内容陌生，不能全部记住，目光中流露出一丝犹豫。

为了使我今后的秘密情报工作做得更好，舒曰信、沈伊娜和华明之一起把王学文说过的话做了归纳总结：

第一为党做秘密情报工作，要对党忠诚，不怕艰难困苦，不惜牺牲个人一切，甚至生命。

第二要严守机密，遵守纪律，除非领导指定的同志，一概不对任何人讲与秘密工作有关的事。

第三要心里革命，但不能暴露进步思想，表面上要说国民党的话，做国民党的事，生活上要合乎他们的潮流。

第四要分清敌友，处理好亲疏关系，特别要搞好和顶头上司的关系，对同事朋友要和气；对敌人要警惕。

第五要不断提高速记技术、文化水平和在国民党机关的办事能力。

只有做到这些，才能站稳脚跟，安全隐蔽，做好秘密情报工作。他们还对我不太懂的地方进行重点解释，直到我理解为止。我把这“五条原则”牢记在心，在日后的秘密工作中，我认真踏实地践行了“舅舅”的教导。

这次回上海，我收获很大，不仅见到了神秘的上级领导，还得到了领导的重要指示。另外，我从舒曰信、华明之和姐姐沈伊娜那里还学到了一些简单而原始的密写和密藏技术。

第二天，我怀着喜悦的心情回到杭州。我经常参加省政府常委会、例会，省主席黄绍竑等政府要员主持的各种重要会议，能够接触到不少机密文件。我觉得，保安处长宣铁吾在省政府常委会上做的秘密“清剿”军事报告，极具情报价值。

宣铁吾是蒋介石的亲信、侍从室卫士长。1934年10月，红军第五次反“围剿”失败，中央红军主力部队被迫撤出根据地，向西行进，开始了九死一生的长征。留在长江南北八个省十几个地区的部分红军和游击队也在坚持艰苦卓绝的斗争。浙江是蒋介石的老家，又是国民党政府财政来源之一，因此在闽浙赣边区、皖浙赣边区和浙南地区的红军游击队是他的一大心病。而黄绍竑是桂系，不是蒋介石的嫡系，以前还和李宗仁、白崇禧等人一起多次反蒋，因此蒋介石对他不放心，就派了宣铁吾去浙江省政府担任保安处长，主要负责“清剿”闽浙赣、皖浙赣边区和浙南地区的红军游击队。王学文根据当时斗争需要和我的工作条件，特别布置我要重点搜集国民党的“清剿”军事情报。

根据党组织提出的重点搜集要求，我清醒地意识到，宣铁吾的报告正是“舅舅”所要的军事情报。

我获得了宣铁吾的“清剿”报告之后，心情非常复杂。一方面对国民党“清剿”的种种凶残手段十分愤怒；另一方面，我为自己获取如此重要的情报而兴奋、激动。这种难以名状的感觉是我以前不曾有过的。从此，我渐渐意识到，秘密情报工作充满着刺激和挑战。

我陆续搜集到国民党浙江省政府保安处，根据蒋介石的旨意，策划对闽浙赣、皖浙赣边区和浙南地区红军游击队的“清剿”计划。内容包括军队建制、军事措施、公路碉堡、武器装备、军事力量部署和对红军游击队的分析估计等文件，以及黄绍竑、宣铁吾的“清剿”报告，连同附件、图表等，都设法摘抄下来，通过明之、曰信，陆陆续续安全地送给了王学文。

1984年，王学文与沈安娜、华明之在北京合影

与此同时，王学文将派遣我打入浙江省政府，获得了一些军事情报的情况，向当时中央特科负责人王世

英[①]作了报告。

王世英

王世英是1925年入党的老党员。1933年2月，他奉中央之命调到中共上海中央局军委情报部负责情报工作，是王学文的上级领导；1935年9月，他被迫带着一部分骨干离沪转移至天津，继续负责中共华北联络局的情报工作。

1982年，王学文在见到我和明之时说："当时有两条线能得到一些有用的军事情报，一条是长沙，一条是杭州，就是你（指沈安娜），都是有价值的。"

1984年，王学文口述笔录中写道："沈安娜在浙江省政府，能得到一些重要军事情报……"

如今在中央档案馆的有关历史档案中，还保存着王世英1945年向中共中央所作的《上海军委及特科工作报告提纲》，其中提到："……如浙江省政府，派沈琬（注：沈安娜）去。"

与"江湖小姐"周旋

我打入国民党机关后，怎样才能站稳脚跟，是一个非常重要的问题。舒

① 王世英（1905—1968），字子杰。山西省洪洞县人。1925年加入中国共产党。曾任中央特科负责人，中共中央华北联络局负责人。1933年王世英主要从事军委情报部门的工作，后转到中央特科。在红队队员先后遭敌杀害后，曾于1934年底担负重建红队的工作；1935年7月，特科负责人刘子华转移后，王世英负责特科工作，新中国成立后，历任山西省人民政府副主席、省长、省委书记，全国政协常委，中共中央监察委员会委员。

曰信曾告诉我：要注意观察。首先要像“舅舅”讲的那样，对周围的人要分清敌友，确定亲疏关系。

我住的是集体宿舍，和我同住的还有两个职员，一个胖，一个瘦。胖女士三十来岁，听人说是省主席亲信的老婆，和丈夫分居。她成天苦着个脸，对人爱搭不理的，平时很少说话。在机关里，谁也不主动和她搭腔，更没人敢议论她，大约是怕传到她丈夫的耳朵里引起是非。

我倒有些同情她，有时和她搭搭话，称她为大姐。胖女士大概因为自己命运不济，所以不爱多管闲事，与同宿舍的人基本相安无事。

那位瘦小姐可就不那么安分。她25岁左右，长相很一般，却整天没事就坐在镜子前涂脂抹粉。她还喜欢骑马，床前放着一双非常漂亮的马靴，床头挂着一条精致的马鞭。我发现她经常和男朋友出去骑马。她的男朋友经常换，让人对她莫测高深。

瘦小姐的言谈举止和生活习气与机关的职员不大一样，江湖气很浓，我就在心里偷偷称她为“江湖小姐”，并时时对她保持警惕。

胖女士和“江湖小姐”都是广东人，经常在一起说广东话。开始她们对我还有些提防，有时正说得起劲，见我回来，就不说了。我为了打消她们的顾虑，就故意说：“你们广东话真有意思，像外国话似的，我一句也听不懂。”其实，我虽然不会说广东话，但是听懂是没有问题的。然而，经我这么一说，胖女士和“江湖小姐”再说广东话就不避讳我了。从中，我也听到了一些在机关里听不到的事情。

不知为什么，“江湖小姐”对我的态度一直不怎么友好。

我第一次回上海送情报时，姐姐和姐夫教我密写和密藏技术，给了我一小瓶白色药水，也叫隐形药水。密写方法是用毛笔蘸着隐形药水，写在家信的背面或者空行之间。对方收到后，用碘酒一抹，字迹就显影出来了，俗称“药水信”。由于受条件的限制，我只能利用宿舍没人的时候，在宿舍里密写情报。为了不被别人发现，密写时，我就拉上窗帘，闩上门。一听到脚步声，就马上把药水和家信收起来，再拉开窗帘，打开门，就像什么事也没有发生过一样。

有一次，我正在密写情报，“江湖小姐”突然回来了。因为门被我闩上了，她用钥匙打不开，就疯狂地砸门，并大声叫喊："开门！开门！"

我吃了一惊，连忙把药水和家信收好，然后才从容地拉开窗帘，打开门。

"干什么，神神秘秘的？""江湖小姐"一进屋就盛气凌人地指责我道，并用警觉的目光在屋里四下搜寻，似乎想通过什么蛛丝马迹，来发现我有没有什么隐私。

我有两个箱子，一个木箱，里面装着衣服之类的东西，一个小皮箱，里面装着一些所谓的"细软"，还有刚发的薪水和那瓶白色药水。小皮箱摞在木箱上面，平时是锁着的，刚才因为匆忙，还没来得及上锁。"江湖小姐"的目光在上面停了一下，然后故意弯腰往床底下看了看，好像下面藏了什么似的。

我以为她没有注意到小皮箱，便怀着侥幸的心里，装作很生气的样子对她说：×小姐，你这是什么意思？好像我在床底下藏了个人似的！

"江湖小姐"白了我一眼，气急败坏地"哼"了一声，用手中的马鞭在走廊上重重地抽了一下，扬长而去。脚下的马靴噔噔作响。

我暗自庆幸刚才是虚惊一场。可是没想到，"江湖小姐"很狡猾，我随后就知道了她的厉害。

第二天，我下班回到宿舍，见屋里虽然没人，但我总感到有些异样，后来终于发现，我的那个小皮箱被人撬开了！我不由得感到脑袋"嗡"的一下。因为里面放着那瓶白色药水和那封没写完的密信！

我急忙掀开小皮箱，一看，药水还在，钱也没丢，非同小可的是那封没写完的密信不见了！吓得我顿时出了一身冷汗。如果密信落到对方手里，后果将不堪设想！

这是什么人干的呢？如果是小偷，不会不偷钱，如果是特务，那不会把药水留下。我再去看门上的锁，也没有发现被撬的痕迹，那么一定是"江湖小姐"干的！

可她为什么不拿药水，只拿一封家信呢？我坐在床边冥思苦想，百思不得其解。

后来，我忽然想起，那封家信并未放在小皮箱里，而是在自己身上！因为以往写好的密信是马上发走的，而昨天，由于"江湖小姐"的干扰，信没写完，也没能及时发走，出于防范意外的本能，所以我没有把信和药水一起放在皮箱里。刚才一紧张，居然把这事给忘了！

我正在想如何对付这个“江湖小姐”，走廊上传来噔噔的脚步声，一听就知道是她回来了。

“×小姐，”我非常气愤地迎上前去，对刚刚进门的“江湖小姐”说：“我锁着的箱子，被人撬开了，请问这是怎么回事？”

我本来以为她会抵赖，没想到她居然很坦然地回答：“是我撬的。”

“你凭什么撬我的箱子？！”我厉声质问道。

“哼！你说为什么？”“江湖小姐”竟然蛮不讲理地反问道。

“是我问你！”我义正词严地追问道。

“我看见你有一瓶白色药水。怀疑你是共党特务！”“江湖小姐”信口开河地说道。

“江湖小姐”说话如此直截了当，倒使我吃了一惊，但我马上意识到，如果对方真的确认我是共产党，那么现在我们就不会在这里对话了。不过使我感到费解的是，这女人能把一瓶药水与“共党特务”联系起来，似乎很不简单。可是“江湖小姐”说话的口气，又不像是背景特别复杂的那种人，倒有点像上海人说的“十三点”。她到底是什么人呢？我决定以守为攻，于是反击道：“你说什么？共党特务？笑话！那是一瓶脚气药水。你撬我的皮箱，盗窃私人财物，还要诬陷我是共党！我要禀告上峰，治你的罪！”

“江湖小姐”见我口气强硬，还要告她偷盗，眼珠转了一下，态度遂平和了不少，说道：“哎，你不要胡说啊，我可没有拿你的东西。”

我见她有些害怕，料想她也不会有什么来头，便步步紧逼道：你拿没拿东西，等上峰派人来一查就知道了。我这就去报告，请你马上出去，我要保护现场！

“江湖小姐”见势不妙，便软了下来说道：沈小姐，我真的没拿你的东西，我只是想看看，你那里面装的是什么。

“那你也不能私自撬别人的箱子啊！”我故意装作得理不让人的样子。

“对不起，对不起。你可以检查一下箱子，看看你的东西少了没有。”“江湖小姐”连声道歉。

我本来就不想把事情闹大，见对方服软，顺势给了她一个台阶下：“如果东西没少，我就不报告了。但是你要保证，以后不准乱动我的东西！”

“那当然，那当然。”江湖小姐见我答应不再追究下去，马上趁机下台阶。

我佯装检查小皮箱里的物件，过了好一会儿才说：“嗯，东西倒还都在。”然后又故意拿出那瓶白色药水，对“江湖小姐”说：“这脚气水很灵的，你要不要试试？”江湖小姐连忙说：“谢谢，谢谢，我没有脚气。”

不过，这件事过去之后，我立刻把药水处理掉了。我意识到，集体宿舍不适合做秘密工作，更不能在集体宿舍里写“药水信”，必须改变工作方式。从此以后，我就不再在宿舍里整理情报了。我立刻给姐姐写了一封信，说我病了，希望姐姐来看看我。

伊娜接到信，马上到杭州看我。见了面，发现我并不像生病的样子，就问：出了什么事？

我便把与“江湖小姐”之间发生的事情，一五一十地向姐姐作了汇报。

“你处理得很好。”姐姐伊娜沉思道，“现在看来‘药水信’以后不能再用了。”

原来，药水质量也有问题，上次我寄到上海的“药水信”，伊娜还没用碘酒显影，密写的字就隐隐约约地显露出来了。

伊娜说：我回去向舅舅汇报，以后不能用密写邮寄了。由你自己把情报送到上海，或者由我来杭州取。你要特别提防你说的那个“江湖小姐”。

认科长太太做“干娘”

药水风波之后，我待人处事更加谨慎小心了，同时更加留心观察周围的各色人等。我原以为在国民党官僚衙门里做事情的人都不会好，经过一段时间的深入观察研究，我发现在国民党机关里供职的，也有洁身自好的。自己的顶头上司，议事科科长薛元燕就是个为人正派、待人厚道、有学问的好人。

薛元燕和我父亲年纪差不多，瘦高个，长得很清秀，一副文人模样。平时他对下属很和气，尤其对生活困难的下属特别关照。有一个科员一家老小没地方住，他就把自家楼下的住房以很低的、象征性的租金租给这个科员。有一个做油印工作的职工，生活十分困难，过年时，他就塞给这个职工一点钱。他在下属面前很有威严，实际上是不怒自威，他从不吹胡子瞪眼训斥人。有一次，因为时间紧，一个职工忙乱中把油印文件的页码装订错了，薛科长发现后眉头紧皱，却没训人。我见了，赶紧过去默默地帮助这个职工返工。薛科长既没指责那个职工，也没表扬我。但是彼此都心里有数。

观察了一段，我认定这位科长可以信赖，就主动接近他，遇事虚心向他请教。

有一天，薛科长问起我家里的情况，我就如实相告：我伯父是前清翰林，父亲是前清秀才。

薛科长听了说：你是书香门第啊！

每次速记稿整理抄正后，我都送科长阅改，晚上没事，就练习速记，很少干别的与工作无关的事情。我勤勤恳恳工作，恭恭敬敬待人，给薛科长留下了好印象。

第二次回上海送情报时，我将这些情况向舒曰信作了汇报。舒曰信沉思片刻，对我说：既然薛科长为人正派，你可以用拜干亲的方法，进一步搞好和科长的关系。

当时拜干亲的风气很流行，舒曰信认为，有了顶头上司这门干亲，我就有了保护伞。

薛元燕夫妇（1946年）

我说：我见过科长太太，她善良、随和，看样子是很喜欢我的。我先认她做干娘，怎么样？

舒曰信说：我看可以试试。

我回到杭州，便去薛科长家串门儿。科长家有两个小男孩，很聪明，但又很淘气。科长太太对我叹气道：没有办法，要是女孩就好了。

我接过话茬对她说：既然薛太太喜欢女孩，我给你做干女儿，好不好？

科长太太高兴地笑道：好啊！

第二次去，我带了些礼物，大大方方地喊科长太太：“干娘，我来了！”

科长太太高兴地说：“干女儿！请进来！”接着便亲切地聊起家常。

我仍然称薛元燕“科长”，薛先生也很高兴。

我住的集体宿舍环境嘈杂，还常有男职员来骚扰。我看到科长家有一间堆放杂物的小房子，就对干娘诉苦说：机关女宿舍非常拥挤，男职员老来找女职员出去吃饭、闲逛，真讨厌。干娘家房子宽敞，能不能把放杂物的小房间租给我？这样生活安静些，还可以利用业余时间学习。

科长太太与丈夫一商量，痛快地答应了。科长家的两个小男孩，正在上小学，科长夫妇早就想找一个家庭教师，辅导儿子的功课。于是科长太太问我，愿不愿意利用晚上时间做家教。我一口答应：没问题。

我很快就搬进了科长家楼下的小屋。科长夫妇不想收房钱，但我坚持要交，说：不然我心里会不安的。于是，科长夫妇就象征性地收了一点钱，算作租金。科长太太每天让我和家人一起吃晚饭，算是请我当家庭教师的报酬。天长日久，我与薛家相处得亲密无间，就像一家人。

我有了单独居住的房间，既可以避免别人的纠缠和干扰，又可以专心摘抄和密藏情报。每天下班以后，吃过晚饭，我就辅导两个孩子的功课。实际上他们功课很好，不用辅导，只是陪读而已。

科长的两个儿子很聪明，但是确实也很淘气，自从来了一个大姐姐做家庭教师，他们就琢磨着，如何捉弄我。

有一天，我下班回来，一开门，突然从门上落下一团带着泥土的杂草，弄得我灰头土脸的，小哥俩则躲在一旁偷偷乐。这无疑是他们在恶作剧，而我并没有责怪他们，只是笑笑，然后拿起扫帚把地上的尘土杂草扫干净。小哥俩相互做了个鬼脸儿躲了起来。

还有一次是晚上，我教小哥俩练毛笔字。我先把要领告诉他们：“身要正，腕要直，笔要握紧，这样笔力才能发挥出来，将来写的字才能力透纸背。”然后在八仙桌上摊开纸，给他们做示范。这时候，小哥俩悄悄走到我的身后，假装看我写字。趁我不备，哥哥突然上前用力把毛笔往上一拔，想抽出毛笔，弄我一手墨，没想到，居然没有拔出来。

我不但没生气，反而因势利导地对他们说：你们看，拔不出来吧？你们是想检验姐姐握笔紧不紧，是吧？这是父亲教我的，要把笔握紧了，横平竖直，这是练腕力！好的毛笔字就是这么练出来的。

听我这么一说，两个调皮的小男孩反而不好意思了。

我和两个孩子相处得很好，就像姐弟一般亲密，科长夫妻非常高兴，自然也很感激我。

空闲时，科长经常在家里和我聊天，介绍机关里的人事情况，比如黄绍竑主席怎么样，秘书长怎么样，某某人不好，不要接近他，等等。这些，对我了解周围的生存环境和工作环境，都非常重要。科长还帮我修改记录稿，教我写各式公文。这个老实正派的顶头上司，无形中帮助和掩护了我的秘密情报工作。

西子湖畔的爱情之花

自从白色药水被“江湖小姐”发现之后，我不再写“药水信”了。此时“舅舅”王学文指示：安娜是情报员，是不宜兼跑交通的。就让伊娜跑吧。此后情报大都由姐姐伊娜到杭州来取。她每次到杭州，都要检查我在保密方面有没有漏洞，询问我与同事相处、谈话的情况，并传达舅舅的有关指示，嘱咐我要认真执行党组织的指示，保守工作机密。

伊娜说：你在初中时就喜欢参加群众集会，现在做秘密情报工作了，一定不要流露进步思想。还有你办事毛躁，不细致，这是我最不放心的。

我调皮地对姐姐说：我现在长大了，不会再那么毛毛躁躁了！

每次伊娜拿到情报，伪装密藏好，就马上返回上海。有几次，我要留姐姐在杭州玩半天，带她游西湖和灵隐寺，都被姐姐谢绝了。她对我说：“我现在有一大堆工作等着我做，没时间玩。”说完，就匆匆忙忙去赶火车。

我对姐姐的做法很不理解，觉得她不近人情。后来才明白，姐姐的工作确实太忙，内勤工作中的很多事都是她一个人干，还要抄写情报，送文件，有时甚至还要运送手枪等。

伊娜从上海到杭州跑了几个来回之后，王学文觉得，伊娜实在忙不过来，而且一个女子经常往返于沪杭之间，有所不便，于是他和舒曰信商量决定，由华明之指导、联络我的工作。

王学文和舒曰信都认为，华明之性格沉稳、坚毅，入党后做过秘密工作，与我是“南洋高商”的同学，相互都比较了解。华明之可利用国际电台例行休假的时间，去杭州和我联系。华明之的任务是，在政治上、思想上帮助我，向我传达组织意图，具体指导我筛选鉴别材料，并由他将有用的情报伪装密藏，带回上海。

华明之接受任务后，常逢假日乘早班火车到杭州，晚上再乘夜车回上海。在有限的时间里，他和我有时到西湖边人少的地方谈工作。

为了排解我在国民党衙门机关工作的烦恼，明之还教我唱歌，他带了口琴和歌谱，教唱他刚学的电影《桃李劫》主题歌《毕业歌》。

同学们，大家起来，
担负起天下的兴亡！
听吧，满耳是大众的嗟伤！
看吧，一年年国土的沦丧！
我们是要选择战，还是降？
我们要做主人去拼死在疆场，
我们不愿做奴隶而青云直上！
我们今天桃李芬芳，
明天是社会的栋梁；
我们今天弦歌在一堂，
明天要掀起民族自救的巨浪！
巨浪，巨浪，不断地增长！
同学们，同学们！
快拿出力量！
担负起天下的兴亡！

1935年的5月，电影《风云儿女》在上海公映了。明之看后，正好是他与我接头会面的时候，他兴冲冲地来到杭州，对我说：上海新放映了一部影片《风云儿女》，非常好，主题歌《义勇军进行曲》，是田汉作词，聂耳谱曲的，非常有力，唱出了我们的心声！说罢，就拿出一张写好歌词的纸，挥着手，打着拍子，一句一句教我唱起来。

起来！不愿做奴隶的人们！
把我们的血肉，
筑成我们新的长城！
中华民族到了最危险的时候，
每个人被迫着发出最后的吼声。
起来！起来！起来！
我们万众一心，
冒着敌人的炮火，前进！
冒着敌人的炮火，
前进！前进！前进！进！

唱着这两首救亡歌曲，我和明之心潮澎湃，热血沸腾。随着那歌曲铿锵的节奏，激昂的旋律，抗日救国的民族大义在我们的脑海里留下了永恒的记忆。

六十多年后的2002年，年届90高龄的明之因病住院。往事渐渐从他的记忆中消失，惟有30年代他和我一起，满怀激情唱过的那两首对我们的人生具有特殊意义的电影插曲，依然记忆犹新。他常常躺在病床上哼唱“同学们，大家起来……”和“起来！不愿做奴隶的人们……”

在医院里，他每天要坚持下床锻炼，可是腿脚常常不听使唤。在护工的搀扶下，他一边唱着“起来！不愿做奴隶的人们……起来！起来！起来！”一边用力挪动双脚。医生和护士见了，无不为之动容。同时，他们奇怪的是，这位已经失去了大部分记忆的老人，为什么独对这两首历史歌曲刻骨铭心呢？

我心里清楚，《毕业歌》是我和明之的恋爱之歌，《义勇军进行曲》是我们的革命之歌。我们正是唱着这两首歌，在革命的道路上相互了解，相互帮助，并携手走进婚姻殿堂的。确实如此，我们相濡以沫、休戚与共七十年，有歌为证，有史为鉴。1935年，从春到夏，随着一次次的接头会面，明之和我之间的相互了解与日俱增。后来我们异口同声地说“秘密情报工作”是我们爱情的“催化剂”。

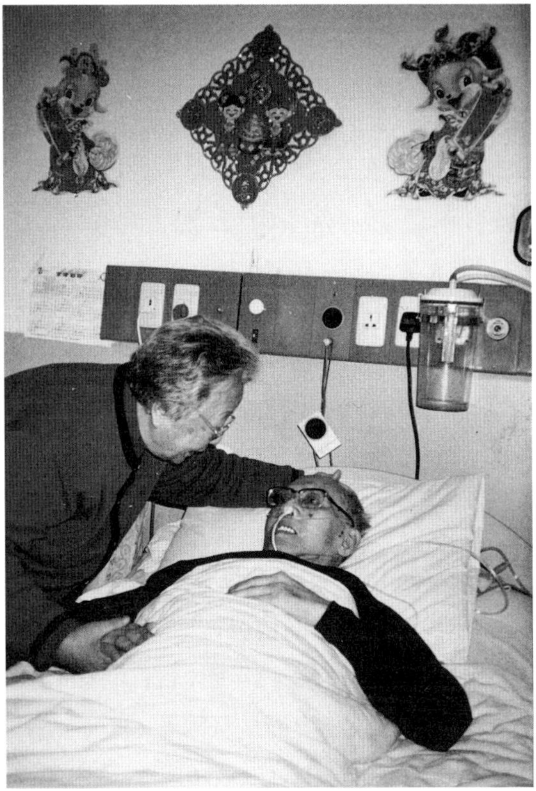

2002年，沈安娜与华明之在北京医院

随着我们感情逐渐热烈，于是想走到比西湖更远些、人更少一点的地方去。情侣们总是喜欢在幽静的地方约会，人越少越好，最好这个世界只属于我们两个人。于是，明之提议到杭州郊外的“九溪十八涧”去。我欣然同意。

九溪十八涧位于西湖西南群山峻岭中。因为路远，我们想省些钱，就走一段路，坐一段车。去九溪十八涧要经过著名的茶乡龙井村，闻名世界的龙井茶就出产在这里。这里的农民大都以种植和贩卖茶叶为生，几乎家家户户都在村中的道路两旁，支着一个用炭火烧热的大锅，现场炒制茶叶，当街叫卖，空气中弥漫着浓郁茶香。

穿过龙井村，前面就是遐迩闻名的九溪十八涧了。

越往峡谷深处走，景色越美，气象越新。这里山清水秀，游人稀少，明之和我一路走累了，就在溪边休息。

明之说：“听人家讲，这里的水好，到了这里一定要用溪水洗洗脚，能洗去晦气，洗来福气。”说着就把自己的鞋袜脱了，将脚伸进水里。

我却犹犹豫豫不肯脱鞋。明之问我为什么，我有些难为情地说：“我小时候缠过脚，有点变形。”

明之听了，安慰我说：“现在好了，我们一起反封建，闹革命，决不让那些束缚中国妇女的封建礼教再伤害我们的姐妹了。”

听他这么一说，我就大大方方地脱了鞋，把“解放脚”伸进水里，一边洗，一边说：“洗去晦气，洗去晦气！”

两人并肩坐在溪边，周围的环境是那么幽静，偶尔有鸟儿发出几声鸣叫，更显出“鸟鸣山更幽”的诗意。明之此时故意“转文”吟出一首古诗：“两山悬似剑，相让一溪流。白石几回度，青山到处留。”

我由衷地称赞道：“想不到你还真博学啊！”

明之说：“我这是临时抱佛脚，现学现卖。”

明之如此坦诚，这让我更觉得他的可爱。我像一个小姑娘一样，一边开心地用双脚拍打着清清的溪水，一边好奇地问：“我们认识这么久了，你怎么也不和我说说你家的情况？”

明之微笑着看了我一眼，说：“我的老家在无锡荡口，是座有名的古镇，那里姓华的很多。我们是从阿爹（祖父）那一代到上海来的。”

我笑道：“那我们还是江苏老乡呢！”

“是啊。爹爹（父亲）告诉我说，阿爹叫华襄云，出生在农民家庭。他心灵手巧，从小学裁缝，后来在荡口镇上开了一家裁缝店。由于勤奋节俭，精心经营，挣了些钱便举家迁到上海。阿爹到上海后做裁缝兼卖料，生意做得更好了。家里人丁兴旺，有七个孩子，六个儿子一个女儿。荡口有善行义举之风，有不少‘义庄’，实际是个民间慈善机构吧。阿爹生意越做越好，积累了一片财富。他是个大善人，在家乡独资捐了五百亩地作‘义田’，建起以自己名字命名的‘襄义庄’。”

“你的阿爹还挺为家乡老百姓着想啊！”

明之接着说：“我们家的家风就是节俭、勤劳，有同情心。阿爹陆续把钱捐了‘义田’建‘义庄’。庄文规定，义田收入不得予子女一文。阿爹膝下子女多，我父亲就只是个小职员，全家只靠父亲一人的微薄薪水生活，爹爹、姆妈生了七个孩子，六男一女。家里人口多，收入不多，经济上很不宽裕。我上中学时，学习成绩很好。父亲说我是长子，就让我上‘南洋高商’，是职业高中为的是一毕业就可以找工作，帮助父亲分担家庭负担。在‘南洋高商’，我经常考全年级第一名，学校免了我部分学费，父亲给我的奖励是，单独带我出去吃一碗鳝糊面。这对我来说，是很开心的事。一次吃面的时候我闷着头，狼吞虎咽，父亲就拍一下我的后背说：“吃饭要有吃相！做人要挺直了腰板！”父亲的这句话，我一直记在心里。后来我又考了第一名，但却吃不起鳝糊面了，父亲就给我买一碗雪里蕻肉丝面，也很好吃的，吃得我肚皮都胀了。到毕业前夕，因为参加革命活动，读书的时间少了，成绩下降，考不到第一名，拿不到奖学金，连雪里蕻肉丝面也吃不上了。”

我听了开心地笑道：“想不到你那么馋面！”

明之一听我说他“馋面”，就灵机一动，笑着对我说：“我‘缠绵’？我就爱和你缠绵……”

我见明之在用“馋面”的谐音传达爱意，会意地笑了，我脸上有一对酒窝儿，明之说我年轻时模样很甜，很迷人。在这风景如画的山水中，我们得到了暂时的放松，忘记了生活的艰难，忘却了情报工作的危险。

这时，我看到自己有点变形的双脚，感慨地说：“如果当时我不反抗裹脚的话，我就是个小脚女人了，也见不到你这位好同学了！”

明之看着我的“解放脚”，鼓励我说：“反对封建礼教，就是要把广大妇女从社会的最底层解放出来。你看你现在，不但不用再裹脚了，还到上海念高中。”他贴在我的耳边悄悄地说，“还接受党组织的派遣，到国民党政府机关里当公务员。但是，现在我们还没有彻底推翻人剥削人的社会制度。就像孙中山说的，革命尚未成功，同志仍需努力。”

溪水从我们的脚下流过，我觉得，明之的话也像这溪水一样，流进了我的心田。

洗完脚，明之掏出了一块小手帕递给我。我至今记得清楚，小手帕上面他用彩笔画了一支箭，射中了一颗红心，含蓄地表达他的爱慕之心。我不好意思地收下了这块含情的手帕，默默藏在旗袍内兜里，随手掏出自己的手帕擦脚，明之坚持要帮我擦，两人推来推去。正在这时，我在省政府的几个同事来此游玩，意外地看见了我们亲热的一幕。我马上大方地向他们介绍：“这是我的同学。”

同事开玩笑问：“是你的男朋友吧？”

那时称“男朋友”即是恋爱对象。我笑而不答。

同事走后，明之问：“你刚才对同事介绍我是你的什么人？”

我很自然地说：“同学。难道我介绍错了？”

明之一笑：“不，我是说你同事问我是你的什么人？”

我知道他是明知故问，很坦然地说：“难道你没有听见人家问，你是不是我的男朋友？”

明之高兴地说：“我非常愿意做你的男朋友！你呢？”

我仍然笑而不答。秀丽的九溪十八涧，我至今难忘，纯真、美好的爱情之花在我们心中悄然绽放。可能与一般年轻人的爱情不同的是，我们有着共同

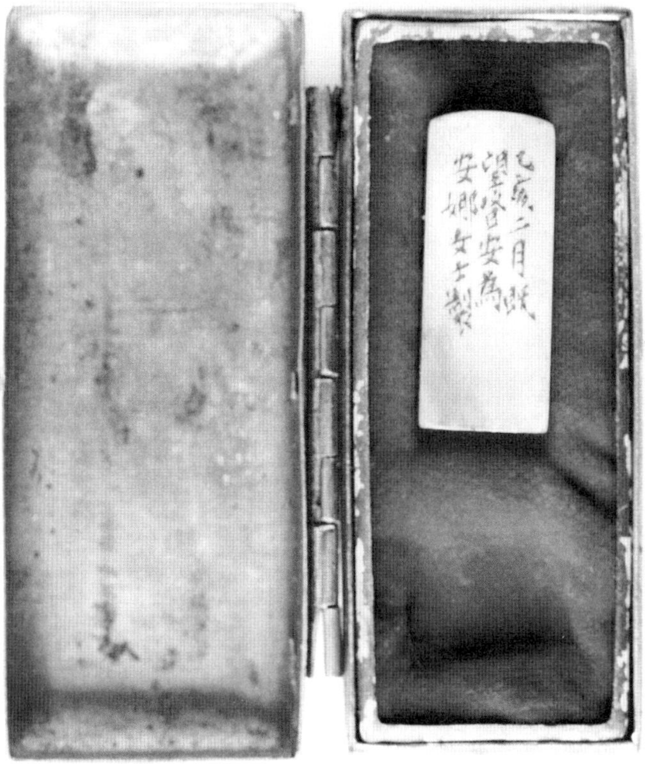

他们虽然没有留下结婚照，但历经战乱动荡，始终珍藏着1935年2月华明之赠沈安娜的爱情信物——一枚象牙印章

的人生目标和革命的事业，爱情的“催化剂”不是金钱和地位，而是充满风险的秘密情报工作。

过了一会儿，我大胆地对明之说：“我要带你去见见我的科长、干娘。以后你就以看望女朋友的名义来看我，这样不是更方便、更安全么？”

明之高兴地说：“好！”他很明白，这就是说，我已经答应……

随后是紧紧的拥抱，我产生了一种幸福的眩晕。爱情真好！我悄悄在心里说：这辈子就托付给这个男人了！

从九溪十八涧回到市区，我就和明之买了一盒点心去了薛科长家，我大大方方地介绍说：“这是我的男朋友，华明之。”并让明之称科长夫妇为“伯父、伯母”。

薛科长夫妇满意地说：华先生是位读书人，与沈小姐很般配。

此后，明之根据王学文指示，以看望恋人为名，常去杭州指导和协助我的秘密情报工作。

过了一段时间，明之向舒曰信提出申请：我准备与安娜结婚。

舒曰信和沈伊娜很高兴，他们认为明之和我的感情已经成熟，是件好事，不过这件事情还要向“舅舅”汇报。

爱情之花永不凋谢（摄于华明之85岁生日）

王学文听了也很高兴，说：安娜性格外向胆大，明之内向稳重，他们俩是对好搭档。明之已经是党员，在上海做过秘密情报工作，有一定经验。二人互相配合，是个很好的夫妻情报组。

王学文批准明之和我结婚，并明确指示：华明之可以结束在上海的情报工作，到杭州去找一掩护职业，今后在杭州定居，专事指导和帮助沈安娜；定期以回上海探望父母为名，把情报送到上海，同时接受党组织的指示。

1935年秋，在一个金风送爽的日子里，我和明之在上海举行了婚礼。从此，我们两人相依为命，走上了充满艰险而又幸福的人生道路。我们的爱情之花是党的秘密情报工作浇灌培育的。回忆过往，我们确实按周恩来、邓颖超所提倡的做到了夫妻“八互”：互爱、互敬、互勉、互慰、互让、互谅、互助、互学，共同走过了半个多世纪。

1989年10月8日，我和明之出席了全国妇联等单位组织的全国百对金婚佳侣评选纪念活动。

为纪念这个有意义的日子，我和明之还共同赋诗《金婚述怀》一首：

同窗又添战友情，
结侣转瞬五十春。
互助合作探虎穴，
生死与共海誓盟。
竭尽绵薄献我力，
深受培育感党恩。
桑榆自当保晚节，
半点余热一片心。

明之与我结婚后，就辞去了在上海国际无线电台的工作，到杭州寻找掩护职业，经考试录取在浙赣铁路局任会计。这样，我们就一起在杭州生活、工作了。

“一定要与党组织保持好联系”

自从有了明之在身边，我的生活发生了巨大的变化，我像一条在汪洋中漂泊的小船，终于靠上了码头。明之就是我坚实的“码头”，从此我再也不怕惊涛骇浪的袭击了。我们有了自己的家，在只有两个人的环境中，做秘密工作就方便多了。

他每次回上海，回来总要给我细细传达组织指示。先讲形势，再讲搜集要求。我听后感觉心明眼亮。

过去我获取情报之后，要自己整理、密藏，现在我只需把情报素材拿回来，后面的事都由明之接着做。明之是个非常细心的人，工作有条不紊。我第一次看他摘编和密藏情报时，十分惊喜地发现，他的理论水平高，提炼能力强，文字功夫深，我获取的材料，经他归纳梳理，就会成为一份要领明确、逻辑严密的情报资料。

明之的手指很长，很灵巧，一张写满蝇头小字的情报纸，他三折两卷，往火柴盒或者毛笔杆中一藏，别人就很难发现。明之还会画画、写美术字，会用很多的花样包书皮，能用纸叠出很多很多的小动物。我对他的工作能力和生活情趣十分欣赏，也十分佩服。

由于受工作性质的限制，我们不便与外界有太多的交往。每天下了班，我们就在二人的小世界里找事情做。有时我就坐在丈夫的对面，或伏在他的肩头，看着他纤长的手指灵巧地翻飞，做出各式各样的手工作品来。

在我和明之结婚不久的1935年秋天，我突然接到姐姐伊娜发自上海的一封信。暗语的意思是：让我回上海一趟。

我和明之都感到有点奇怪。

我对明之说：舅舅已经定了，有情报由你送；有指示，由你告诉我。怎么又叫我回上海了？

明之想了想说：那是正常情况下的规定。现在可能出现了非正常的情况。组织要你去，你就去吧。不过现在外面风声很紧，你要多加小心。

我说：我胸前别着浙江省政府的徽章，不带任何材料，路上不会出事情的。

我向薛科长请了假，说家里有事，星期日要回一趟上海。薛科长没多问，就同意了。

明之把我送上火车，反复嘱咐我注意安全。这是我结婚后第一次单独出远门，又是在非正常的情况下去上海，明之自然不太放心。

我说：我办完事就回来，你不用担心。

从杭州到上海的火车要开半天。我买了一张报纸，找了个空位坐下看报。

1935年秋天的形势正如明之所说，“风声很紧”。那一两年，每当我党的机关遭破坏，过不了几天，甚至在第二天就会见报。反动当局一是为展示“功绩”，二是用“杀一儆百”以此威胁恐吓共产党和革命者。我从报上也看到过一些不坚定分子的“自首声明”。这种“自首”有真有假。共产党员中确有少数自首变节的，不过登报的自首声明中，不乏特务机关使用的离间计。这种真真假假的把戏，舒曰信和明之都曾跟我说过，因此，对报纸上登的这类东西，我没怎么往心里去。

突然，报上的一则消息映入我眼帘：共党中央机关下属数十处地点被捣毁，数十名共党头目被抓获，还有×××等数人被判死刑……

这样的消息，对我来说，要比那种“自首声明”更残酷。

此时正是秋天，已有些凉意，而报纸上的消息，如同一股寒风迎面扑来，不由得使人不寒而栗。难道此次上海之行，真的会给我带来坏消息？好不容易挨到火车抵达上海，我急忙去见姐姐和姐夫。

当我走进那熟悉的亭子间，看见姐夫舒曰信一人在家。他的脸色很不好，屋里也有些凌乱。显然姐姐已有多日未归了。

“阿姐呢？”我有些紧张地问道。

舒曰信神情倒还平静，他让我坐下，直截了当地告诉我让我到上海来的原因。

“舅舅调离上海了，把我们这一摊工作交给一位新领导‘小张’。伊娜在法租界的××公寓，给新领导小张‘住机关’。小张很重视你的工作，叫我们通知你回来，他要见见你。大概是舅舅或者舅舅的上级交代的吧。”

我一听是这么回事，一颗悬着的心才放了下来。

“你赶快过去吧。路上要小心。”舒曰信催促道。

我明白，“小张”肯定是个假名，但我遵照地下工作的规矩，一句多余的话也没问，径直去了法租界的××公寓。

伊娜早就做好了饭，正焦急地等待我的到来。见了我，这才舒了一口气，对我说：“新领导‘小张’是广东人，你叫他‘阿哥’就行了。”

我们正说着，“小张”回来了。他见了我，热情地和我握手。伊娜张罗着三人吃饭。

饭桌上，小张听了我的汇报，很高兴。对我的工作，他十分满意，他鼓励我说：“你的工作很有成绩，你的岗位很重要。这是‘老李’（指王学文）播下的‘种子’。你还很年轻，组织对你寄予期望。相信你以后一定会发挥更大作用。”

接着，他又严肃地说：现在风声很紧，一些人被捕了，一些人被杀了，一些人叛变了，一些人脱党了。但是共产党人是斩不尽、杀不绝的。前人倒下了，后人一定会跟上。当然我也有可能被捕，被杀，但是你要相信，肯定会有‘后来人’，党组织肯定不会垮。有党在，我们一定会打败反动派！只是现在我们不要做无谓的牺牲。上级撤离上海时交代，骨干要从上海疏散到外地。你和华明之已在杭州了，要保证自己的安全，千万注意保密。在你们这一摊工作中，你和华明之仍然由舒曰信和沈伊娜联络。你们一定要与党组织保持好联系。万一断了联系，一定要等着组织来找，或者主动找组织。千万不能长期中断！

新领导一席话，给了我勇气和力量。我牢牢记住了“要与党组织保持好联系”的话。1936年，我和明之才从舒曰信和沈伊娜口中得知，小张在见了我后不到两个月，就被抓走了。接着，又有一位新领导接替。他继续老李和小张的做法，仍通过舒曰信和沈伊娜联系我和明之。

舒曰信没说继小张之后新领导的名字，我和明之也不好问。很久以后才听舒曰信说了一句：“他领导我们这一摊，时间还不短呢！”甚至在新中国成立后的很多年，我和明之仍不知道小张和那位新领导的姓名，更不知道这个特殊的秘密组织，就是中央特科。

1981年11月，中共中央党史资料征集委员会召开“中央特科党史专题座谈会”，中央调查部指名要我从上海到北京去出席这次座谈会。自此以后，我们才逐渐知道，“小张”和“新领导”的身份，他们是当年中央特科的骨干成员。“小张”的真名叫丘吉夫。1935年秋，王学文根据王世英的指示辗转去香港，王世英作为当时中央特科的负责人，带领一部分同志撤离上海去了天津。留在上海的情报工作由丘吉夫负责。不久，丘吉夫被抓，舒曰信和沈伊娜所说的“新领导”就是徐强①。他的爱人李云还曾是沈伊娜的直接领导。徐强和李云在党组织连遭破坏的情况下，面对残酷的白色恐怖，前赴后继，继续留在上海做秘密情报工作，为党作出了重要贡献。

一二·九冲击波

我和明之当年从事秘密情报工作时，只能通过联系人与党组织联系，联系人带来的就是党的声音。联系人不光要转达上级的指示和收取情报，还有一项必修课就是“讲形势”。前期，我的联系人是伊娜，她虽然不善言辞，平时给人的印象是少言寡语，但是每次到杭州与我们联系前，或者在上海与华明之接头，舒曰信都会与她商量，如何给我们讲形势，然后就由她把“党的声音”准确地传达给我们。这是“舅舅”王学文离开上海前，特别交代舒曰信的。通过伊娜讲形势，再结合看到的国民党报纸、国民党内部文件，我们对近期的形势就有了比较清楚的了解，就能清醒把握情报搜集的方向和内容。后来，“舅舅”让明之接替伊娜往返沪杭，明之也是这样做的。所以我对形势一般有比较清晰的认识。但遇到突发事件，有时也难免出现“不清醒”的冲动。

1935年底，北平爆发了著名的一二·九运动。北平学生的抗日救国斗争很快得到全国人发的热烈响应。武汉、上海、天津、广州、南京、苏州、杭州、

---

① 徐强（1901—1988），浙江省武义县人。1922年东渡日本留学，1927年10月加入共产党，1932年9月调入中央特科，一直在上海领导和从事秘密工作。1939年去延安，随即遭到康生的迫害，被隔离审查7年之久。新中国成立后，任上海市军事管制委员会贸易处政委等职。1966年后再次遭到迫害。1985年8月，彻底平反。

济南、青岛、厦门、长沙、南昌、开封、安庆、重庆、张家口等城市的学生，纷纷举行示威游行，汇成了一股全国性的抗日爱国洪流。

12月11日，一二•九运动浪潮席卷杭州，往日平静的杭州城一下变得躁动起来。是日午后，杭州大中学校学生上万人，举行声援北平学生的集会游行。他们到国民党浙江省党部请愿，激昂的口号声震撼了这座古城。当一些游行队伍从浙江省政府楼外的梅花碑街口涌过时，口号声传到了省政府办公楼里。我顿时热血沸腾，情不自禁地爬上办公桌旁的窗台，向外张望，我恨不得跳下去加入青年学生的游行队伍。我几乎忘记了自己是打入国民党省级政府机关的中共情报人员。

正在我忘情地张望时，忽听收发员在背后小声叫道："沈小姐，快下来，科长来了！"

我赶忙跳下桌子，匆忙中打翻了一个茶杯，溅了一身茶水。

薛元燕科长进门扫了一眼，见我像是意识到自己做了错事，正在回到办公桌前低头处理公文，就没说什么。

我此时心里很不平静，倒不是科长扫了我一眼，而是我想到"舅舅"关于做秘密情报工作"不暴露进步面目"的指示，自己一时冲动就忘记了党的纪律，感到很后悔。

回到家里，我向明之说起白天亲眼看到学生游行示威激动人心的场面，并如实讲述说了自己如何冲动，然后内疚地说："我不该爬上桌子去看，忘记了舅舅的指示，做了不该做的事。"

明之安慰我说："好在没有产生什么后果。以后注意就是了。"我见他没有责备我，便如释重负似地舒一口气。

明之见我心情好些了，便耐心地对我说：作为党的情报人员，秘密工作的性质决定了我们与国民党斗争的特殊方式。公开的事情会由别人去做，我们所要做的，就是把有关国民党反动派动向的情报，交到党组织手里。要达到这个目的，首先要掩护好自己真实的政治面目，不暴露。

我深深地点了点头说：我知道了。

此后，我把"舅舅"的话牢牢记在心底，时刻不忘自己的秘密身份。

在国民党浙江省政府工作三年，我因为与各方面关系都处理得很好，特别是对各级头头们很尊重，从不卷入他们的人事纠纷和派系斗争，所以，不论是哪一派掌权，他们都对我印象不错。

取得蒋介石亲信朱家骅的信任

浙江是蒋介石的老巢，他十分重视浙江这块地盘，对桂系领袖人物黄绍竑在浙江省当主席总是不大放心。

1936年12月，蒋介石派自己的亲信、C.C.系①干将朱家骅接替黄绍竑出任浙江省政府主席。

朱家骅与蒋介石是浙江同乡，1927年追随蒋介石清党、反共，深得蒋介石赏识和信任。朱家骅出任浙江省政府主席的同时，还兼任“管理中英庚款董事会”②董事长，掌握一定财权和派遣留学生的大权。

朱家骅

朱家骅是个文人，曾留学德国，当过北大教授和国民政府的教育部长。他和军人出身的黄

① C.C.系是国民党内部的几大派系之一。C.C.为中央俱乐部(Central Club)的英文缩写，也是其主要干将陈果夫、陈立夫兄弟的姓氏拼音缩写。

② “中英庚款”，是从《辛丑条约》派生出来的一项留学基金。1900年(清光绪二十六年，亦称庚子年)，中国北方掀起反对洋人和教会的义和团运动，引致英、法、德、俄、美、日、意、奥“八国联军”侵华。英、美、法等十一国代表与清政府全权代表李鸿章等在北京签订《辛丑条约》。《条约》第六款议定，中国政府赔偿英、法、德、俄、美、日、意、奥八国及比利时、荷兰、西班牙、葡萄牙、瑞典和挪威六“受害国”的军费、损失费等款项4亿5千万两白银，分39年还清。史称“庚子赔款”。1908年，美国正式宣布退还“庚子赔款”的半数，计1160余万美元作为资助留美学生之用。受美国影响，1926年初，英国国会通过退还中国庚子赔款议案(退款用于向英国选派留学生等教育项目)。1931年4月，中国政府设立“中英庚款董事会”。该款全部约1110万镑。1934年朱家骅任管理中英庚款董事会董事长。

绍竑处事风格完全不同，但是他们对公文格式和行文的要求都很高，对政府职员的管理都很严。黄绍竑不允许职员上班时衣冠不整，朱家骅则严禁职员穿球鞋上班。

朱家骅举止文雅，西服革履，看上去很有绅士风度。对他的部下来说，他比经常身穿军便装、八面威风的黄绍竑，似乎多了一点亲和力。

常言道："一朝天子一朝臣"。黄绍竑一走，原桂系的人马也都树倒猢狲散，或自寻出路，或被朱家骅排挤。

朱家骅出任浙江省政府主席之后，许多职员被"吐故纳新"。薛科长是省政府的老人，他为人很本分，工作熟门熟路，因此尽管省政府换过几任主席，都一直没有动他。我是从速记学校通过正式考试被录用的，没有后台，现在已有一定工作能力并熟练地掌握着速记技术，经薛科长推荐，我也被继续留用。

朱家骅属于新C.C.系，与陈果夫和陈立夫等人也有一定的矛盾。他经常宣扬和标榜欧美的"民主"、"自由"，比较器重欧美留学生和学者名流。浙江省政府这个群体里面，虽然肯定有特务混迹其中。但是多数还是正派人，如朱家骅的大秘书沙孟海，我就觉得他是个好人。相处时间久了，沙先生还曾悄悄提醒我："你要小心那些'文人'。"

我明白，他所说的"文人"，是指那些文化特务。

对于沙孟海的好意，我点头笑笑，表示心领神会，也没多说什么。

我按照党的要求，从一开始就自爱自重，从不参加任何派系，也不与别人议论机关里的任何人和事，给人以老实正派本分职员的印象。我的业务能力逐步提高，一般人的语速，完全能一句不落地记下，字也写得端正，因此很快取得了朱家骅的信任和重用，凡是他主持的重要会议，都要叫我去做速记。

六十多年以后，2002年，我和明之在《我们从事地下情报工作的回顾》中这样写道："这是我们从事党的秘密情报工作的初期阶段。在中央特科王学文直接领导下，安娜打入了国民党省级机关，根据秘密情报工作的原则和交给我们的任务，重点搜集国民党的'清剿'军事情报。明之除完成中央特科的一些情报工作任务外，主要是对安娜具体指导、帮助和配合。在实践中，安娜逐步掌握了国民党机关的一般情况和办事规律，并且结识了一些中高层政府官员，特别是取得了浙江省政府主席朱家骅的信任。同时，我们初步摸索到了秘密情报工作的一些基本做法，获得了一些有一定价值的情报。这为以后安娜打入国民党中央核心机关创造了有利条件，也为我们在抗日战争时期和解放战争时期从事党的秘密情报工作，打下了一定基础。”

短暂的温馨和欢乐

1936年7月，我和明之的第一个孩子在上海出生了，是个儿子，小名团团，大名庆来。华明之是华家的长子，庆来是长孙。小庆来长得很招人喜欢，因此受到华家一家老小的钟爱，特别是给爷爷奶奶带来了很大的乐趣。之所以给孩子取名庆来，就是庆祝华家来了个宝贝。

1937年，沈安娜、华明之、长子庆来以及华母在杭州合影

我在上海老北门华家坐月子时，第一次见到了被明之和曰信称为“革命引路人”的鲁大哥——鲁自诚。我虽然没有直接受过鲁自诚的领导，但从舒曰信和明之的口中经常听到关于鲁大哥的故事，我也一直把鲁大哥当成是自己的革命引路人和启蒙老师。现在我终于见到了鲁大哥，心里十分高兴。鲁自诚

给我的第一印象是身材高大，仪表堂堂。

我发现，明之的父母和他的弟弟妹妹，都和鲁大哥很熟，也都对他很热情。显然他已经来过华家多次。

明之只有一个妹妹，叫华曼倩。在上学时，经常跟着哥哥参加进步同学的学习活动。华曼倩思想进步，对鲁自诚这位经历过辛亥革命的老大哥十分崇拜。见了鲁自诚，她便端茶倒水，热情招待，并关切地问：鲁大哥，你有好久没来了，去外地了吧？

鲁自诚苦笑道：我又被国民党特务抓去了，刚从监狱里出来。

华曼倩一惊：啊呀，那一定又吃了很多苦了！

鲁自诚故意显得很轻松，像没事儿似地说：这次还好，没有受刑。

华曼倩敬重鲁自诚。对他的经历充满好奇，总是缠着他问这问那。问他在监狱里吃什么，里面关的都是些什么样的人。

我发现鲁自诚的鼻梁骨有一点歪，想问问原因，却被华曼倩抢了先："鲁大哥，你的鼻梁是不是被敌人打断的？"

鲁自诚解释说："可以说是被敌人打断的，也可以说是被自己打断的。"

华曼倩很惊奇："怎么会被自己打断？"

于是鲁自诚就给我们讲起第一次被捕时，鼻梁骨受伤的来龙去脉。

华曼倩气愤地说：敌人真是太残酷了！

鲁自诚说：敌人确实很残酷，我身上就有很多受敌人折磨留下的伤痕。

我以前听明之说过鲁自诚身上的伤疤，很想看看，华曼倩也坚持要求鲁自诚让她看看伤疤。鲁自诚有些犹豫。

明之和舒曰信以前就看见过，并因此受到强烈的震撼和刻骨铭心的教育。明之对鲁自诚说："鲁大哥，就给她们看看吧！"他想让我和华曼倩也受一次教育。

鲁自诚犹豫了一下，慢慢地解开了衣扣。

当我和华曼倩发现他胸口有一块被烙铁烫后留下的巴掌大的伤疤，我们的心在颤抖。半天沉默不语。我们在思索：这要忍受多么大的肉体上的痛苦啊！这需要多么坚强的意志啊！

我发现，华曼倩用深情的眼神凝视着鲁自诚，眼中泛着泪花儿。

鲁大哥却平静地说：干革命，是什么情况都可能发生的，你们也应该有充分的思想准备。

我、明之和曼倩心领神会，坚定地点点头。

从此以后，身材高大的鲁大哥，在我的心中更加高大了。我发现，共产党人的光辉榜样近在咫尺。

与鲁自诚的这一次会面，对我的一生产生了重大影响。应该说后来我在遇到挫折时能够勇敢地坚持斗争，与鲁大哥的言传身教有很大关系。

庆来满月之后，我要回杭州上班。为了帮助照顾庆来，明之的母亲也跟我们一起到了杭州。我和明之每天下班后，便围着儿子"团团"、"团团"地叫个不停。庆来给我们这个小家庭，带来了从没有过的温馨和欢乐。

可是好景不长，日本侵略者的炮火，打破了亿万中国家庭的平静生活。

七七事变发生后，驻扎在上海租界的日军和停泊在黄浦江上的日本军舰非常猖狂，不断寻衅滋事，战争的阴霾笼罩在国际大都会上海的上空，新的战事一触即发。面对急剧变化的时局，作为速记员，我紧张地忙碌在省政府召开的各种会议上。

也就在这个时候，中央政府给省政府发来不少重要文件。这对我来说，是丰富的情报资源，其中包括七七事变前后国民党对形势的分析和对策、国民党中央政府对浙江省政府的指示，以及在中共游击区制止共产党活动的措施等，其中很多是原件。明之特地上街买了一筒饼干，把情报放在饼干筒的底部，上面用剪好的硬纸壳挡住，然后再装上饼干，一般很难发现其中的秘密。

1937年8月上旬，党组织派沈伊娜到杭州取情报。伊娜向我和明之传达了党组织的指示：如战事扩大到杭州，就跟着省政府走，等待时机，党组织会与你们联系的。

那时明之供职的浙赣铁路局已决定派他到金华工作，任金华段会计员。

伊娜对我说：兵荒马乱的，带着孩子转移不方便，不如把孩子送到上海去，这样你们就可以轻装上阵了。

可是儿子庆来刚满周岁，还没断奶，我有点犹豫。

而明之想了想说："可以将庆来托姆妈带回上海抚养。"这时他的六弟华藻正在杭州，我们决定由华藻送老人和庆来回上海。

明之的六弟华藻，当时在大学参加进步学生运动，1938年加入共产党，为党组织做秘密交通联络工作。

1937年，沈伊娜在南京玄武湖畔。照片背面是她给沈安娜的题字

后来的事态发展证明，伊娜的建议是正确的。这使我和明之在与党组织失去联系之后，可以没有后顾之忧，能够毅然决然到武汉去找党。回想姐姐提出“轻装上阵”时那种果断的神情，我至今非常佩服姐姐的远见和胆识。

日寇制造卢沟桥七七事变，侵占平津以后，又为对上海发动大规模进攻找借口。8月9日，日军蓄意制造事端，两名日军驻上海陆战队军人，驾军车闯入虹桥中国军用机场，理所当然遭到了中国守卫士兵的阻拦，可是他们竟然开枪打死一名守卫机场的中国卫兵。中国军队自卫反击，当场将两名日军击毙。这就是“虹桥事件”。日本帝国主义以此为借口，命令大批日军陆续登陆上海滩，并派飞机在沪宁、沪杭线上空侦察。

8月13日，日军向上海大举进攻，以租界和黄浦江中的军舰为作战基地，炮击闸北一带，中国军队奋起反击。

八一三事变次日，在全民抗日浪潮推动下，国民党政府发表了《自卫抗战声明书》，宣告：“中国决不放弃领土之任何部分，遇有侵略，惟有实行天赋之自卫权以应之。”当地中国驻军第九集团军在总司令张治中将军的指挥下，奋勇抗击日本侵略军。8月14日，日守军开始总攻，空军也到上海协同作战。

15日，日本正式组织上海派遣军，以松井石根大将为司令官，率领两个师团的兵力开往上海，进一步扩大对中国的侵略战争。张治中指挥第九集团军对日本侵略军发起全线进攻，出动空军轰炸虹口日军司令部，双方展开激烈战斗。

淞沪抗战是中国军队抵抗帝国主义侵略的壮举，战争持续了三个月，日军投入10多个师团、30多万兵力。中国军队英勇战斗，沉重打击了日本侵略者。更有“四行”仓库“八百壮士”的英雄故事广为流传……

八一三后和党组织的联系中断了

就在战火纷飞的八一三那天，明之清晨即随浙赣铁路局去了金华，然后是姐姐伊娜提着装满情报的饼干筒离开杭州，最后是婆婆和庆来由六弟华藻护送去了上海。一天中，分三次，我送走了身边的亲人。

与明之的分别，让我十分揪心。从结婚到现在两年了，我和明之从来没有分开过。他现在要走了，我就像失去了主心骨，心里空落落的。我们是有“任务”在身的，现在兵荒马乱，今日一别，不知何时再见，我一个人，“任务”怎么完成？

明之安慰我说：“金华离杭州不远，我会回来看你的。”

“我也会到金华看你的。”

庆来才牙牙学语，就要离开妈妈，说来也怪，就在分别的时刻，儿子忽然清晰地叫了一声“姆妈!”我立刻把小庆来紧紧抱在怀里，在儿子圆圆的小脸上亲了又亲，泪珠儿不由得滴在了儿子的脸上。儿子还不懂事，他用惊奇的目光看着妈妈，不知道妈妈为什么要哭。

列车员在催促旅客，赶紧上车，分别的时刻到了。

“好儿子，再叫一声姆妈。”我抹去眼泪，对庆来说。

“姆妈！”儿子竟然像明白事理似地又叫了一声。

“哎！”我响亮地答应道，随即破涕为笑。

“再叫一声！”我似乎还不满足。

“姆妈！”儿子似乎听懂了妈妈的话，又叫了一声。

“哎!”我的应答声已带着哭腔。我忍不住想哭。

列车非常拥挤。华藻先扶着母亲,拎着行李上车。等把老人安顿好了,便下车抱庆来。可是,这时候再想抱着孩子上车已经不可能了,车太挤了。记得华藻是从车窗把庆来递到母亲手里的,然后他只身去挤火车。他刚挤上车,火车就开了。

汽笛长鸣,列车徐徐开动,带走了庆来,仿佛也带走了我的心。我一遍遍地叫着儿子的名字:“庆来!庆来!”

我看见儿子也在车上哭。我的泪水再次夺眶而出。可是我不想让婆婆和六弟看见,便转过脸去擦了擦泪水。等我再回头的时候,列车已经远去,我情不自禁想大喊一声:“庆来!”

一天之中,亲人先后离去了,只剩下我一人留在杭州。

后来我听说,八一三当天,日本飞机轰炸了上海的“大世界”,炸断了沪杭铁路,儿子、婆婆和六弟乘坐的是日寇轰炸前沪杭线上最后一列从杭州开往上海的客车。我一直挂念着亲人,无奈却无法得到任何消息。我怎么也没有想到,我和儿子庆来这一别就是九年!更没有想到,和姐姐伊娜竟是永别!

亲人们一下子都离开了杭州,我顿时感到十分孤独。省政府机关二十几岁的女职员都先后辞职,随家人逃难去了。而党组织指示我,要随浙江省政府走,不能离开。可是,眼下举目无亲,究竟该怎么办?我心想,只有到干娘家去。

我孤零零地一个人来到薛科长家。一进门喊了一声:“干娘!”就忍不住哽咽起来。薛科长和太太好言相劝,我的心情才渐渐平静下来。

薛科长对我说:“和家人分别是暂时的。不要辞职,有个工作,就有碗饭吃。”

薛科长的话让我感到欣慰。我想,我不会辞职,但这不仅仅是为了“有碗饭吃”,更重要的是执行党组织“随机关走”的指示。在没有接到新的指示之前,我不能离开。

薛太太说:你现在的住处离省政府太近,日本飞机轰炸时很危险,还是随我们一起搬到城外我妹妹家去住吧。

干娘的真诚让我感到无比温暖，也令我感动。时局动荡，环境险恶，我一个无依无靠的弱女子，与薛科长夫妇非亲非故，可是人家把我当家里人一样对待，我怎能不感动呢？

第二天，我便拎了一个小皮箱，带了一套被褥，和薛家一起搬到薛太太妹妹的家里。从此，每天早上我随薛科长去省政府上班，晚上一起回来。干娘说，这样她才放心。

六十多年后，2005年，我已九十岁，薛科长的儿子、年逾七十多岁的薛诗绮，居然找到了我。他携夫人特意从上海来北京，到家里看望我。我满怀感恩之情，向诗绮弟弟讲述了这段终生难忘的往事。

八一三当日，日寇在杭州轰炸的主要目标是笕桥机场。由于受到中国空军的英勇反击，日机落荒而逃。

我对杭州笕桥机场是熟悉的。记得那是1935年初，我到浙江省政府工作不久，黄绍竑到机场视察，我和科长作为随从人员一起去参观了机场。一个军官故意逗我，问道："你敢不敢坐飞机？"我答："敢！"黄绍竑在一旁听见了，就对飞行员说："带她上天看看。"大家以为我会退缩，没想到我毫不胆怯地跟着飞行员登上了一架教练机。飞行员用很宽的安全带将我捆在后舱的座位上。飞机在杭州上空巡视了一圈，还翻了两个筋斗。飞机落地后，有人问我："没吓哭吧？"我开心地对大家说："才没有呢！"然后讲了在飞机上的感受："从天上往下看杭州，整个城市就像一个大盆景，美极了。"

八一三事变的第二天，18架日机从台湾的新竹基地起飞，越海窜入笕桥上空，中国空军第四大队大队长高志航率队出击，连续击落六架敌机。据史料记载：此为中国空军的第一次空战，即以零比六之光荣战果，写下了空军八一四光荣历史。

第三天，日机两次空袭杭州，第一次被击落三架，第二次被击落一架。

两天共击落十架日本飞机，大长了中国空军的志气，大灭了日本空军的威风。

我亲眼目睹了八一四、八一五杭州空战，我的心随着飞机在翻滚：杭州现在战火纷飞，硝烟弥漫，这个花园般的城市，将不知被炸成什么样子了。

在杭州上空发生空战的时候，省政府职员都随朱家骅躲在办公楼外花园的假山下面。

朱家骅的胆子很小，一听日寇飞机来袭的警报，就吓得要命。部下建议省政府临时搬到富阳附近的山洞里去办公。朱家骅想山里总比城里安全，就同意了。此后，从省主席到我这样的职员一大帮人，天天清早坐汽车开往山洞上班。说是山洞，实际上就是依山建造的一排小平房；名为办公，实际是躲避飞机轰炸。

在此期间，我和朱家骅的接触比在杭州省政府机关要多。闲来无事，朱家骅会和身边的处长、科长、速记员聊天。

有一天，朱家骅问我：沈小姐府上是哪里？我听你说话有上海口音。

我说：我是江苏泰兴人，在上海读过几年书。

朱家骅又问：你是哪个学校毕业的？

我答：上海南洋商业高级中学。

朱家骅说：噢，那是一所好学校。

我接着说："后来我又上了上海炳勋中文速记学校。"我曾听别人说，朱家骅是留学德国的博士，英语、德语很好，还是个地质学家。此时，我就说：我没上过教会学校，我的英文不好。

朱家骅说：英文非常重要，你还年轻，现在如果有时间，要好好学英文。

我乖乖地点点头。

朱家骅又问：沈小姐，我看你的字写得很清秀啊，谁教你的？

我答道：是家父教的。他是前清秀才，家教很严。我大伯父是前清翰林。读好书，写好字是我们家几代的家风。

朱家骅高兴地说：噢，沈小姐原来是书香门第呀！

我说：不过我幼年丧父，家道中落，没能力上大学，今后还请主席多教诲。

朱家骅夸奖道：你的记录很准确，文字也很流畅。

我马上说：那都是薛科长核改后，我又重新抄正的。薛科长是我的老师。

朱家骅听了很高兴，又夸道：沈小姐很谦虚啊。不掠他人之美，好好向薛科长学习吧！

薛科长在一旁说：沈小姐勤奋好学，知书达礼，工作不错。

朱家骅又问我家里还有什么人，我都照实说了。我觉得，通过这一段交往，我已经给朱家骅留下了深刻印象。

这一时期虽然有薛科长夫妇的照应，但是毕竟是孤身一人在杭州，常常思念丈夫和孩子，有时候感到茫然，哪有心思按朱家骅说的“好好学英文”？眼下接触的都是一般应急性公文，没有真正有价值的情报。即便有情报也没处送了。自从八一三和姐姐伊娜分别之后，我们便中断了与上海党组织的正常联系。

四、千里找党

(1937 年冬—1938 年春　在金华和长沙)

“到武汉去找党!”

在八一三事变之后的很长一段时间里，我见不到儿子，也见不到明之。从杭州到上海并不遥远，但是上海已经被日本人占领，交通中断，我无法去上海看望儿子。杭州与金华更近，可是那条并不很宽的富春江犹如一道银河，把我与明之像牛郎织女那样隔开了，一个在东，一个在西。虽然天各一方，但是我们都关注着抗日战争形势的发展。每天看报、听广播成了生活中的重要内容。我在浙江省政府里能看到《中央日报》，还能听到不少抗战前线的消息。据国民党中央通讯社报道：1937年8月22日，国民政府军事委员会发布命令，将红军主力改编为国民革命军第十八集团军（简称“八路军”）；9月22日，发表《中共中央为公布国共合作宣言》；9月23日，蒋介石发表谈话，指出团结御侮的必要，事实上承认了中国共产党的合法地位；9月25日，林彪领导的八路军115师在忻口会战中取得平型关大捷；9月28日，蒋介石任命叶挺为国民革命军新编第四军军长，红军南方游击队改编为新四军。

看到这些消息，我心中非常高兴。这是我参加革命以来，第一次在国民党的新闻媒体上看到对中国共产党的正面报道。过去国民党是称中国共产党为“共匪”的。但是，我只能在心里暗暗高兴，不敢和别人谈论时局，因为这样可能会引起别人的怀疑，从而暴露了自己的真实政治身份。我一直牢记党组织的交代，我的身份要严格保密。我在机关里听到的最令人振奋、又能和职员们共享喜悦的消息，是国民党爱国将士浴血奋战，上海闸北四行仓库“八百壮士”的英雄故事。

八一三事变之后，中国军队88师262旅524团在闸北一线完成防守任务，于10月26日奉命进入苏州河畔的四行仓库，在副团长谢晋元的指挥下，掩护兄弟部队西撤。四行仓库是金城、大陆、盐业、中南等“北四行”在上海的合营仓库。那是一座7层钢筋水泥大厦，十分坚固，对我军防守有利。524团坚守四行仓库的官兵仅400多人，副团长谢晋元在接受英、美记者采访时，为迷惑敌人，便对外宣称有800人，这是“八百壮士”的由来。

524团进入四行仓库后，副团长谢晋元、营长杨瑞符就向全体官兵发誓要以死相拼，与仓库共存亡！

官兵们齐声高呼：“保卫大上海，人在仓库在！”决心战斗到流尽最后一滴血。

八百壮士在弹药匮乏、外无援兵十分艰难的条件下，孤军血战四昼夜，击退日寇数十次进攻，仓库巍然屹立，国旗高高飘扬，敌军不仅一无所获，还付出了惨痛的代价。这次战斗共炸毁敌坦克两辆，重创一辆，毙敌200多人，伤敌难计其数，更重要的是成功地掩护了数十万大军的安全撤退。而524团只有5人牺牲，32人受伤。

日寇眼看不能取胜，便一方面用重兵将四行仓库层层围困，不让524团突围外撤；另一方面以不伤害中国官兵、不招降、不受改编为条件，商请公共租界工部局出面谈判停火。当时，524团处于孤军无援境地，环境险恶，无法继续对抗下去，便接受了停火条件。10月31日深夜，全体官兵向前来接洽的英国军官交出所有武器，然后进入公共租界的临时军营。至此，震惊中外的四行仓库保卫战胜利结束。“八百壮士”的事迹，传遍了海内外，被誉为“盖世英雄”。

11月5日，日军从杭州湾登陆，迂回到上海守军的后方，9日占领淞江。守军为摆脱腹背受敌的困境，全线撤退。11月12日，上海被日军占领。

11月20日，南京政府发布了迁都重庆的公告。于是浙江省政府的小职员们私下议论：士兵往前冲，政府向后撤！这样的仗还能打胜吗？我也和大家一样，心中充满对日本帝国主义的愤恨和对国民党政府的失望。

1937年12月1日，国民政府迁至重庆。12月13日，南京陷落。日寇占领南京后，放火劫掠，肆意屠杀，妇孺老弱，惨死者达三十余万人。这就是震惊中外的南京大屠杀。

南京陷落，我心情非常沉重。泰兴和南京仅一江之隔，如今南京已经沦陷，泰兴当然危在旦夕。如果泰兴陷入敌手，日寇会不会像在南京一样屠城？离开家乡五年了，也不知母亲现在还安康否。

几天之后，坏消息传来了：12月16日，泰兴也落入日寇魔爪。我惦记着母亲和泰兴的父老乡亲，惦记着家乡的一山一水，一草一木。我心如刀割，真想大哭一场。但是我不想让薛科长夫妇为我操心，更不想打扰薛科长一家。

入夜了，夜是那样宁静，可是在这宁静的夜晚，我却久久不能入睡。我忍不住躲在被窝里哭了起来。可是眼泪不能解决问题，我必须要冷静思考，今后的路该怎么走。其实八一三后，我们和党组织的联系已经中断，现在又不知道鲁大哥、姐夫舒曰信和姐姐伊娜的去向，眼下丈夫华明之也不在身边，连个可以商量的人也没有。我真正感到孤立无助，翻来覆去地思考着。好在我牢牢记得，党组织曾经指示：不要放弃现在省政府议事科速记员的岗位；要和党组织保持联系，一旦失去联系，要积极设法和党取得联系。我想目前只有等与明之见了面再细细商量。我一夜未眠，看看窗外，东方已经透出一抹晨曦。

早在12月初，在南京宣布迁都重庆之后，朱家骅就意识到，杭州难保，便决定将浙江省政府迁往金华。在杭州陷落之前，浙江省政府机关的职员已陆陆续续撤出省城，前往金华。我是省政府机关最后一名撤离杭州的年轻女职员。我与薛科长等人收拾了所有的文件、档案，直到杭州陷落的前一天，才押着文件、档案，登上开往金华的汽车。12月24日杭州失守。而早在12月6日蒋介石就召回朱家骅准备重用，由黄绍竑再任浙江省政府主席。

上海、南京、泰兴、杭州的先后沦陷，使我倍感国破家亡之痛。而使我感到欣慰的是，到了金华，就可以和明之团聚了。

12月24日，我到了金华，马上去浙赣铁路局找明之。兵荒马乱，夫妻重逢，悲喜交加，不由得相拥而泣。在我们夫妻分离的四个多月时间里，虽然通过几封信，但是有关上海和泰兴亲人们的情况，我们都一无所知。这使我们的心中充满了焦虑。颠沛流离的生活，忧国忧民，思念亲人，再加上经常饥饱不定，使我患上了严重的胃溃疡。

金华出火腿，老百姓几乎家家养猪，且以散养为主，街上到处可见猪的踪迹。金华的猪个头不大，且瘦，犹如野狗。要过年了，人们想改善一下伙食，我们夫妻俩和几个同事合伙买了一头几十斤重的小猪，那肉香至今留齿。我们在流亡中过了一个难忘的新年。

金华被确定为浙江省府临时所在地，一时涌进很多从杭州撤来的人，使金华的住房变得异常紧张。在我来金华之前，明之一直没有固定的住所。我来后，头几个晚上我们仍然各自与很多人挤在一起打地铺。对此，我们倒并不在乎，唯一不能忍受的是，没有一个我们夫妇俩谈“正事”的地方。我有好多问题要和明之一起探讨：党组织在哪里？时局将如何发展？下一步该怎么办？

浙赣铁路局没有能力解决明之的住房。于是我只好要求省政府给我们夫妻安排一个住处。

1938年元旦后的一天，我得到通知，说是房子找到了。我兴冲冲地跑去一看，心里凉了半截。那是一所阔人家夏天乘凉的简易房，坐落在一片偏僻的竹林之中。房子已破旧不堪，门关不上，四周都有窗户，而玻璃全已破碎。寒风吹来，竹林沙沙作响，更添了几分萧瑟。虽然气温很低，屋里和户外一样冷，但不管怎么说，我和明之总算有了一个属于自己的空间了。

就在这间四面透风的房子里，我们探讨时局的变化，策划今后的打算。我对明之说：“在杭州的时候，我就在《中央日报》上看到，国内的抗日斗争形势发生了很大的变化，中央通讯社公布了共产党提出的国共合作宣言，蒋介石被迫承认了共产党的合法地位，红军主力和南方红军游击队先后改编为八路军和新四军。你说，国民党和共产党真的能合作抗日吗？”

明之沉吟片刻道：“现在还很难说。你还记得吧？‘双十二事变’以后，你还气愤地说，张、杨把老蒋杀了就好了！”

我说：“当然记得。你说，如果把他杀了，南京政府一乱，会更麻烦。周恩来到西安见他，逼他抗日，说明我们的党站得高，看得远。”

明之说：“是啊，如果没有这个西安事变，如果没有捉蒋放蒋，就不会有今天国共合作、共同抗日的局面了。”

我仍然有些忧心重重：现在的问题是，中国军队的装备太落后。虽然八路军在平型关打了一个大胜仗，国军也在一些战场上顽强抵抗，但还是无法挽回战势不利的局面。淞沪会战、太原会战都大打一场，十分惨烈，但还是失败了。你说，中国抗战的出路在哪里？

明之说：“当然是‘国共合作、共同抗日’。至于具体怎么做，我也不知道……”他痛苦地摇摇头。

我说：在杭州的时候，有党组织领导我们的工作，形势和任务心里很明白。现在我们与党组织失去了联系，只觉得心里空落落的，不知道下一步该怎么办？

明之沉默良久才说：那次伊娜到杭州，传达组织的指示，让你跟着浙江省政府走。在没有接到新的指示之前，只能继续按照原来的指示做。

我说：党组织让我跟省政府走，为的是继续获取情报。可现在省政府根本没有有用的情报。即使有些情报，我们也送不到党组织手中。况且如果日本人打过来，省政府又不知要撤到哪里去，我再跟着省政府，还有意义吗？

明之想了想说：你说得对！现在上海沦陷，交通和通讯完全阻断，我们不知道党组织在哪里。上海党组织也不知道我们在哪里。

明之沉默片刻，突然斩钉截铁地说：我们应该主动去找党！只有找到了党组织，才能明确我们下一步该怎么做。

我听完明之的话，高兴地说：对！我们俩想到一块了！记得两年前，在上海，我最后一次见到组织领导"小张"（丘吉夫）时，他明确交代，万一与组织断了联系，一定要等着组织来找，或者主动找组织。现在情势下，我们应该主动去找党！

明之说：老李（王学文）教导过：做情报工作要对党无限忠诚，不怕艰苦，不惜牺牲个人一切，甚至生命。"小张"还嘱咐过：一定要与党组织保持好联系！

此时，明之拍了板，作出了决断，我们意见完全一致了，方向明确了。可是，怎样才能找到党呢？

在金华，我们几乎看不到《中央日报》，只能在当地出版的报纸上寻找关于国内国际形势的报道。浙赣铁路局人来人往，各种消息很多。明之留心了解有关时局的最新消息。从中得知，国民政府主席林森已于12月1日迁至重庆办公，而国民党中央机关则移驻武汉办公。这时的武汉，已成为全国抗战的政治、军事、文化中心。

我们还得知，在国民党承认了共产党的合法地位，公布了国共合作宣言之后，国共两党联合抗日的统一战线逐渐形成。中共中央领导人王明[①]、周恩来、董必武等也都到了武汉，并成立了八路军办事处，开展抗日民族统一战线活动。

1938年初的一天，明之下班回家，拿着一份新出版的报纸，兴冲冲地对我说：好消息！国民政府改组军事委员会，按照第一次国共合作的经验，设立政治部，任命周恩来为副部长，部长是陈诚。

我非常激动地说：这说明现在真的国共合作，可以一致抗日了！

明之接着说：还有，共产党在武汉公开出版了党报《新华日报》。

我急切地问：可是我们怎样才能和党组织取得联系？党组织在哪里呢？

一说到"党组织在哪里"的问题，明之马上又沉默了。是啊，党组织在哪里呢？

我们从各种渠道了解到，共产党提出的"国共合作，一致抗日"的主张，得到全国各党派和各阶层群众的积极响应，成千上万的爱国工商界人士、文艺界人士、青年学生等纷纷从沦陷区涌向武汉。

明之认为，上海沦陷，我们和党组织的联系中断，说不定上海的党组织也已经迁往武汉了。于是他对我说："我们是不是应该到武汉去找党？"

我听后茅塞顿开，高兴得跳起来：对呀！我们应该到武汉去找党！

这是1938年春节前的一个夜晚，屋外虽然寒风刺骨，但是我和明之的心里像是揣着一团火，彻夜不眠。经过反复思索和商议，我们做出了一生中重大的抉择：到武汉去找党！

在当时的情况下，与党组织失去联系的党员，有的苦苦地在战乱中寻找党组织。当然也有一些人就此脱党，无奈回家当个平民百姓。我们也想回家与家人团聚，而去武汉，往西走，这意味着离生活在上海、泰兴的亲人越来

① 王明（1904—1974），本名陈绍禹，安徽六安金家寨（金寨县）人。1925年加入中国共产党。同年11月留学苏联，成为莫斯科中山大学第一期学员，被选为"学生公社"主席。1930年回国，在上海沪东区工作。1931年，在中共六届四中全会上，王明在共产国际及其代表米夫的支持下，补选为中央委员、政治局委员，不久，又补选为中央政治局常委。1931年6月，中共中央总书记向忠发被捕叛变，王明代理总书记。1931年9月，王明到苏联担任中共驻共产国际代表。1937年11月回国，任中共长江局书记。1956年以后，王明一直滞留苏联。1974年3月在莫斯科去世。

越远了。然而我们是在中国革命低潮时，在共产党处于最困难时期参加革命、入党的。现时的情况是日寇气焰嚣张，妄图占领整个中国，民族存亡悬于一线。要抗日救国，就必须紧随共产党。因此我们决定不退缩、不沉沦，自觉地向前冲。

这时我们又面临一个非常实际的问题，如果两人同时辞职一起去武汉，那我们将失去经济来源，今后的生活无以为继。思前想后我们觉得，只能先去一个。两个人当中，究竟谁先去呢？

明之说：我是党员，应该我去。何况出门在外，男人更方便一些。

我不同意：我在浙江省政府供职，那里可以请长假，现在有的职员已经停薪留职。你在铁路局，长期告假不可能。此外，你的工资比我高，一人收入可以维持我们的生活。还是我去吧。

明之觉得我言之有理，便说：我对你的闯劲和能力很有信心。

当明之同意我的提议时，我却又有些顾虑：我有独自去武汉这个勇气。可是我还没有加入党组织，武汉八路军办事处领导会不会信任我？

我刚参加革命时，认为自己觉悟不够，不敢提出入党要求。经过一段时间秘密工作的锻炼和考验后，我才向舒曰信提出入党申请。舒曰信虽然嘴上说："很好。"但是对我入党的要求，他始终没有作正面的答复，总是支支吾吾，欲言又止。我觉得可能是自己还不够条件，就没有再提。至于舒曰信有什么难言之隐，我一直不清楚。而已经是党员的明之，也从来没有对我讲过其中原委。今天，当我提及自己还不是党员时，明之认为，现在有必要告诉我，当初为什么没有接纳我入党。他对我说：舒曰信曾告诉我，由于当时上海地下党组织遭到严重破坏，上级有指示，暂时不发展党员。我怕影响你的情绪，就一直没有把当时地下党艰难和险恶的处境告诉你。后来日军逼近，沪杭交通阻断，我们与党组织失去了联系……

我听完明之一席话，十分感慨。

事实上，1935年，中共上海中央局连遭严重破坏，损失惨重。在苏联的中共驻共产国际代表团来函称：上海现在不需要任何中央的组织……随后还指示：不准向上海调干部，不准在上海开会，不准在上海发展新党员；要上海的地下党员隐蔽起来，化整为零，分散保存力量。在这种情况下，我的入党要求自然未能如愿以偿。

明之对我说："只要我们坚定信心，积极主动与党组织接上关系，总有一天你会入党的！"

我说："是的，我要不断努力！"但我又有些担心："我一个人去找党，一旦有什么事，也没有人商量，怎么办？这些年有你在身边，我什么也不用操心。离开你，我就少了主心骨。"

明之鼓励我说："你做秘密情报工作也有几年了，有独立活动和交际应酬能力。你可以先去武汉打探，一有消息，马上发电报，我会尽快去武汉与你会合。"

我听了，信心倍增，准备马上出发。

日寇步步逼近金华，果然浙江省政府被迫撤到浙江永康方岩山区。而这时候，我与明之已决心到武汉去找党，觉得我再跟着国民党浙江省政府往山沟里跑，已经没有意义了。于是我向浙江省政府请了长假。省政府同意我"停薪留职"。明之所在的浙赣铁路局也要继续西撤，于是我告别了撤退到金华的薛科长一家，和明之一起乘坐铁路局的火车，经江西上饶、南昌，到达湖南醴陵。

在醴陵，明之留下继续工作。我小住几天，准备起程。当时我的胃溃疡发作，经常呕吐、便血。细心的明之关切地对我说："你路过长沙时，抓紧时间治治病，好好休息一下再去武汉。"

1938年春节刚过，在一个春寒料峭的早晨，我告别明之，只身一人开始了到武汉去找党的艰难历程。

在长沙参加妇女训练班

1938年初春，我从醴陵到了长沙。为了节省盘缠，我和一些流亡青年一起，住进了"基督教女青年会"的招待所。真是巧得很，在长沙火车站附近，我遇见了浙江省政府的钱清廉。

"沈小姐，你怎么到长沙来了？"钱清廉好奇地问。

钱清廉是英国留学生，在省政府是朱家骅的下属，因此与我经常见面，杭州沦陷之后，我们才分开。

我当然不会告诉他此行的真实目的。我对钱清廉说：“我来长沙治病，现在想在长沙找个临时工作，挣点生活费。”

钱清廉马上热情地说：“我有个朋友叫任振威，也是英国留学生。她在湖南省地方行政干部学校妇女训练班工作。我把你介绍给她，也许她会给你安排个差事。”说罢便写了个便函交给我。

我很高兴，拿着钱清廉的信就去找任振威。

我找到任振威，递上钱清廉的介绍信。任振威高兴地对我说：太好了！我们正需要速记秘书。她马上给我安排了一个速记秘书的工作。

任振威出身豪门，思想进步，当时是湖南省地方行政干部学校妇女训练班的负责人之一。她一句话，我就进了妇女训练班。

湖南省地方行政干部学校是湖南省政府主席张治中创办的。1937年八一三淞沪抗战失利后，张治中回到家乡，安徽巢湖之滨的洪家疃村。他在家乡休整了一个月，蒋介石就任命他为大本营管理部部长。当时的态势是日寇将沿长江而上，湖南必成为后方重镇，故湖南省政府主席一职非得力且有威望之干员不能胜任，于是蒋介石又选中了张治中。1937年11月张治中到长沙走马上任。他两度深入底层，体察民情。其中有一次还是微服私访。根据发现的问题和抗战形势的需要，张治中制订了《保卫湖南的战争计划》等一系列实施“新政”的措施。组建行政干部学校是实施“新政”的措施之一。目的是培养五万知识分子，分批解决县长、督导员、政治训练员、技术辅导员、乡长、镇长、保长、妇女训练员等岗位人员不足和落后的问题，以改变湖南省公职人员的整体文化水平，提高工作效率，适应抗日战争形势发展的需要。

妇女训练班设在长沙圣经学校（旧址在现长沙芙蓉区韭菜园，省政府机关大院内）。当时是一个不大的院子，条件十分简陋。训练班的教师与学员一起睡地铺，吃大锅饭。伙食是免费的，每顿一个菜，一盆饭，一大桶清汤，即清水加酱油，上面漂几个菜叶。虽然是粗茶淡饭，但基本可以吃饱。八人一桌，每桌选一个桌长，负责给大家分菜分饭。每天早晨还集体跑步出操。我对这种集体生活感到很新鲜，心情也很愉快。

妇女训练班的班主任是张治中的女儿张素我。她是一位具有爱国进步思想的热血青年，不过刚刚从英国留学回来，对国内的情况不是很了解，因此做具体工作的都是张治中手下派来的人。

妇女训练班分若干组，组长多半有大学学历，学员多为高中毕业生，不少是从外地流亡到长沙有爱国思想的女青年。训练班没有课本和讲义，全部由各组组长和外请的专家讲课，张治中本人还到训练班做过报告。我负责把他们讲课的内容速记下来，整理成文，印成讲义材料，发给学员们学习讨论后，每个学员还要写心得体会。训练班三个月一期。第一期结束后，不少学员参加了中共领导的抗日救国活动，有的还可能加入了中国共产党。

罗叔章赠沈安娜的照片

在训练班上，我结识了罗叔章①、王汝琪②和罗琼③。

罗叔章是妇女班生活指导组组长，主要负责组训工作。王汝琪是理论组组长。罗琼是文化事业组组长。她们在训练班上讲课，分析抗日形势，宣传建立抗日民族统一战线的道理。

——“只有团结抗日，实行民主，才能建设一个富强的中国。”

——“我们怎样才能得胜？根据中国的条件，只有拖住日本人。他们气势

① 罗叔章（1899—1992），女，湖南岳阳人，毕业于上海暨南大学，1934年11月入党。新中国成立后，曾任轻工业部副部长、全国人大常委等职。1979年经党中央批准，公开党员身份。1992年1月在北京逝世。

② 王汝琪（1912—1990），女，河北省柏乡县人，毕业于上海复旦大学法律系，1938年11月入党。新中国成立后，曾任司法部司长，司法部首届党组成员。1982年任司法部顾问。1990年10月在北京逝世。

③ 罗琼（1911—2006），女，江苏江阴人，1932年毕业于江苏省女子师范学校，1935年参加革命，1938年入党。新中国成立后，曾任全国妇联副主席，全国人大常委、全国政协常委。2006年4月在北京逝世。

很盛，想凭借精良的武器，速战速决。我们有辽阔的土地，有四万万同胞，我们要把日本人拖到泥坑里，一点点耗尽他们的力量！”

——“发动群众，全民抗战，全面抗战，才是战胜敌人的惟一出路！”

我听了这些言论，受到很大教育和鼓舞。后来我发现，这些都是中国共产党的抗战主张。

当时我并不知道三位组长真实的政治身份。她们讲课的时候，我做速记格外认真。在三位大姐的引导下，我的政治思想水平有了很大提高。我虽然是工作人员，可是罗叔章大姐有意识让我多参加一些学员们的活动。

一天，学员们在操场上学唱抗日歌曲，罗叔章大姐要我停下手上的工作，去操场与学员们一起学唱，我很高兴参加这样的活动。唱抗日歌曲是我在妇女训练班上最开心的事情之一。这天，来了一位教歌的老师，他留着一头飘逸的长发，俨然是一位艺术家。教歌时既没有人伴奏，也没有发歌谱，他大声唱一句，学员们就跟着唱一句。后来知道，他就是大名鼎鼎的作曲家贺绿汀，1934年以钢琴曲《牧童短笛》和《摇篮曲》在国际上获奖，为乐坛所瞩目，后来还为《十字街头》、《马路天使》等影片谱写插曲和配乐。抗战爆发后，他参加了上海救亡演剧一队，赴内地宣传抗战。在深入敌后部队演出时获得灵感，创作了《游击队歌》，并很快在八路军和新四军中流传开来。不久前，他回到湖南老家，接受湖南省地方行政干部学校的邀请，到学校各训练班教唱这首《游击队歌》。

我们都是神枪手，
每一颗子弹消灭一个仇敌，
我们都是飞行军，
哪怕那山高水又深。
在密密的树林里，
到处都安排同志们的宿营地，
在高高的山冈上，
有我们无数的好兄弟。
没有吃，没有穿，

自有那敌人送上前，
没有枪，没有炮，
敌人给我们造。
我们生长在这里，
每一寸土地都是我们自己的，
无论谁要强占去，
我们就和他拼到底！
……

由作曲家本人亲自教唱，学员们的情绪格外激昂。当时正值国共合作共同抗战时期，全民的救亡热情空前高涨，加上曲调激昂动听，歌词朗朗上口，一学就会。《游击队歌》形象地在国人面前展示了中国共产党领导下的敌后游击队与敌人周旋的真实场面。唱歌时，学员们热血沸腾，嘹亮的歌声久久回荡在妇女训练班的上空。此刻，我的心仿佛也随着歌声飞到千里之外游击队的营地。

在训练班里，罗叔章大姐和我同住一室。我几乎每天晚上都要整理白天的速记稿，睡得很晚。早春二月，长沙的天气很冷，我半夜回到宿舍，手脚冻得冰凉，我就钻到罗叔章大姐的热被窝里睡觉。因为睡得迟，所以早晨经常会起得晚。罗叔章大姐总要让我多睡一会儿，等我起床后才收拾地铺上的被褥。有时我睡得太实，醒不过来，罗大姐就一边拍我的屁股，一边说："小鬼，太阳照到你的屁股了，还不起来！"

后来，甚至到全国解放以后，罗叔章等三位大姐见到我时，还会开玩笑地问："安娜，打没打屁股呵？"然后我们拥抱在一起，互相拍拍打打。

训练班的生活虽然很艰苦，但是丰富多彩，十分充实。我在训练班心情非常愉快，原来很严重的胃溃疡病，竟不治而愈了。

我根据三位大姐在训练班的言行，猜想她们一定是共产党员。有一天，我忘情地对罗叔章大姐说："我也参加了革命，做特殊的秘密工作。你是不是共……"罗大姐马上用手势制止我，微笑着说："这种事不要随便对人讲啊！”

罗大姐虽然没有说出自己的真实政治身份，但是却使我越发敬重她。同时我也意识到，根据“舅舅”（王学文）“保守党的秘密，不暴露自己”的指示，自己这样做是过于鲁莽了。罗叔章大姐提醒我不能随便对人讲，及时为我敲了警钟。此后，我未再暴露自己的进步倾向和真实身份。

第一期训练班的后期，几个国民党内的反共分子把持了训练班的实权，他们怕罗叔章等人宣传共产党的方针、政策，争取青年，因此经常阻止罗叔章等人宣传共产党的主张，罗叔章等人就与他们辩论，双方各持己见，争吵得很厉害。我每次在旁边观看他们辩论，尽管插不上嘴，我的立场和观点是倾向三位大姐的。在这期训练班结束之后，把持训练班实权的反共分子，就不再发给罗叔章等人聘书。他们认为我是罗叔章的“小尾巴”，因此虽未公开解聘，但对我已有所警惕。三位大姐决定离开长沙去武汉。我本来就是要到武汉去找党的，便随她们一起走。只是我们彼此都未暴露去武汉的真正目的。

与我们同去武汉的，还有任振威。

五、打入国民党中央党部

(1938 年春—1938 年夏　在武汉)

武汉街头巧遇“革命引路人”

1938年5月，我随罗叔章、王汝琪、罗琼三位大姐到达武汉。我在武汉举目无亲，无处安身。王汝琪的爱人陈传纲[①]的母亲家在武汉，我就随王汝琪大姐住在她的婆婆家。

武汉在中国近代史上是个非常重要的城市。武汉九省通衢，拥有贯通八方的铁路线和堪称黄金水道的水上交通线，自清末以来就是内陆地区无可争议的工业、经济、金融中心，在当时的中国乃至东亚地区都声名显赫。

武昌也是打响辛亥革命第一枪的地方，此后几次成为中国的政治中心。现在又成为全国抗日救亡运动的中心。

武汉还是长江流域的“三大火炉”之一。刚刚进入五月，闷热的空气已经笼罩武汉三镇。我到武汉时，正是国共合作一致抗日的“蜜月期”。那时国民党特务也不再像过去那样猖獗，政治气氛较为宽松。青年学生、文艺界人士非常活跃。演讲会、读书会、街头活报剧等抗日宣传活动，形式多样。传单、标语琳琅满目。我满怀革命激情，不由自主地融入了抗日宣传的洪流中，我参加了量才图书馆举办的读书会和歌咏队。

量才图书馆是以进步人士史量才的名字命名的。我在参加革命之前就听说过史量才。他是《申报》总经理，还是上海市参议会会长、中国人权保障同盟主要领导人。由于他与杨杏佛、蔡元培、宋庆龄、鲁迅、沈钧儒等人关系密切，为抗议蒋介石杀害国民党左翼领袖邓演达，共同发起成立了中国人权保障同盟，他办的《申报》又大张旗鼓地抨击政府谋杀杨杏佛和“党化”教育政策，积极宣传强硬抗日政策，因此得罪了蒋介石和国民党高层。1934年11月13日，史量才在浙江海宁的公路上，被戴笠派出的六人特务行动小组枪杀。史量才之死在上海乃至全国掀起轩然大波。我当时就是在上海的报纸上看到这一消息的。

① 陈传纲，又名成全，新中国成立后，曾任复旦大学党委书记兼副校长。1966 年“文化大革命”开始后被迫害致死。

参加量才图书馆读书会和歌咏队的成员，大都是从外地流亡到汉口的爱国青年，他们虽然操各地方言，但是宣传的却都是抗日的道理。这些青年，以江南一带和东北救亡青年人数最多，他们抗日情绪最激烈。在读书会上，我结识了很多新朋友，我还在歌咏队学会了《女青年战歌》、《松花江上》、《大刀进行曲》、《最后胜利是我们的》等抗日歌曲。

有一次，一支歌咏队在武汉演出，其中演唱的有一首流亡歌曲《松花江上》。领唱的是一个九岁的东北小姑娘，上百人的歌咏队齐唱，观众有上千人。小姑娘的歌声虽然稚嫩，但是真挚、凄楚、如泣如诉；歌咏队浑厚的齐唱，更显悲怆。演唱深深地打动了在场的每一个人，观众无不潸然泪下。台上台下的抗日情绪融为一体，演出成了演员和观众的齐唱。尤其唱到最后一句“爹娘啊，爹娘啊，什么时候，才能欢聚在一堂！”几乎成了千万人的呐喊。演唱会使我受到了从来没有过的震撼。我深深感到，中国人民是不可战胜的；领悟到共产党的“全民抗战，全面抗战”的主张的无比英明！我深信，中国只要坚持全民抗战、全面抗战，日寇必然会陷于人民战争的汪洋大海之中，难逃灭顶之灾。从而坚定了我抗战到底，革命到底的决心。

“上海救亡演剧第二队”的金山和王莹等人，此时正在汉口拍摄影片《最后一滴血》。剧组到我们的歌咏队选群众演员，我被选上了。我觉得拍电影很有意思，欣然前往。1934年我在上海“南洋高商”上学时，受同学叶露茜等人的影响，曾做过几天明星梦，差一点就去拍电影。没想到四年后，我又被拉到了摄影机镜头前。开始拍摄时，我有些害羞，总往人群后面躲，结果被剧组人员发现，几次把我拉到了最前面。

1938年，沈安娜参加武汉进步剧社，拍摄电影《最后一滴血》时留下的照片

那时侯拍电影没有剧本，导演给我们几句台词，接着让我们挽起裤脚管，光着脚，一边唱《江南三月好风光》，一边插秧，拍了几个镜头。后来日军进犯武汉，大家不愿做“顺民”，就各奔东西。而我心中还惦念着那部进步电影《最后一滴血》，也不知拍成了没有。至今我还留着当时拍的卷着裤腿的一张小照。

在武汉，经任振威介绍，我认识了屈伯传。屈是任振威在英国留学时的同学、世界学生联合会的工作人员。5月下旬，世界学联会代表团应邀来到武汉，受到爱国青年和各界爱国人士的热烈欢迎。我听屈伯传说，中共代表团将在汉口召开欢迎世界学联代表团大会。

我对屈伯传说：我也想去看看。

屈伯传说：好吧，你可以随我去参加欢迎活动。

第二天，是武汉入夏以来少有的好天气，我早早地赶到开会地点。到会的有各党派、各群众团体代表和外国友人共四百多人，场面宏大而热烈。更让我感到兴奋的是，我在这里见到了周恩来、王明等中共高级领导人。周恩来和王明还在会上发表了演讲。这是我第一次见到周恩来和王明，因为距离较远，看不清他们的面容。但是他们演讲的内容倒是听得清清楚楚。周恩来的讲演言简意赅，通俗易懂，他宣传抗日民族统一战线的主张，号召有志青年抗日救国，很令人振奋，我听了顿时热血沸腾。

王明的演讲长篇大论，听起来也很新鲜，不过深奥难懂，当时觉得他马克思主义理论水平很高。但是他的语速很快，不大容易听得明白。

在欢迎会上，世界学联会的代表也讲了话。他们坚决支持中国抗战到底，赞扬共产党、八路军和新四军英勇不屈的精神，这也使我大受鼓舞。

对于我来说，这是个值得纪念的日子。这是我第一次聆听中共高级领导讲演的日子，因此我牢牢地记住了。

我虽然知道周恩来、王明都是共产党的高级领导人，但不知道他们的职务。当然不敢贸然上前和他们联系，也不敢公开打听中共党组织的所在地，只能在暗中寻访。当时在武汉，只有“八路军办事处”（简称“八办”）是公开的，中共党组织和大部分共产党员仍处于地下状态。我想，即使找到了“八办”，如果没有认识的人，自己的身份无法证实，党组织会相信我所说的话么？我感到自己像一棵无名的小草，漂在茫茫人海里，无奈而又无助。此刻，我才意识到，我和明之把“到武汉去找党”这件事想得过于简单了。

但我想，既然来了，就不可轻易退缩，要千方百计和党组织取得联系。“踏破铁鞋无觅处，得来全不费工夫。”这天，我在马路上，边走边四处张望，心里寻思道：到哪里去找党啊！

我一抬头，猛地看到了一个高大魁梧而熟悉的身影。这不是在上海老北门家里见过的鲁大哥——鲁自诚么？真是天无绝人之路啊！我喜出望外地大叫起来：“鲁大哥！鲁大哥！”

此人正是鲁自诚。他也没有想到会在这里与我相遇，于是马上把我拉到墙角边，惊喜地小声说：真没想到在汉口见面了。明之也来了么？

我说：我是一人来的。明之随后就来。鲁大哥，你什么时候来武汉的？

鲁自诚说：我也是刚来不久。

他告诉我，1937年他与华明之的妹妹华曼倩结婚了。她现在也参加了革命，已改名叫华韵三①。

我高兴地随口说：韵三，多好听的名字！是不是与你的字“鸣三”相应啊？

鲁自诚笑而未答。

我说：现在我们更是一家人了！

鲁自诚是华明之的入党介绍人，也是明之和我的革命引路人和启蒙老师，过去我们就一直称他为大哥，现在他真正成了我们家庭中的成员。

虽然鲁自诚比华韵三年纪大很多，但是我对他们两个结为夫妻，一点也不感到意外。1936年秋，我在上海生孩子时，那会儿还叫华曼倩的华韵三，总缠着鲁自诚问这问那，当时我就看出她对鲁自诚非常仰慕，甚至是崇拜。

我还听见公公和婆婆议论过鲁自诚。

公公认为，鲁先生相貌堂堂，举止文雅，学问很深，像个英国绅士。婆婆

---

① 华韵三(1914—1987)，原名华曼倩，1937年12月参加革命，1938年2月加入中国共产党，之后一直协助鲁自诚从事党的秘密工作。新中国成立后，曾任轻工业部科技情报研究所副所长。

觉得，鲁先生对老人很有礼貌，把小姑娘托付给这样的男人是可以放心的。

就这样，鲁自诚不但成了华韵三的偶像，也是我和明之以及舒曰信和沈伊娜的偶像。

三次被捕的鲁大哥

鲁自诚将我带到他与华韵三的临时住处。我来到武汉举目无亲，此时终于有了一种回家的感觉了。华韵三已有身孕，即将临产。我们久别重逢，两人有说不完的话。她一会儿问大哥明之在哪里，又问杭州沦陷后我们去了什么地方，再问有没有上海亲人的消息，等等。兵荒马乱时期，他乡遇亲人，倍感亲切，三个人一起聊个没完。

我见华韵三和鲁自诚十分恩爱，不由得想起1936年秋我在上海第一次见到鲁自诚时的情景。于是就问华韵三："是不是那个时候你就爱上鲁大哥了？"

华韵三不好意思地笑了。

我对鲁自诚说："鲁大哥，我听明之说，你曾经两次入党，三次被捕。那次在上海，你只给我们讲了第一次被捕受刑的事。现在形势不一样了，你就把你的革命经历详详细细地讲给我听听吧。"

华韵三也说："过去你总是说没时间，也没心思，现在安娜也想听，你就详细地讲讲吧，我们都想听呢。"

鲁自诚沉吟片刻，说："好吧，我就简单讲讲我的被捕经历，这对你们今后干革命工作也许有好处。"

1924年鲁自诚被直系军阀的侦缉队逮捕，侦缉队认定他是罢工的组织者，对他实施多种酷刑，坐老虎凳，灌辣椒水，用烧红的烙铁烫，无所不用其极。鲁自诚的前胸手掌大的一块疤痕，就是被用烙铁烫后留下的。

1932年5月，鲁自诚回上海继续从事工人运动。这年秋季的一天，鲁自诚被英国巡捕视为嫌疑分子抓了起来，关在提篮桥监狱的西牢。因没有证据，后由党组织想方设法，将他保释出狱。

鲁自诚第二次被捕出狱后，很快与党组织取得联系。1933年至1934年，

鲁自诚1938年的戎装照

华韵三1938年的戎装照

他不惧白色恐怖，满怀革命激情，继续做党的秘密工作。他先后介绍舒曰信、华明之和姚子健加入了中国共产党。姚子健1934年5月入党后，获取的国民党参谋本部的军用地图都交给鲁自诚。鲁自诚高兴地说："有了这些军用地图更有利于带领红军部队向国民党军队作战。"12月，他将姚子健也像舒曰信、华明之那样，负责任地交给了当时在上海专做中央特科秘密情报工作的王学文。

1934年12月，鲁自诚离开上海到北平工作。因为他不知北平党的机关已被破坏，与联系人又不认识，所以他刚走进机关，便被逮捕。

鲁自诚已经有过两次被捕的经历，知道怎样应付突然发生的新情况。经过多次刑讯，鲁自诚虽然被折磨得遍体鳞伤，但是特务没有从他嘴里得到任何他们需要的口供，遂把他关押在苏州反省院。

1936年，董必武了解了鲁自诚在狱中的情况后，通过关系将他保释。

1937年夏，抗日战争爆发，鲁自诚受党的指派，通过董必武在国民党上层的关系，先后出任国民革命军第七战区二十三集团军副参谋长、皖南游击司令部司令员，授少将军衔。同时，他在党内还任中共皖南特委书记。华韵三也穿上军装，担任游击司令部秘书。

1938年5月，鲁自诚根据董必武的指示，离开皖南来到武汉。因为此时国民党正在庐山军官训练团的基础上筹建中央训练团[①]，急需人才，董必武又通过关系，推荐鲁自诚到中央训练团工作。

我听了鲁大哥讲述的三次被捕的故事，心灵受到极大震撼。我非常钦佩鲁大哥坚定的革命意志，并发誓：自己也要做一个像鲁大哥一样坚强的共产党员，做个“硬骨头”。

我向鲁自诚讲述了八一三之后，我和明之与上海的党组织失去联系的情况，以及来武汉的目的，并急切提出入党的要求。对鲁大哥，我没有什么不可坦诚相告的。

鲁自诚说：过去，你和明之是做秘密情报工作的，当时我虽不是你们的领导，但我知道你们的情况。现在你去“八办”，不能随便向“八办”一般接待人员暴露你们从事秘密情报工作的身份。一定要见到像董必武那样的领导同志，才能汇报你们两人在上海和杭州的工作，可以要求分配工作，也可以要求入党。

听了鲁自诚一番话，我默默地点了点头。我觉得自己的运气太好了！在武汉几乎走投无路的时候，鲁大哥突然奇迹般地出现了，并再一次成为我的革命引路人。

在八路军办事处

有幸得到鲁自诚的指点，我很快找到了八路军办事处。

1937年8月22日，国民政府宣布将红军主力改编为国民革命军第八路军。20天后的9月12日，又将第八路军改称为国民革命军第十八集团军。但中共内部还是延用“八路军”的称谓。

武汉的“八办”设在原日本“大石洋行”内，门前挂着“中国国民革命军第十八集团军办事处”的牌子，有八路军战士站岗。“八办”是中共在武汉的

① 中央训练团，蒋介石亲任团长，是国民党培训党、政、军中高级干部的机构。

对外办公机构，对内即是中共中央长江局。王明、周恩来、董必武等领导均在此办公。“八办”门前车水马龙，进进出出的人很多。

总算找到了党了！我站在“八办”门前，心情非常激动。这是我参加革命以来第一次见到共产党的公开机关！

经传达人员联系，一位30岁左右的女干部走出来接待了我。她和我热情握手，自我介绍说：“我姓孟，叫孟庆树。”但没有讲自己的职务。

1938年的武汉“八办”

我见她年纪不大，不像办事处领导。于是根据鲁自诚的指点，直截了当地说：“我要见办事处领导。”

孟庆树说：有什么事情可以跟我讲，我再向领导汇报。

我当时不知孟庆树是什么身份，后来才知道她是中共中央长江局书记王明的爱人，当时任长江局妇女运动委员会书记。

孟庆树快人快语，显得精明强干。她见我犹豫不决，就主动问道：你从哪儿来？有什么事？

我说：我叫沈琬，是从浙江来的。我丈夫叫华明之，1934年入党，我是1935年参加革命的。我们二人在杭州做地下工作。由于战争，交通阻断，我们与上海党组织失去了联系。我要求见董必武同志详细汇报情况，恢复组织关系。

孟庆树问：你们属哪方面组织系统，领导人是谁，做的什么工作？

我想起鲁自诚的交代，不能说是做情报工作的。再说我也根本不知道自己是受中央特科领导的，也不知道王学文的真姓实名，因此一时不知该如何回答。

孟庆树说：你得简单说说你的情况，我才好向领导汇报啊。

迫不得已，我才吞吞吐吐地说：我们的领导人化名“老李”，真实姓名我不知道，我们叫他“舅舅”。

此时，我心中十分矛盾，还有些委屈。我怀疑孟庆树可能是因为我不是党员，不信任我。

孟庆树没再追问，温和地问道：你住在哪里?

我回答：我住在王汝琪婆婆家。

孟庆树“哦”了一声，接着问道：你和王汝琪是在哪认识的?

“在长沙妇女干部训练班。在那里还认识了罗叔章和罗琼，三位大姐说我是她们的‘小尾巴’。我确实是‘小尾巴’，现在跟着她们一同来到了武汉。”

孟庆树领会了，点点头，不再问什么。

这时，我要求入党的心情更加迫切，立刻向孟庆树提出入党要求。

孟庆树说：这个问题，等接上关系之后，组织上会考虑的。并对我讲了做一个共产党员的标准和要求，然后说：你留下地址，待我把你的情况向领导汇报后，另外约定见面的时间。

离开“八办”时，孟庆树一直把我送到大门口。这次去“八办”虽然没有见到董必武，但是我仍然感到像回到了家里一样，心情十分愉快。

回到王汝琪婆婆家后，我每天都在等消息，一步也不敢离开，生怕错过了与党组织恢复关系的机会。

初见邓颖超

过了两天，我正等得焦急，只见王汝琪带了两个人来家，是罗叔章和罗琼。

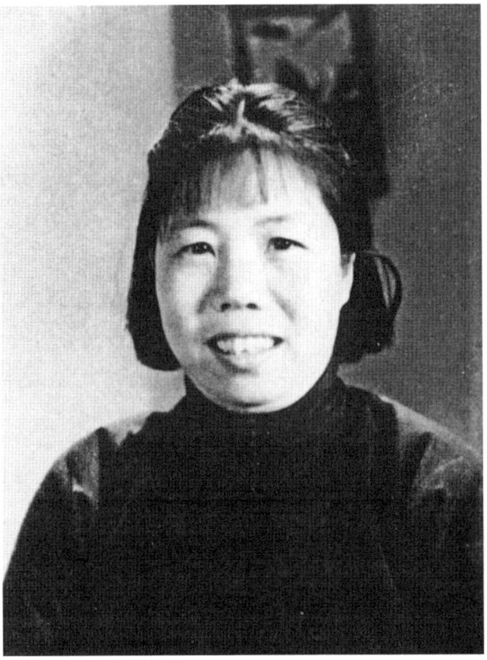
1938年，邓颖超在武汉

多日不见，别后重逢，四个人觉得格外亲切。我们刚说了一会儿话，又来了一位年轻女干部，她进门后就和罗叔章、罗琼和王汝琪一一热情拥抱。我以前没见过她。王汝琪向我介绍道，这位是邓颖超，邓大姐。对邓颖超我早有耳闻，知道她是中共方面有名的女性领导干部，还是周恩来的夫人，此时党内担任中共中央长江局妇女运动委员会副书记。我后来得知，几天前，罗叔章等三位大姐都分别去了“八办”。今天是邓颖超约了罗叔章、罗琼到王汝琪家见面，来和她们谈工作的。

邓颖超当时30多岁，年纪比罗叔章小，比王汝琪和罗琼大，王汝琪和罗琼都称她“邓大姐”。我注意到，邓颖超穿一件浅灰色旗袍，身材丰满，脸庞圆润，目光柔和，面带微笑，给人一种天然的亲切感。

王汝琪将我介绍给邓颖超：这是沈琬，和我们一起从长沙妇女训练班过来的，也是个爱国进步青年。

邓颖超打量了一下我，沉吟道：“沈琬？”仿佛在记忆中搜索这个名字。

罗叔章说：我们在长沙妇女训练班相处了三个月，非常亲密。亲人们叫她安娜，我们也叫她安娜。

邓颖超问：你的亲人在哪里?

我回答：我母亲在泰兴，公公婆婆和儿子在上海，我丈夫华明之在浙赣铁路局工作，现在湖南醴陵，很快就要赶到武汉来。

邓颖超点点头：好！安娜这个名字很好听。我也叫你安娜好么?

我听了点点头。邓颖超又张开双臂，把我搂在怀里。

前不久，邓颖超应宋美龄女士的邀请，到庐山参加由宋美龄主持召开的各界知名妇女谈话会。会上，经过多方协商决定，将宋美龄发起的新生活运动促进总会妇女指导委员会（简称“妇指会”），发展为全国性的妇女机构。邓颖超刚从庐山回到武汉，就与罗叔章、王汝琪和罗琼谈工作。

邓颖超先详细询问了长沙妇女训练班的情况，并根据当时中共对国民党的方针、策略，对训练班做了深入的分析。接着，又给她们讲抗日战争的形势、开展抗日民族统一战线的重要性和工作中应注意团结中间力量等问题，还提醒她们，在妇运工作中要特别注意工作的方式方法。

自参加革命以来，我还是第一次这样近距离聆听党的高级领导人讲话，感到很新鲜。邓颖超讲一口只有在收音机里才听得到的标准国语，声音淳厚，语速缓慢，平和亲切，娓娓动听，再配合以优雅的手势，给人以既坚定，又温柔的感觉。我听得几乎入了迷。

我还特别注意到，邓颖超的手指修长，白晰丰润，她的面容虽不能说是美貌，但风度气质非凡，具有强烈的亲和力和感染力。

邓颖超非常认真地听取罗叔章等三人的汇报之后，又转过身来和蔼地对我说：安娜小妹，你在长沙妇女训练班学到了些什么？

我马上毫不顾忌地说：那三个月对我来说太重要了！训练班和一般学校很不一样，吃大锅饭，睡地铺，跑步出操。我晚上加班身上冷，回宿舍就钻到罗大姐的被窝里。我的胃病，到那里也没治，就自己好了！尤其是听了三位大姐的课，参加学员的讨论，还有平时与三位大姐聊天，学到了很多东西。在省政府时，从各种文件中知道，国军官兵作战很勇敢，可就是打不过日寇，结果大片国土沦陷。在长沙参加了妇女训练班，我终于明白了一个道理：只有全民抗战和全面抗战，才能取得抗战的最后胜利。“全面抗战”就是无论在正面战场还是在敌人后方，都跟日寇拼命打；“全民抗战”就是男女老少齐上阵，有钱的出钱，有力的出力！

我开始还有些拘谨，后来越说越兴奋，禁不住手舞足蹈起来。后来发现四位大姐都在全神贯注地看我，便有些不好意思地低头说：可能我说得不对吧？

邓颖超鼓励我说：安娜小妹，你讲得非常对！这就是中国共产党的抗日民族统一战线！我们妇女是中华民族的一部分，妇女也要投身到统一战线的行列中去！

我意气风发地说：我现在最希望的，就是投入到轰轰烈烈的抗日群众运动中去。

邓颖超笑而不语。

邓颖超准备离开了。我与邓颖超大姐虽然只是初次见面，由于邓大姐的平易近人，使人感到十分亲切，是可以讲贴心话的，于是急不可待地悄悄问邓颖超：我前几天去过“八办”。不知党给我分配什么工作？

邓颖超听了，仿佛想起了什么，轻轻“哦”了一声。

我补充道：我去“八办”是一个姓孟的女同志接待我的……

邓颖超点点头，凑到我耳边轻声说：可能还是原来的工作，你等通知吧。

听到这个“暗示”，我很高兴。可是这“原来的工作”是指什么？做速记？搞情报？那么具体工作单位是哪里呢？我想问，没敢问。按照地下工作的纪律，不该问的不问。我向邓大姐点点头，没再说话。

邓颖超临别前再次和大家一一拥抱，我感到邓大姐的怀抱是那样温暖。从此，邓颖超大姐成了我一生敬仰的伟大女性。

接受周恩来、董必武的秘密派遣

过了几天，一个高个子青年来到王汝琪家，通知我到“八办”去一趟。我迫不及待地跟着去了。一进屋，就见到一位慈祥的年逾半百的长者。我估摸着他比自己父亲年龄还要大，马上有礼貌地称呼：“伯伯好。”

长者笑着点点头。

高个子年轻人介绍说：他是董必武同志，我们称他“董老”。

我马上想起鲁自诚说的“要见像董必武那样的领导同志”，现在我终于见到了董必武，心里格外高兴。

董必武向我介绍随后进屋的另外两位领导：这位是吴玉章同志，这位是王明同志。

吴玉章是与董必武年纪相仿的长者，我第一次见，而对王明，我有印象。前几天，在欢迎世界学联大会，远远看到过他演讲。他看上去只有三十几岁。

1938年，董必武在武汉

进门时，走在吴老后面，个子不高，比一般男人矮，对此我印象颇深。

董必武向吴玉章和王明介绍说：她就是沈琬，她的亲人叫她安娜。在浙江省政府时是省主席朱家骅手下的速记员。

我对党内的情况不大了解，也不知董必武、吴玉章和王明在党内担任什么职务。后来才知道他们都是中共中央长江局的领导，王明当时还是长江局的书记呢！

吴玉章和王明向我点点头。他们仔细打量了我一番，只站了一小会儿，说是有事就离开了，留下董必武和我谈话。他们似乎只是为了见见我这个叫沈琬的女青年。后来想想，他们的"见见"可能有两层意思，一是看看这个将被委以重任的女青年到底能不能挑起这副担子；二是看看这个即将深入"龙潭虎穴"的女青年到底长得什么样。从他们的神色和目光中，可以看出，他们似乎对我的初步印象还不错，离开之前，他们相视微笑，点了点头。

董必武让我坐下，郑重地对我说：你和华明之的情况，已由党内老同志做了政治证明，我们已经了解，恩来同志也知道了。

我乍一听，觉得很奇怪，后来猜想，董必武和周恩来等领导同志肯定是听鲁自诚向他们汇报的，这就是政治证明吧。

董必武接着对我说：现在共产党与国民党再次合作，一致抗日。但是，我们深知，国民党顽固派的反共本性是不会变的。防人之心不可无嘛！摸清国民党内部的意图和动向，将会大大有利于抗日民族统一战线工作的开展。我们研究过了，考虑到你过去做过情报工作，有一些国民党上层关系，又掌握速记技术，今后还是继续在国民党机关里做秘密情报工作。

因为此前有邓颖超的暗示，我对继续做秘密情报工作，是有心理准备的。董必武说“我们研究过了”，这个“我们”是谁，我当时并不知道。事实是中共中央长江局的领导研究决定派我继续做情报工作。这个“我们”就是长江局的领导层。

董必武接着又问我：你过去不是在朱家骅手下工作过么？

我点点头，心里想，难道要我回到朱家骅的身边工作？

董必武看我一脸疑惑，便耐心细致地给我解释：现在朱家骅是国民党中央党部秘书长。“中央党部”，是国民党中央执行委员会的简称，是国民党最高党务机构。你可以利用老部下的身份去找朱家骅，要求进中央党部秘书处工作。这个“秘书处”是中央党部的日常工作机构。这样，你就可以打入国民党核心机关，继续为党提供情报。

听了董老一席话，我这才知道，朱家骅也在武汉，而且受到蒋介石的重用。要我打入的是国民党这样高层的机构！我真是没想到！

1938年4月，国民党五届四中全会在武汉召开。全会通过的《改进党务并调整党政关系案》（甲）第四条规定：“中央执行委员会设秘书长一人，为专任职，由总裁提经中央执行委员会任命之，承总裁之命令与中央执行委员会或常务委员会之决议，掌理一切事务。”这条规定提升了秘书长的权力。就在这次会上，朱家骅被蒋介石委以重任，担任国民党中央执行委员会即“中央党部”秘书长。

周恩来、董必武等领导得知，刚刚上任不久的朱家骅正在招兵买马，恰巧此时鲁自诚向董必武证明了我和明之的政治身份，并介绍了我们以前做过秘密情报工作：我曾在浙江省政府担任速记员，是朱家骅的部下等情况。董必武立即与王明、周恩来、吴玉章等中共中央长江局领导商量，要抓住这个机会，派遣我打入国民党中央党部秘书处。

尽管我非常想投身轰轰烈烈的抗日群众运动，然而当党组织根据我的有利条件和革命斗争需要，安排我打入国民党高层机关，继续从事秘密情报工作，我还是欣然从命。

我郑重地对董必武说：我接受党组织分配的任务。

董必武高兴地点点头，接着又叮嘱我要注意安全。他说：你越打入国民党核心，危险就越大。一定要格外机警，凡事要慎重。

我默默地点点头，牢牢地记住了董必武的嘱咐。

谈话快结束了，董必武说：你等一下，我去叫恩来同志和你见见。

我刚到武汉不久，就曾听过周恩来和王明的公开演讲。不过那天离得很远，看不太清楚，今天有机会单独和周恩来见面，感到十分意外和荣幸。那时周恩来头发剪得很短，俗称“平头”（也称“寸头”），这一特殊发型给我印象很深。他朝我健步走来，我立即站起身来，迎了上去，以示敬意。可是一时却不知该如何称呼。我想起鲁大哥说是向“领导”汇报。于是就说了一声：“领导好！”

周恩来也像刚才吴玉章和王明一样细细打量了我一番，然后亲切地拍拍我的肩膀说：“坐吧。”

见我坐下了，周恩来便问道：“多大了？”

1938年，周恩来在武汉

我答：“23岁。”

周恩来又问：怎么一个人来武汉？你的爱人没有一起来啊？

我答：我在浙江省政府留职停薪，我爱人华明之仍在浙赣铁路局工作，拿工资维持两人生活。我们商量过，等我找到党组织，他马上就来武汉。

周恩来听了点点头，接着转入正题，明确地指示：目前我党坚持抗日民族统一战线，团结各族人民一致抗日。而蒋介石是被迫抗日，有他消极的一面。蒋介石、反动军阀和官僚资产阶级政客，他们总是反复无常的，他们的反共本性是不会改变的，过去我们党有深刻的教训，而且是血的教训。现在国难当头，我们党捐弃前嫌，团结国民党共同抗日，但是防人之心不可无，我党必须及时了解国民党的意图和活动。这样我们就能有针对性地对他们又团结、又斗争。现在你可利用曾经是朱家骅老部下的关系，抓紧时机，打入国民党中央党部秘书处。这件事情非常重要，非常紧迫。

我点头表示：明白了。

接着，周恩来又叮嘱我：在国民党核心机关搜集情报，要注意隐蔽，要机警灵活。既要大胆，又要谨慎。你要注意保护好自己。

我听得很仔细，并频频点头。

周恩来又果断地指示：立即通知华明之来武汉“八办”接党的关系。根据过去的经验，夫妻俩一起做情报工作，更有利于掩护和隐蔽，有事可以有个商议，这样情报工作可以做得更好。

董必武补充道：你们和鲁自诚同志虽然是至亲，但是他从事的也是特殊的秘密工作，你们之间以后要少来往，更不要发生横向的工作关系。

我重重点着头说：记住了。

1984年，沈安娜、华明之在武汉“八办”旧址留影

打入国民党中央党部秘书处

在见过周恩来和董必武的第二天，我换了一件出客时才穿的旗袍，找到江汉二路157号，国民党中央党部秘书处。这是我第一次执行由党中央领导人直接交办的任务。此刻，对于能否打入国民党中央党部，我心中还没有底，而眼下明之不在身边，也没有个可以商量的人，一切都只能靠自己，因此心情十分紧张。我想，在杭州时，我经常坐在朱家骅旁边做速记，躲避日本飞机轰炸时，又一起在郊外聊过天，彼此很熟。现在分别时间不长，我相信朱家骅不会不记得我。为了拉近与朱家骅的距离，我决定，在与朱家骅见面时仍称他“主席”，以显示自己是他在浙江省政府时的老部下。

我刚跨进中央党部大门，没想到这么巧，竟然迎面遇到了在浙江省政府时的老熟人，朱家骅的大秘书沙孟海，我心里一下就踏实多了。沙孟海才思横溢，有“江南才子”之称。他为人忠厚，在杭州时，对我就比较关照，曾经提醒我小心那些“文人”。现在要是有沙先生从中斡旋，朱家骅再忙，也一定会接见我的。

沙孟海听我说要见朱家骅，便把我领进会客室，随后叫一个小秘书去向朱家骅通报。稍候片刻，朱家骅就出来了。沙孟海对我笑了笑，就退了出去。

“啊呀，是沈小姐！”朱家骅一见面就热情地请我坐下，问道，“你是从浙江来的么？”

我按照事先准备好的“说词”回答道：是呀！主席！我千里迢迢到武汉来，就是要为党国效劳，请主席栽培，安排个工作。

朱家骅听到我要“为党国效劳”，当然很高兴，说：“这个容易，中央党部秘书处正缺速记员，办个手续就行了。”

我听了也很高兴，心想：这么容易就“打入”了！

可是，突然朱家骅想起了什么，问道：你是不是国民党员？中央党部秘书处的人，尤其是你要担任机要处的速记员，必须是国民党员才行。

这下可把我难住了。因为我事先没有想到会有这个问题，现在又来不及向“八办”领导请示。能自作主张加入国民党吗？

这时我忽然想起董必武、周恩来的谈话。他们曾指示：要抓紧打入国民党中央党部秘书处，此事“非常重要，非常紧迫”。

眼下如果不加入国民党，就会失去打进国民党中央党部的良机，就无法完成党交给的任务。想到这些，我立即回答：我在浙江时还年轻，没有参加，现在我要求参加，可以么？

朱家骅痛快地说：“可以。”转身对秘书说：“你们给她办，特别入党！”

我当时不知道“特别入党”是怎么回事，后来才知道，所谓“特别入党”，就是由三个国民党中央委员介绍加入国民党，手续简单，批准时间快，党证上有个“特”字。持这种党证的党员，在国民党内部被认为是有后台、有来头的。

从中央党部秘书处出来，我一直在回想与朱家骅的谈话，当天夜里很久没能入睡。我想自己不辞劳苦来武汉找党，为的是追随共产党革命、抗日，现在却要加入自己所深恶痛绝的国民党，太别扭了。我像是做错了什么事，十分懊恼。可又一想，如果不同意加入国民党，就完不成党组织交给“打入”的任务啊！

第二天，我早早地来到“八办”，把见朱家骅和加入国民党的情况一一向董必武做了汇报。

我有些忐忑不安地说：朱家骅已同意安排我到中央党部秘书处的机要处当速记员，但他说，只有国民党员才能在中央党部任机要速记员，事情来得太突然，来不及请示，又不能稍有犹豫。我就同意加入了。董老，你看我……

董必武笑了笑，对我说：朱家骅已同意你进入国民党中央党部担任机要处的速记员，这就“打入”了。至于加入国民党的事，你做得对。一个情报人员，就是要机警灵活，要有随机应变的能力，特别要善于隐蔽自己。这是情报工作的特殊需要，有了国民党员的身份，才能取得信任，长期立足。至于你要求加入共产党，我们一定会认真考虑。

听董必武这么一说，我如释重负，感觉心里一块石头落了地。但是心中仍感别扭：进入了国民党机关，那些抗日爱国青年会怎么看我呢？

“你是不是还有顾虑？”董老关切地问，像是看穿了我的心。“记住，今后你要学会忍辱负重。忍辱负重，懂么？”董老加重语气说。

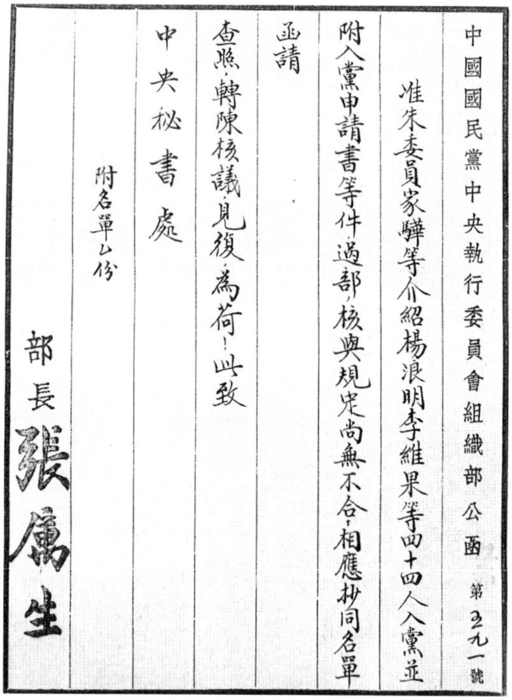

中國國民黨中央執行委員會組織部公函 第三九一號

准朱委員家驊等介紹楊浪明李維果等四十四人入黨並附入黨申請書等件過部，核與規定尚無不合，相應抄同名單

函請

查照，轉陳核議見復，為荷！此致

中央秘書處

附名單乙份

部長 張厲生

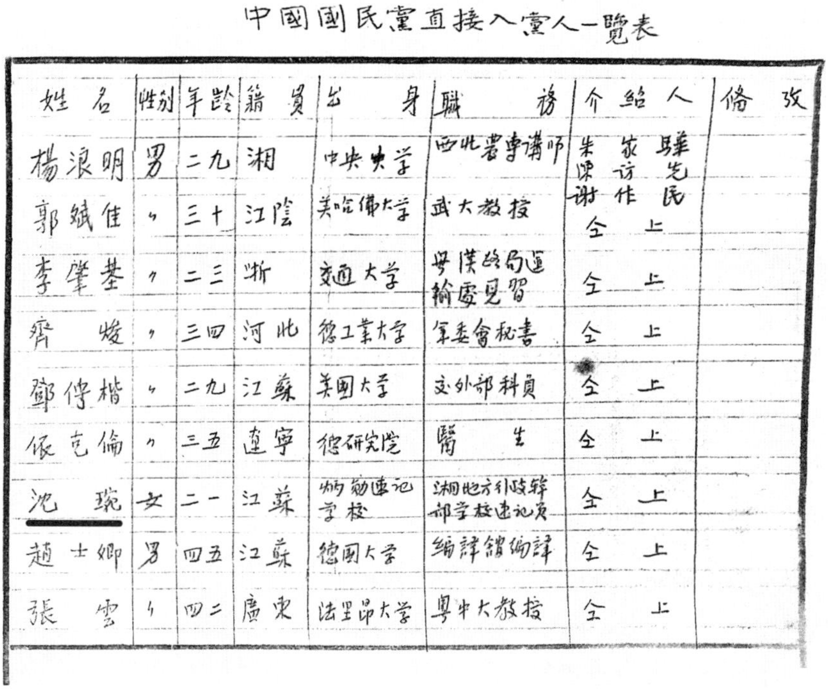

中國國民黨直接入黨人一覽表

姓名	性別	年齡	籍貫	出身	職務	介紹人	備攷
楊浪明	男	二九	湘	中央大学	西北農專講師	朱家驊 陳訪先 謝作民	
郭斌佳	〃	三十	江陰	美哈佛大学	武大教授	仝上	
李肇基	〃	二三	浙	交通大学	安漢路局運輸處見習	仝上	
齊焌	〃	三四	河北	德工業大学	軍委會秘書	仝上	
鄧傳楷	〃	二九	江蘇	美國大学	外交部科員	仝上	
依克倫	〃	三五	遼寧	德研究院	醫生	仝上	
沈琬	女	二一	江蘇	湖南勵速記学校	湖北地方行政幹部学校速記員	仝上	
趙士卿	男	四五	江蘇	德國大学	编譯館编譯	仝上	
張雲	〃	四二	廣東	法里昂大学	粵中大教授	仝上	

1938年6月，朱家骅介绍沈琬等特别入党的相关文件（台湾国民党党史馆保存）

我点点头。我从心里佩服这位充满智慧的长者。后来在中央党部工作时，我每当遇到难题，就会以董老的嘱咐自勉："忍辱负重"，心中便会增添力量。

从"八办"出来，我立即去了邮局，根据周恩来和董必武的指示，我给明之发电报，要他尽快来武汉。

在国民党"特别入党"的党证批下来之前，朱家骅安排我到他主管的"管理中英庚款董事会"工作。当时负责"庚款会"日常工作的秘书长是朱家骅的亲信杭立武，朱家骅让我任杭立武的速记秘书，给我发一份工资，并在该会女宿舍给我安排了一个床位。接着我就从王汝琪那里搬了出来，并再次给明之发电报，催他立即来武汉。

担任国民参政会速记员

1938年7月6日，国民参政会一届一次会议在武汉开幕。国民参政会是抗日战争时期国民政府成立的最高咨询机关，是各阶层各党派合作抗日的象征。参政员由国民党政府"聘请"，形式上包容各抗日党派的代表，但实际上国民党党员占绝大多数。参政会实际上对国民党政府的政策、措施没有任何约束力①。

会议工作人员都是由国民党中央党部机要处的人员兼任。而那时，我的国民党"特别入党"手续还没办好，还没有正式进入中央党部。为了给我先安排个临时工作，朱家骅便让秘书通知机要处长，让我和机要处的一位老速记员一起，担任国民参政会的速记员。就这样，我坐到了国民参政大会的速记席上。

在此之前的4月上旬，国民党五届四中全会制定了《国民参政会组织条例》，条例第一条写道："国民政府在抗战期间，为集思广益，团结全国力量起见，特设国民参政会。"根据条例规定，参政员总额220名，由各省市及

① 抗日战争胜利后，国民政府召开"国民大会"，国民参政会便于1947年5月第四届第三次大会后撤销。

团体遴选“著有声望，努力国事，信望久著之人担任”，并经国防最高委员会核定。

中共方面参加第一届一次会议的参政员是毛泽东、陈绍禹（王明）、秦邦宪（博古）、董必武、林祖涵（林伯渠）、吴玉章、邓颖超。除毛泽东因事请假外，其他六人出席了会议。

六人中，我已经在“八办”见过四位，只有林伯渠、博古是第一次看见。当时，董必武、吴玉章和林伯渠都已年过半百，王明、博古和邓颖超只有三十多岁。

大会由议长汪精卫主持。汪精卫是国民党元老，早年在日本追随孙中山，成为同盟会的中坚。1910年3月因刺杀清朝摄政王载沣（未遂）被捕入狱，被革命党誉为大英雄。辛亥革命之后，又与孙中山一起发动反对袁世凯的“二次革命”，在国民党内享有很高的威信。孙中山逝世后，他接替孙中山成为国民党的最高领导人。因受蒋介石的排挤，他曾多次出国“休息”。1938年3月，国民党在武汉召开临时全国代表大会，蒋介石出任国民党总裁，汪精卫当了个副总裁。随后出任国民参政会议长。汪精卫才貌双全，被誉为国民党领袖中的“美男子”。在参政会上，我第一次见到汪精卫，发现他的口才确实不错，古文功底很深，讲话不用讲稿，记录下来一字不改，就是一篇完整的文章。

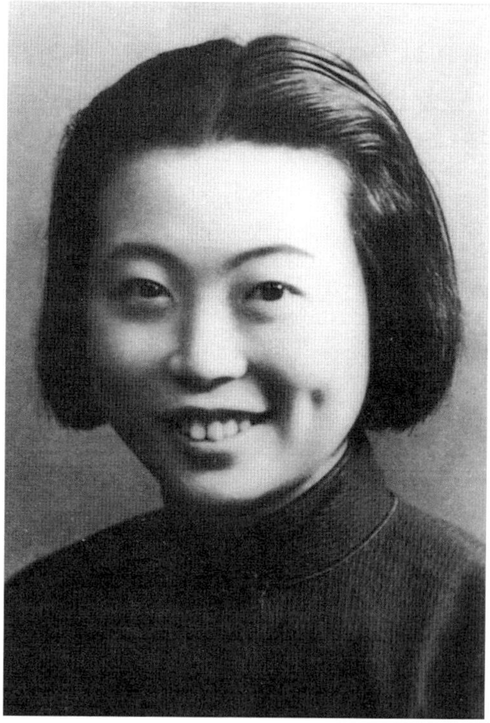

1938年，沈安娜在武汉

在这次大会上，我更多关注的是中共领导，我尽力抑制兴奋的心情，专心致志聆听他们宣传抗日救国的政策和主张，宣传中共抗日民族统一战线的方针，讲述八路军、新四军和中共领导的敌后游击队英勇抗击日寇的事迹，深受教育。我也亲眼看到中共代表如何对国民党上层人士既团结、又斗争的策略，深受启发。

在速记中共代表的发言时，我的心情非常舒畅，他们的讲话义正词严，坚定有力。而国民党代表的发言，多是陈词滥调，少有新意，有的话让人听了心里生厌。但是，从事秘密情报工作已使我养成了一种职业习惯：凡是听到有情报价值的讲话，不管多么令人生厌，我都会马上全神贯注，流畅准确地记录下来。

会议休息时，中共参政员与大会工作人员亲切交谈。我不便靠近，只能远远地多望他们几眼。我能感受到笼罩在中共参政员周围的那种友好氛围，那种亲和力。我也利用这次会议，跟在老速记员后面，恰到好处地与国民党方面的代表寒暄致意。

根据周恩来和董必武的指示，我连续给明之发了两封电报催他速来武汉。不巧的是正好浙赣铁路局派他去宁波出差，因此明之没有及时看到电报，直到8月初，他才赶到武汉。

当明之知道我找到了“八办”，并受党组织的派遣，即将进入国民党高层机关做情报工作，他高兴万分。

我将在长沙参加妇女训练班、武汉路遇鲁自诚和去八路军办事处接受了特殊任务前前后后的情况，全都告诉明之，特别详细讲述了在“八办”见到董必武和周恩来的过程，明之听得入了神。

我说：现在我们终于找到了党，结束了颠沛流离的生活，今后的一切都有了希望、有了方向。我们要遵照党的指示，做好充分准备，迎接新的特殊任务。

明之感叹道：你比以前成熟多了。

1938年8月，明之刚到武汉没几天，形势就变得日趋严峻起来。日军步步进逼，作为全国抗日运动中心的华中重镇武汉，正面临陷落的危险境地。

中共参政员董必武得知国民参政会包租了一条轮船，准备将参政会迁往重庆，便立即通知我，让我和明之设法搭乘参政会的包船离开武汉。董必武特别关照：华明之来不及在武汉向“八办”报到，可到重庆后再接党的关系。他还嘱咐我：抓紧时机办好打入国民党中央党部的手续。不要只看到眼前的国共合作，今后形势还会变化，斗争也会更复杂，情报工作非常重要。要随时注意形势变化，注意隐蔽、保密。另外，你们夫妻俩不要同时在我党公开机构露面。

我根据董必武的指示，立即去参政会秘书处，请求搭乘参政会的包船去重庆，很快便得到批准。“庚款会”领导也同意了。于是我和明之匆匆收拾了行李，准备离开武汉。

我们与鲁自诚一家是至亲，此时华韵三第一次分娩，是一个男孩，本来应该多帮助照顾，但是，由于秘密工作的需要，我和明之遵照董必武的指示，只好暂时不与鲁自诚联系。甚至在离开武汉时，也没敢去向鲁大哥、韵三妹告别。我们随参政会的包船逆流而上，开赴重庆。

新的战斗征程，正在等着我们。

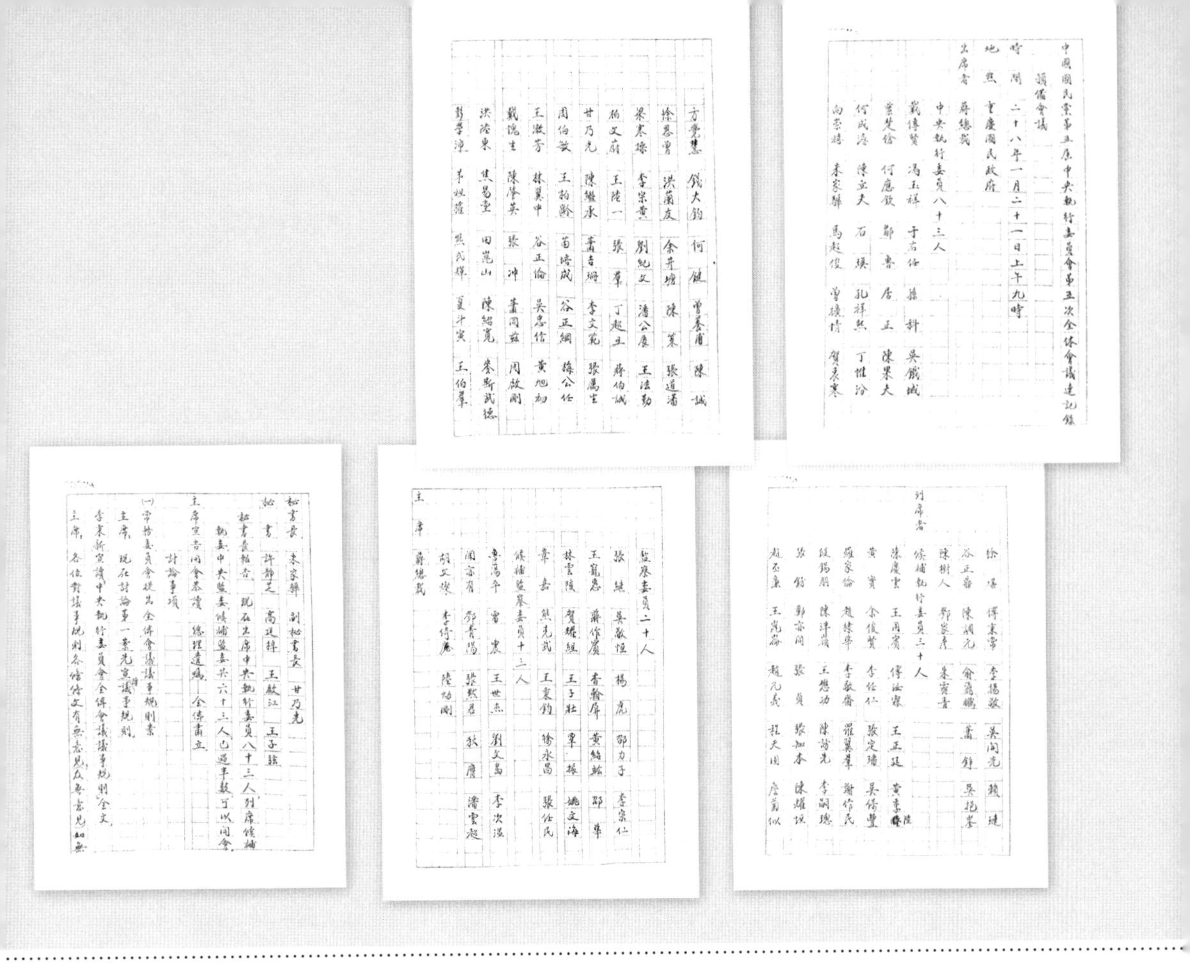

六、获取国民党五届五中全会情报

(1938 年夏—1939 年夏　在重庆)

雾罩陪都

船行数日，到达重庆已是8月下旬了。

重庆是一座山城，市区依山而建，正好处于长江、嘉陵江及成渝、襄渝、川黔铁路交汇点上。20世纪30年代它已经是西南的工商业中心和长江上游水陆交通枢纽。

可是重庆作为西南工商业中心、交通枢纽，它的市政建设就显得相当落后。全市那时只有三条比较像样的马路，一路公共汽车。因为大部分街道都是在山上盘来盘去，路很窄，很多地方是上坡下坎的台阶路，只能走人，不能行车。所以重庆抬滑杆的和挑夫就特别多。一些从船上卸下来的大件物品，要很多人，有时多达几十人才能抬走，那种场面非常壮观。为了步调一致，挑夫们必须合着有节奏的号子声，才能同时运步。那号子声高亢雄浑，节奏沉稳，销魂夺魄。

在乘船来重庆的路上，我和明之就已领略了川江号子的神韵。有很多逆流而上的小轮船，由于马力不足，在一些激流航段，需要纤夫拉纤才能上行。长江沿岸有许多纤夫在那里等活儿。遇到需要拉纤的小轮船，他们就一拥而上。船上放下一根很粗的缆绳，纤夫们三五个人一组，把绳子套在肩上，吃力地躬着身子，一步步向前挪动双脚。纤夫们年纪大的有五六十岁，小的只有十几岁。他们衣衫褴褛，有的干脆赤裸脊背，只穿一条短裤。他们古铜色的背上闪着油亮的汗珠。为了步调一致，领头的纤夫就带领大家唱起川江号子。抗战爆发，国人同仇敌忾，川江号子也增加了浓郁的抗日色彩："好男当兵上前线，抗日队伍出四川。坐上大船到武汉，武汉战火扯得宽。哪怕飞机丢炸弹，哪怕四处起狼烟……"

从武汉到重庆的一路上，我和明之心情异常沉重。长江航道历来有黄金水道之称，可是如今这黄金水道却成了中国人向大后方撤退的通道。大小船只不计其数，它们有的满载着各种货物、有的挤满了难民，逆流而上，使航道显得异常拥挤、紊乱。岸上是扶老携幼、肩挑手提、向西撤退的难民和从战场上撤下来的国军伤员。日寇的战机不断前来空袭，他们掌握了制空权，于是肆无忌惮地向两岸手无寸铁的难民和根本没有自卫能力的伤员以及江中的民用船只俯冲扫射、投弹。被击中的轮船冒着黑烟，停泊在江面上，然后慢慢地，慢慢地沉没了。江面上漂浮着死难者的遗体和行李、包裹……

"感时花溅泪，恨别鸟惊心。"从去年八一三至今，我们俩和儿子、母亲、姐姐分别已经整整一年了，可是家里的消息一点也没有。眼前所见到的是在日寇的铁蹄下，自己的同胞颠沛流离、生离死别、生灵涂炭……这一切不由得使人触景生情，格外思念远方的亲人。然而轮船却无情地在向西缓缓行进，离上海、离泰兴越来越远了……

重庆到了。这里本来只有20万城市人口，然而抗日战争爆发后，东北、华北、华东地区的难民像潮水般地涌了进来，于是人口急剧膨胀，市民的衣、食、住、行骤然成了当局难以解决的棘手问题。街头巷底难民、乞丐、伤兵、无家可归者比比皆是。他们衣食无着，居无定所，沿街乞讨，随地便溺，重庆的排水系统本来就很落后，加上市民的生活污水到处乱泼，于是整个重庆，尤其是生活在下半城的重庆百姓，简直就像住在垃圾堆上。更让我们不习惯的是重庆的雾。一到雾季，整个重庆仿佛每天都被笼罩在迷雾之中，这可真是个名副其实的雾都。

我到达重庆以后，朱家骅安排我先去"管理中英庚款董事会"报到，我和明之住在该会西二街22号的宿舍。然后我马上去找已在第一次国民参政会上认识的中央党部秘书处机要处的处长、科长，以及速记同行打听消息，目的是早点办理"特别入党"手续，正式成为中央党部的速记员，以便马上投入特殊的秘密工作。可是，1938年秋天的重庆，已是国民政府的陪都。国民党党、政、军各机关，大大小小的官员都在忙着抢房子、抢官职、安置家眷，工作没有头绪，我"特别入党"的手续未能及时办妥。

到重庆后，我在明之的帮助下，很快就找到了"八路军、新四军驻重庆通讯处"(1939年1月，中共中央南方局成立，"通讯处"同时改为"八路军办事处"，正式对外公开挂牌)所在地——机房街70号。由于在离开武汉时，董必武就交代我嘱咐明之，不要夫妻俩同时在我党公开机构露面。因此，我独自一人去了"通讯处"。我之所以要去"通讯处"，为的是让党组织知道我的落脚点，以便联系。

我到“通讯处”一看，房子很小，地处闹市，门前人来人往，看样子还没安置妥当，只有几个工作人员在收拾办公室。我没有见到一位领导，也没有久留，便退了出来。

那时重庆的抗日气氛很浓，抗日救亡文化活动十分活跃。像我在武汉时看到的一样，到处都有演讲会、读书会，大街小巷贴了很多抗日标语。如“向前走，莫退后，拿我们的血与肉，去拼敌人的头”等等，十分震奋人心。街头还经常看到宣传抗日的活报剧。

明之和我到重庆后，很自然地就被卷进了抗日宣传的洪流。明之当时还没有正式工作，在临时宿舍也待不住，便参加了“基督教青年会”歌咏研究社的活动。歌咏研究社，一半是本地人，一半是“下江人”（指长江下游的人），都是爱国青年，专唱救亡歌曲。歌咏社有个训练班，由贺绿汀等音乐家任教。明之是个男高音，嗓音高亢洪亮，他被大家推举为领唱和指挥。他组织能力强，能团结人，虽然年龄不是最大，但大家都叫他“华大哥”。于是他很快成了歌咏社的主角、骨干。歌咏社都是晚上活动，或者是周日到重庆郊区乡镇演唱救亡歌曲，演出活报剧。

就在这时，明之经人介绍，认识了从武汉撤退来重庆的“东北救亡总会”

1938年秋，沈安娜（后排着浅色风衣者）、华明之（前排蹲立者左一）参加抗日宣传活动

的徐仲航。当时徐仲航住在“青年会”的二楼，晚上常下楼到歌咏社坐坐。他注意到领唱的男高音华明之，思想进步，举止稳重，谈吐不凡，比较可靠，就开始接近他。我当时在“庚款会”上班。我虽然很羡慕这些活动，但是我明白，自己不久要进入秘密工作，因此没有公开参加进步组织，只是偶尔在晚上到歌咏社跟着明之等人学唱抗战歌曲。不久也认识了徐仲航。开始徐仲航并不知道明之和我是夫妻，彼此都不清楚对方的真实政治面目。唱歌结束后，徐仲航有意留下明之和我，以及另外几个比较活跃可靠的进步

1938年秋冬，沈安娜、华明之在重庆嘉陵江畔

青年，和我们谈形势，宣传中共统一战线的思想，还学习讨论艾思奇的《大众哲学》。这本书我和明之在杭州时已读过，现在经徐仲航辅导，理解得比以前更深了。我们觉得老徐的理论水平很高，对他更加佩服。徐仲航是东北人，性格豪爽，待人热情，有一副侠肝义胆。我、明之和那些进步青年都非常尊重他，称他“徐大哥”。

初到重庆的我和明之，与来自祖国各地的流亡青年和政治精英聚集在一起，被这里的政治气氛所感染，很快适应了重庆的气候和生活，并融入了浓厚的抗日氛围之中。

重庆，由于它特殊的地理位置，成为国民政府的“陪都”。当时日本军队已侵占了大片中国土地，兵力已十分有限。1938年10月以后，抗日战争进入战略相持阶段。

“特别入党”——打入国民党

不久，中央党部的速记同行告诉我，我“特别入党”的手续很快就要办妥了。他还告诉我，10月下旬，要召开一届二次国民参政会，我会继续担任会议速记。我和明之意识到，马上要进入秘密的特殊斗争，明之也不能再参加公开进步活动了，于是便悄悄退出了歌咏研究社。

我和明之明白，此时最要紧的是与党组织接关系。于是我再次去了八路军通讯处。我已经有了在浙江省政府做秘密情报工作的经验，为了安全、保密，我身上连一张纸片也没带。到了机房街70号我党“通讯处”门口，我仔细观察了一下，确认周围没有中央党部的熟人，于是就用草帽半遮住脸，溜了进去。这一次，我终于见到了刚刚到达重庆的董必武。

我向董必武汇报了我和明之在西二街22号“庚款会”的临时住处，以及我打听到的国民党中央党部机关组织和人事情况，最后说：听同事讲，我的所谓“特别入党”或叫“直接入党”的手续很快就要批下来了。

我特别强调“所谓”二字，董必武听了，明白我的用意，高兴地说：有了这个“特别入党”就可以顺利进入中央党部了嘛！你要注意了解国民党的动向，有重要情况及时报告。

我点头说：明白。

董必武又叮咛道：你转告明之同志，叫他不要到“通讯处”来，组织上会派人到你们的住处和明之接党的关系。并约定联络暗号为有节奏的敲门声：嗒—嗒嗒—嗒。

我从董必武的房间里出来，在走廊上意外地碰见了邓颖超大姐。我高兴极了，像上次在王汝琪家一样，邓颖超热情地拥抱了我，紧紧拉着我的手，找个地方坐下，关切地问：你什么时候来重庆的？

我回答：是董老让我和明之一起搭参政会的包船来的。

接着，我向邓颖超汇报了在武汉时董必武和周恩来要我打入国民党中央党部的情况，以及来到重庆的近况。邓颖超认真听着，嘱咐道：今后你担负着特殊秘密工作的重担，一定要注意保密。千万要记住啊！

我使劲点头，表示记住了。邓大姐讲千万要保密，我想起在长沙时我不保密的一件事，便向邓颖超检讨说：今年春天在长沙湖南行政干部学校妇女训练班时，因为找党心切，我悄悄地向同宿舍的罗叔章大姐讲了自己参加秘密工作的事，没注意保密，罗大姐当时就制止了我。

邓颖超严肃地说：就是自己的亲人，你的地下秘密工作身份也不能随便讲啊！保守机密是严肃的纪律，你要找的目标是武汉“八路军办事处”，你的身份只有到那里才能讲。

我想起刚到武汉和重庆时的经历，继续说：刚到武汉、重庆时，抗日气氛很浓，我和明之忍不住先后参加了进步团体读书会和歌咏研究社。自从党组织交代我今后仍做原来的秘密工作，我和明之就停止了这类公开进步活动。

邓颖超说：这才对！现在虽然是国共合作时期，但斗争很复杂。你如果暴露了进步面目，就有可能成为今后情报工作的隐患。

邓颖超亲切地拉着我的手，语重心长地说：小沈，你要好好努力呀！

我连连点头说：我一定努力！

几天后，我加入国民党的“特别入党”手续办妥了，是由国民党中央党部秘书长朱家骅和另两个中央委员三人联名介绍的。党证编号前标有一个“特”字，这在国民党内很吃香。“特别党证”一批下来，朱家骅亲自指示机要处长张寿贤，安排我正式成为机要处的机要速记员。此时是1938年

沈安娜使用的速记符号

10月。自此，我就天天在位于上清花园的中央党部秘书处办公楼内上班。

机要处原有一个老速记员叫徐漂萍，年纪比我大十几岁，正需要年轻人当助手。我欣喜地发现，徐漂萍的速记方法是“张才速记法”，而我用的是“炳勋速记法”，不同的速记法互不相通，我看不懂徐漂萍的速记符号，徐漂萍也看不懂我的速记符号。为了提高记录速度，也为了保密，我后来还自己创造了一种速联符号，即使与炳勋速记教科书对照，别人也无法识别，这如同独创的一种密码，对我从事秘密工作十分有利。

我是国民党各机关速记同行中唯一的女性，年纪最小，毛笔字端正，一般人的语速，能一字不落、准确无误地记录下来，因此受到上司的赏识。

我到机要处上班不久，徐漂萍就升为科长。张处长和徐科长以及其他同事都知道我是朱家骅的老部下，又是朱家骅介绍“特别入党”，并亲自安排我进入中央党部秘书处机要处的，所以都很信任我、器重我。

进入中央党部以后，我才逐步了解国民党机构和公文程序的繁杂以及上下级同行之间微妙复杂的关系。国民党机关各重要部门都有自己的速记员。中央党部秘书处机要处的正式速记员只有徐漂萍和我两人。我们不仅要担任国民党中央全会（一般每半年到一年开一次）和中央常务委员会（简称“中常会”，一般每两周开一次，是国民党最高决策机关）的速记，有时还要担任国民政府军事委员会、国防最高委员会、中央训练团和蒋介石指定的小范围

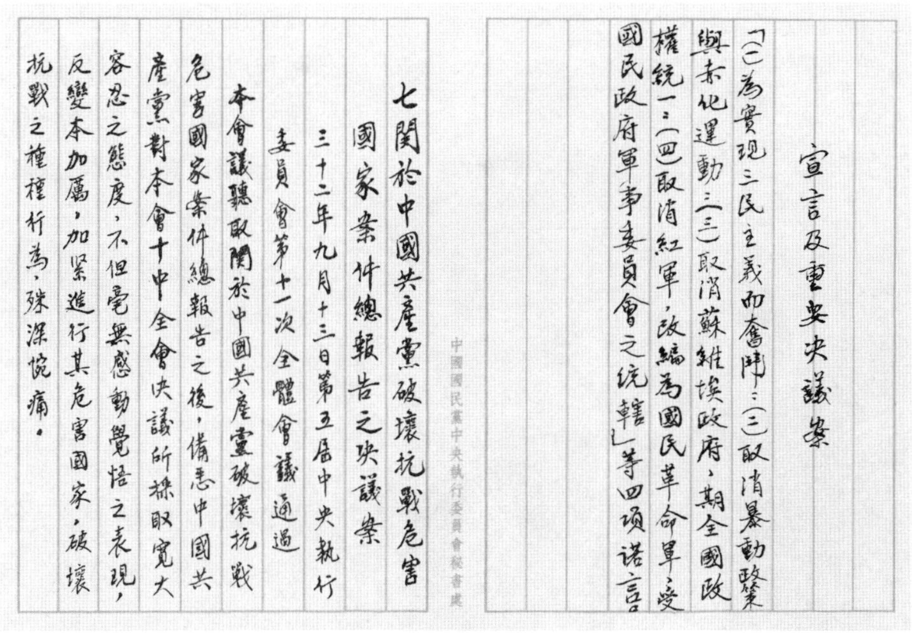

宣言及重要決議案

「(一)為實現三民主義而奮鬥;(二)取消暴動政策與赤化運動;(三)取消蘇維埃政府,期全國政權統一;(四)取消紅軍,改編為國民革命軍,受國民政府軍事委員會之統轄」等四項諾言

中國國民黨中央執行委員會秘書處

七 關於中國共產黨破壞抗戰危害國家案件總報告之決議案

三十二年九月十三日第五屆中央執行委員會第十一次全體會議通過

本會議聽取關於中國共產黨破壞抗戰危害國家案件總報告之後,備悉中國共產黨對本會十中全會決議所採取寬大容忍之態度,不但毫無感動覺悟之表現,反變本加厲,加緊進行其危害國家,破壞抗戰之種種行為,殊深憤痛。

2002年,87岁的沈安娜在她保存的“中国国民党中央执行委员会秘书处”空白公文纸上,用毛笔抄写的国民党会议反共文件。

高层军政绝密会议的速记工作。蒋介石是国民党总裁、军事委员会和国防最高委员会委员长,后来还是国民政府主席,党、政、军大权独揽,党、政、军最高决策层的会议,都由蒋介石主持。按规定,凡是蒋介石主持的会议,至少有两名速记员在场,以便互相弥补漏记误记之处。

所有这些会议的速记工作,都由科长徐漂萍和我担任,有时二人忙不过来,徐漂萍就会叫他的亲信(晚辈和学生)居正修帮忙。居正修先在国民党党史会,后在国防最高委员会担任速记员。国防最高委员会开会,也必须二人速记,居正修一人不行,徐漂萍便指定我去协助。如果开国民党中央全体会议,就由徐漂萍出面,向各部门临时借调速记员帮忙。当然这都要经过机要处长张寿贤认可。

我在中央党部秘书处机要处正式上班以后,立即就知道了很多重要的高层机密,这对一个从事秘密情报工作的人来说,就好比地质勘探人员发现了一个正是自己要找的富矿,欣喜万分。

我首先获悉的是,国民党开始筹备召开五届五中全会,文件草稿中竟然

1984年6月，沈安娜、华明之在重庆上清花园国民党中央党部秘书处旧址前合影

透露出反共的内容。董必武和周恩来几个月前派遣我打入国民党中央党部，真是英明，真是高瞻远瞩！机会抓得太及时了！

而在此时，我的心情却很复杂。如果不是我亲眼所见，亲耳所闻，我怎么也不会相信，在全国人民团结一致共同抗日的大好形势下，国民党上层人物竟敢冒天下之大不韪，精心策划假合作、真反共的阴谋。

那时党组织还没有为我们指定联系人，董必武不让我们夫妻两人同时在党的公开机构露面。我获得这个情报后，迫不急待地想报告给党组织。我与明之商量：国民党筹备的五届五中全会会议文件的草稿中，我看到有反共内容，应该尽快上报。

明之说：对，应该尽快上报，但是组织上还没有和我接上关系，通讯处的人都不认识我。现在要报，恐怕只能你去了。

我坚定地说：好！我去。但白天去容易被熟人发现，我晚上去吧。

于是我们决定，当天晚上趁着夜色，由明之护送我到“通讯处”向领导汇报情况。

从我们临时住的西二街到机房街70号距离不远，我们出门以后，两人始终保持一段距离，向机房街走去。如果发现情况，明之就给我发暗号。在“通讯处”附近，明之找了一个隐蔽的地方为我望风。

我趁无人注意，一转身走进“通讯处”，指名要见董老。工作人员马上向董必武报告。不一会儿董必武就出来了。董老一边高兴地叫：“小速记”，一边招呼博古①和王明也来听我汇报。

董必武叫工作人员到门外街上买了五香豆腐干和花生米来招待我。当时大家生活条件都很清苦，我与几位领导人共享豆干和花生，感到味道特别好，气氛特别温馨。

我向董必武、博古和王明汇报说：我刚了解到，国民党中央已开始筹备召开五届五中全会，文件草稿中有反共的内容。

董必武等领导顿时警觉起来。

“都有哪些内容？说得具体点。”董必武神情严肃地问道。

“目前还不太具体。”我说，“大意是要把共产党取消掉。如达不到目的，再采取限制共产党的措施。”

董必武与博古、王明交换了一下眼色。他们清楚地知道，蒋介石多次提出国共两党要“合并为一个大党”的意向，被周恩来等中共领导人予以驳回。现在，国民党即将在中央全会上提出这个问题，写在文件中，看来是要“强制执行”了。他们感到我在五中全会开会前、在文件正式出台前，提供这一情报很重要。

董必武指示我道：情况很重要。你要继续了解五届五中全会的内幕，及时报告。要正确认识国民党顽固派的反共本质，认真分析他们的动向。你今后重点搜集国民党党务、政治、军事、特务和人事等方面的情报。博古告诫：要特别注意隐蔽和保密！

我把董必武和博古的每一句话都铭记在心里。

“华明之什么时候与党接关系？”我迫不及待地问。

---

① 博古（1907—1946），原名秦邦宪，江苏无锡人。1925年加入中国共产党。1926年赴苏联学习，1930年回国。1931年9月，中共临时中央政治局在上海成立，被补选为中央常委，并负总的责任。1935年1月遵义会议后，被取消中共中央总负责人职务，任中国工农红军总政治部代主任。1937年任中共中央组织部部长，1938年、1939年任中共中央长江局、南方局组织部部长。1946年2月到重庆参加同国民党的谈判，4月8日由重庆返回延安途中因飞机失事遇难，为“四八烈士”之一。

董必武说："组织上会马上派人与华明之接关系。我们研究了，会派可靠的同志今后直接领导你们的秘密工作。"

然后我们约定了时间和地点，联络暗号照旧。董必武向我交代完后，与博古、王明交换了一下眼光，点了点头。

我离开"通讯处"时，董必武又派人远远护送我，直到被隐蔽在暗处的明之接应为止。

王明与华明之接党的关系

1938年10月25日汉口陷落。10月28日，国民参政会一届二次会议在重庆召开。此时我已进入国民党中央党部，照例被派去担任参政会速记。

当时，中共中央正在延安召开六届六中全会（1938年9月26日至11月6日），大部分中央委员到了延安，在渝的中共参政员只有董必武、博古和邓颖超三人。中共方面已敏锐地洞察到国民党亲日派汪精卫等人的投敌动向，为了争取蒋介石继续一致抗日，周恩来建议，中共参政员尽量都去参加会议。党中央同意在延安和西安的王明、吴玉章、林伯渠等赶赴重庆出席这次参政会，争取在会上多做各方面的工作。

中共代表提交了"加强民族团结、坚持持久战、争取最后胜利"的提案。提案中明确提出：任何人如果有妥协投降的阴谋，即等于民族的败类和叛徒，全民族应群起而攻之。

坚持抗战还是屈膝投降，是当时政治形势的焦点，也是这次参政会的中心议题。国民参政会议长、国民党副总裁汪精卫，正是日本人劝降的主要对象。他和追随他的一伙人或明或暗地在重庆大放"和平烟幕"。中共参政员指出："严惩汉奸傀儡民族叛徒、打击日寇以华制华之诡计、促进抗战胜利。"就是针对汪精卫的。

爱国华侨领袖陈嘉庚也是参政员，因故没有出席会议。他从新加坡发来电报提案，只有短短11个字："官吏谈和平者以汉奸论罪！"按会议规则，提案须有12位参政员联署才能列入大会讨论。陈嘉庚这11字的电报提案一到会场，短短几分钟内，联署的参政员已超过20位。

按惯例，议长在提案讨论时，要将提案的题目朗读一遍。我在旁边看得清楚，汪精卫在朗读陈嘉庚的“官吏谈和平者以汉奸论罪”时，本来长得颇为端正的脸一下子扭曲了，变得十分难看。

参政会期间，我坐在速记席上，认真作大会记录。会议休息时，我向中共参政员董必武、邓颖超、吴玉章、王明、博古、林伯渠等只微笑致意，没有说话。

在武汉的第一次参政会上，我就认识了国民党及其他党派的高层人士，这次会上又见面，就是熟人了。我主动与国民党高层人士打招呼寒暄，唯独与中共方面的参政员保持一定距离，免得引起别人的注意。

一个星期天的下午，是董必武和我约定的组织派人来与华明之接党的关系的时间。正巧国民参政会下午休会，我提前回家，与明之一起在家里焦急地等待。董必武事前没有告诉我派谁来，我将我见过的几位领导的姓名和体貌特征一一向明之介绍，但此时我们只能以联络暗号作判断。约定的时间到了，没有如期响起敲门声。我当时有些坐立不安，生怕错过时机，误了大事。明之则因为与党组织接关系的心情非常急切，神情显得更加紧张。

我们当时住在西二街22号“管理中英庚款董事会”办事处宿舍二楼一间不大的房子里。二楼只住了四户人家，楼下好像还有空房，白天显得非常安静。明之与我对望着，都不说话，我们在用眼神互相安慰：再耐心等等。

约定的时间刚过了一会儿，忽然传来期待已久的敲门暗号：嗒—嗒嗒—嗒。

明之迅速上前开门，只见闪进一位三十来岁，个头儿不高的男子。明之不认识他，刚要开口问话，我一眼认出来人是王明。我在汉口听过他的公开讲演，在武汉“八办”、重庆“通讯处”和国民参政会上又多次见过面。显然王明就是与明之来接关系的领导。

王明当然认得我，热情地和我打招呼。

我给王明和明之互相做了介绍。

王明对明之说：华明之同志，董老让我来与你接党的关系。

董必武是中国共产党的创始人之一，当时已五十多岁，德高望重，王明很尊重他。有一次我在“八办”看见董老让王明去办一件什么事，董老话还没说完，性急的王明起身就走。

王明曾经身居高位，当过中共中央代理总书记和中共驻共产国际代表，在武汉时任中共中央长江局书记。此时根据党中央六届六中全会决定，他不担任长江局领导，但还是中央政治局委员。我和明之当时并不了解王明在党内的职务和过去的经历，只知道他是和董必武、周恩来一样的高层领导人，是值得信赖的。且现在正值国共合作高潮，王明是国民参政员，有公开身份，行动方便。此前他与我已经见过几次，还是比较熟悉的。

王明显得非常平易近人，一见面就开门见山地对明之说：你1934年入党后，做秘密情报工作。沈琬1935年参加革命，也做情报工作。你们俩这一段政治经历，在武汉已有党内可靠的老同志证明，党组织完全信任你们。现在沈琬已打入国民党中央党部，为党搜集情报。明之同志，今后，你要在政治上、工作上多帮助她。关于沈琬要求入党的事，组织上一定会认真研究。

我和明之向王明汇报了这段时间国民党各个机关到达重庆后的一些情况，他听得很认真，并不住点头。

最后，王明告诉我们：党组织决定，派有经验的老党员吴克坚同志直接领导你们今后的情报工作。他不久会与你们联系的。为了慎重，王明又介绍了吴克坚的体貌特征，确定了联络暗号，让我们在家等待吴克坚来联系。

王明交代完毕，随即起身与我们握手告别，一共只有短短十几分钟。我们不便送王明出大门，只送到楼梯口就回屋了。

非常凑巧，那天下午因为国民参政会休会，参加会议的其他部门两个速记员黄先生和聂先生闲着没事，就说：“沈琬家离这里很近，咱们去她家看看吧。”王明与我和明之接头出来，下楼后刚走到22号大门口，就碰上了黄、聂二位。

“这不是陈绍禹么？”黄先生望着王明的背影，小声对聂先生说。

王明经常在国民参政会和其他公开场合露面，很多人都认识他，知道他是中共方面的参政员。

“嗯，没错，是他。”聂先生说。

“他到这儿来干什么？”黄先生感到奇怪。

“谁知道？管他呢！”聂先生说。

在我们家里，他们没有提他们在楼下大门口见到了陈绍禹，故我对此一无所知。

第二天，黄先生在办公室对速记科长徐漂萍说：昨天我们去沈琬家，你猜在大门口看见谁了？陈绍禹！

徐漂萍听罢一愣，然后用责怪的口吻说：你也真是多事！楼内住户很多，谁知道陈绍禹去了哪家？再说，沈小姐活动能力强，交际广泛，就算是跟参政员来往，又有什么稀奇？真是少见多怪！

黄先生没再说什么，这件事情似乎就过去了。后来徐漂萍将此事经过告诉了他的亲信居正修。居正修嘴巴很紧，未再传给别人，所以在中央党部从来没人提起此事。我当然也一直不知道。

过了整整60年之后，重庆的《红岩春秋》杂志（1998年的第三、四、五期）发表了何蜀撰写的我们地下工作经历的文章《纤笔奇兵》，被居正修看到了，他随后在《红岩春秋》（1999年第四期）上发表了一篇回忆文章《和沈安娜一起速记》，披露了黄、聂二人在我住处门口与王明相遇一事。直到这时候，我才知道当年还有过这么一段“险情”。现在回想起来，我还有些后怕。如果不是徐科长说了那番话，此事若张扬出去，后果难以料想。因为王明毕竟是共产党的高级领导人，如果细查起来，我的处境就会有危险。我们觉得，此事能够化险为夷，主要是由于当时“国共合作，一致抗日”的特殊历史背景。此外，就是我与顶头上司及同事们相处得好，他们不自觉地、无形中掩护了我。回首往事，我常常由衷

居正修1940年摄于重庆

地感谢这些正直的同事们。

王明与明之接上关系的第二天——星期一，参政会继续开会。

11月6日，国民参政会一届二次会议结束。非常巧，中共中央六届六中全会也是这一天结束的。由于中共方面继续坚持抗日民族统一战线，积极团结国民党和各方主张国共合作、坚持抗日的人士，使这次参政会挫败了汪精卫假和谈、真投降的阴谋。

党组织派来直接领导人——吴克坚

与王明分手后我与明之天天晚上在家里等待吴克坚的到来，足足等了一个星期。此前，我们谁也没有见过谁。彼此只能用事先约好的敲门暗号来判断。11月中旬一天晚上，约好的暗号，“嗒—嗒嗒—嗒”的敲门声响起来了。明之马上去开门。眼前是一位看上去十分精明干练的中年男子。明之马上把他让进屋。双方都根据此前的介绍，判定没有错。

36岁的吴克坚， 1936年摄于法国巴黎

来人自我介绍说：我叫吴克坚。

我高兴地说：老吴同志，我是沈琬，自己人都叫我安娜。

吴克坚和我亲切握手：安娜同志！

明之说：我是华明之。

吴克坚又和他紧紧握手：明之同志！

寒暄过后，吴克坚在一张竹椅上坐下。他机敏地环视了一下屋里的环境，又仔细打量着我和明之。我们也注视着这位新领导。

吴克坚长得很端正，脸上棱角分明。他说话时面带微笑，显得平易近人。即使是部下，在与他相处时都不会感到拘谨。

吴克坚[①]原名吴黑撑。从参加共产党的那天起，改名为吴克坚，他的原名已经很少有人知道。

1930年他就在周恩来的直接领导下，从事秘密情报工作，担任中央特科秘书。根据党的秘密工作的需要，他在白色恐怖极其严重的形势下，将妻儿老小从湖南老家接到上海，以自己的家庭来掩护党中央机关。中央政治局的会议曾多次在他家里举行。1931年顾顺章叛变后，他协助周恩来和其他中央领导迅速转移，为掩护和营救同志，作出重要贡献。1931年底，他受党中央委派，撤离上海，前往苏联，到莫斯科国际列宁学院研究班进修。1932年6月抵达苏联。1936年3月到法国协助吴玉章编辑《救国时报》（巴黎版），后担任该报主编。1937年七七事变后，党组织决定派他去美国办报，他报国心切，一再请求回国抗战，并说："宁作战死鬼，不作老华侨。"1938年初，周恩来电召吴克坚："立即回国，共赴国难。"吴克坚回国后，任中共中央长江局副秘书长，兼《新华日报》总编。同年10月25日武汉沦陷，他与报馆撤退到重庆。1939年1月，任中共中央南方局常委、兼管情报工作，还担任《新华日报》总编辑。周恩来和董必武派吴克坚这样一位有丰富秘密工作经验的老同志来领导联系我们，足见党组织对我们工作的重视。

吴克坚向我们讲述了当前的斗争形势、党的抗日民族统一战线政策和对国民党统治集团的总方针。

他对我说：你当前的任务是，搜集国民党高层对抗战和对我党的态度、

---

① 吴克坚(1900—1986)，湖南省平江县人。1924年冬加入中国共产党，后在周恩来领导下，从事党的秘密情报工作。1930年任中央特科秘书，1931年受党中央派遣，赴苏联进修，系统地接受了马列主义理论教育。1936年在巴黎任我党创办的《救国时报》巴黎版总经理。1938年应召回国，在武汉任长江局副秘书长、《新华日报》总编辑。1939年在重庆继续任《新华日报》总编辑，并任中共南方局常委、社会部委员，兼管秘密情报工作。1943年返延安参加整风，1946年受党中央中央情报部派遣，赴南京、上海继续从事秘密情报工作。新中国成立后，曾任军委联络部上海联络局局长、华东军政委员会委员兼秘书长、华东局统战部部长。后任全国人大副秘书长等职。

谋划和部署。

接着，他又指示明之：你要设法尽快找一个掩护职业，这样才能更好地帮助、掩护安娜，共同做好情报工作。

最后，吴克坚像兄长一样亲切嘱咐我说：安娜，你是个年轻女性，但你是靠真本事做速记员。你时时处处要有一身正气，要不卑不亢，自尊自重。同时，又要防国民党官僚衙门里的坏人“吃豆腐”。好在明之时刻保护着，人家就不敢欺负你。

吴克坚的这番话，让我感到兄长的爱护和细心关照。我说：“我一定记住！我绝不是‘花瓶’！”同时，我又执着地向吴克坚提出了入党的要求。

吴克坚说：组织上会认真考虑的。你也要在工作中努力争取。

最后，他鼓励我和明之：你们在白色恐怖中，在党处于极其艰难的时刻，先后投身革命。抗战爆发后，在战乱中与党失去联系后，你们又不辞劳苦，跋山涉水到武汉主动、积极与党组织取得联系。你们的革命意志如此坚定，实属难能可贵。我相信，你们今后一定能够做好党交给的更重要的秘密情报工作。

吴克坚一席话，激励着我们，在我们心中留下深刻印象。

我和明之也给吴克坚留下了好印象。1984年，84岁的吴克坚在他的回忆录中写下这样一段话：“沈（安娜）那时约20余岁，风华正茂，擅长速记，具有‘打进去’的条件。经过党组织郑重考虑，决定派她打入国民党反动派核心机关——国民党中央党部机要处，在蒋介石和国民党要人的左右，作会议记录。华（明之）对沈（安娜）指导、帮助、掩护。”

吴克坚是我们从事秘密情报工作的第二位直接领导人。60多年以后，我和明之在回忆录中写道：“吴克坚同志是先后领导我们秘密情报工作时间最长的一位好领导、好老师。”

遵照党组织的指示，明之积极寻找工作，也就是吴克坚所说的“掩护职业”。一天，明之在街上碰到上海国际无线电台的同事徐本熙，即在上海时，想秘密发展华明之参加CY(共青团）的那个人。当初明之虽婉言谢绝了，而徐本熙并未因此而不快，双方仍然保持友好的关系。这次两人在重庆一见面，便热情地聊了起来。

徐本熙问：你怎么到重庆来了？

明之说：内人在这里工作，我就随她来了。

徐本熙知道明之当初从上海调动工作到杭州，就是为了和太太在一起，所以对他现在又随太太来重庆，并不感到意外。就问：你现在做什么？

明之趁机说：我刚来，还没有工作，正想找个事做。

徐本熙说：我在政治部电讯总队工作，现在想离开重庆，正在找人接替。我推荐你去怎么样？

电讯总队的全称是“军事委员会政治部电讯总队”。明之想，这个单位离家不远，就同意了，再三向他表示感谢。

军事委员会政治部电讯总队隶属于“军统”，对新加入人员审查很严。明之则因为太太是中央党部机要处的工作人员，本人又曾在上海国际无线电台工作过，顺利通过审查，被正式录用。从此，明之有了一个掩护职业。

明之进入电讯总队之后，任技佐，授中尉军衔，穿国军制服，对我也是个很好的掩护。

电讯总队负责人是个老工程技术人员，业务水平很高，但内部行政管理很乱，明之可趁机搜集到国民党各军、师部队驻地分布和调动情况的情报。他把这些情报连同我搜集到的情报一同抄好，由吴克坚来家里取走，上报党组织。

心向延安

1938年冬的一天，我在下班回家的路上，偶然遇到了在长沙妇女训练班就认识的王汝琪大姐。他乡遇故知，两人都高兴得情不自禁地跳了起来。

王汝琪说，她和爱人陈传纲离开武汉后，现要去成都找工作，路过重庆。我从长沙到武汉后曾在王汝琪婆婆家落脚，现在，我也要在重庆尽一回地主之谊。我和明之热情地把王汝琪夫妇接到家里。

这时我们的家已由西二街22号搬到中央党部安排的宿舍：上清寺街75号。上清寺街周围大约一平方公里的街区，被称为上清寺地区，是重庆的政治中心，国民党的党、政、军首脑机关大多设在这里。

上清寺街75号是一座砖木结构的三层楼房，我们家住在二层朝北一间临街的房子。房间虽只有不到十平方米，但此住处离我办公的上清花园中央党部秘书处比较近，步行只须五分钟，如机关有事可随叫随到。75号的一层住户家设小碾米机，做点小营生，另外三家住户都是其他单位的，没有中央党部的同事。75号左侧的一幢三层小楼是宪兵队，右侧一幢三层小楼的二层是国民党元老吴稚晖[①]的家。与一般职员一样，这个住处对我们做秘密工作比较合适。当时我们的家很简陋，只有一张双人棕绷床，一个竹桌，四把竹椅，一个木柜，上面摞着两个皮箱。

陈传纲和王汝琪临时来就睡地铺，我和明之要把床让给他们。后来王汝琪幽默地回忆往事说："地板比床还大，不用担心掉下来。记得1938年春天我们在长沙，不就是睡的地铺？安娜早上不起床，还被罗大姐打了屁股，没有忘记吧？"说完大家都笑了起来。

王汝琪和陈传纲这次来重庆，说是要去成都找工作，然而过不了几天，我和明之便猜测到，他们是要去延安的，只是大家心照不宣，谁也没有捅破这层窗户纸罢了。

当时的延安，是中国革命的圣地，是全国进步青年向往的地方。大批来自各地的进步青年和我党干部，都是经重庆"通讯处"，陆陆续续输送到延安学习和工作的。我在机房街通讯处门口，亲眼看到有几十名青年乘一辆卡车开赴延安。

我打心眼里羡慕他们。我的心仿佛也被他们带到了延安。

我和明之于8月份到达重庆，然而短短的几个月，所见所闻令我们失望：国民党衙门机关里，一片死气沉沉，官僚们为了职位，为了房子，明争暗斗；国军在战场上连连失利，而对后方百姓却耀武扬威；前方下来的伤员还没有痊愈，就被医院赶了出来，他们找不到原来的部队，又无人照管，遂流落街头，怨气冲天，弄得鸡犬不宁。

而在共产党的"通讯处"看到的却是一派热气腾腾的景象：抗战的激情

---

① 吴稚晖(1865—1953)，又名敬恒，以字行，江苏阳湖县(今武进县)人。早年加入同盟会。1924年当选国民党第一届中央监察委员。1949年2月随国民党去台湾。在台期间，任国民党中央评议员、"总统府"资政等职。1953年10月卒于台北，终年88岁。

洋溢在每一个人的脸上。上下级之间，情同手足，亲密无间。与国民党机关相比，反差太强烈。因此，我一心想“回家”，和革命的战友们生活在一起。我对即将去延安的陈传纲、王汝琪夫妇羡慕之至。

当时我的情绪波动很大。我想，自己也是个满腔热血的革命青年，应该到革命圣地延安去。哪怕上前线，与日寇决一死战，纵然是洒一腔热血，马革裹尸，也在所不辞。

明之和我一样向往延安。虽然他才25岁，只比我大两岁，但他要比我显得成熟，老练。他知道我现在这一岗位的分量，党组织是绝不会同意我离开的。可是我不甘心，一定要找领导谈一谈。

明之劝我说：上级肯定不会同意，不要给领导添麻烦。

我说：别人能去延安，我为什么不能去？汝琪大姐夫妇不就要去了嘛！

明之说：你的情况和别人不一样……

我不服气：有什么不一样？我也是抗日爱国的革命青年，我就是想去延安！

明之耐心解释说：你是做特殊秘密工作的，你现在的条件又这么好……

1938年，吴克坚（右一）在重庆虎头岩的新华日报社内办公

我仍然固执己见：我不过是一个小速记员，说不定有人比我的条件还好呢！没有得到上级的正式答复，我就不甘心！

明之见说服不了我，就不再说什么，心里想：还是让领导给你一颗“定心丸”，这样你就可以踏踏实实安心工作了。

我想见领导，可是吴克坚在和我们见了第一面之后，就再也没有露面。因为《新华日报》从武汉迁来重庆，吴克坚继续担任总编辑，整天忙于《新华日报》迁渝后的纷繁事务，所以没空定时如约与我们接头。我心向延安的事，也只能暂时埋在心里。

在国民党“中常会”上

我一到机要处上班，科长徐漂萍得到处长同意，就带着我参加了国民党高层会议的速记工作，但是我一直没有见到蒋介石出席。后来听说，蒋介石在1938年10月25日汉口陷落的当天凌晨离开武汉之后，一直在湖南、广西等地指挥国民党军队抗战，1938年12月8日，蒋介石才到达陪都重庆。随后便主持召开了国民党中央执行委员会的常务委员会会议。

我第一次为“中常会”做速记，不由得兴奋起来，我想：国民党“中常会”是国民党最高决策会议，也许可以接触到更多的机密。

会议室不大，参加会议的中央常委有蒋介石、汪精卫、丁惟汾、居正、于右任、戴季陶、孔祥熙、孙科、阎锡山、冯玉祥、叶楚伧、邹鲁、陈果夫、何应钦、李文范、白崇禧、陈公博等十几人。

会议室的布置很简单，会议桌呈“Π”形，常委们在两排长桌旁对面就座，顶头是主席座位，速记员的位置在主席座位斜旁边，靠侧门处。

蒋介石从侧门走进会场时，全体起立。蒋介石先从速记员桌前经过，向大家点点头，然后走到自己的位置上就座，并示意大家坐下。大概是他发现速记员位置上出现了一个年轻小姐，他坐下后又扭头朝我这边看了一眼。

这是我第一次见到蒋介石，而且距离这么近。

蒋介石是个瘦高个儿，剃光头，开会时面部表情严肃，说话音调不高，节奏也不太快，我可以将他讲的每句话都准确地记录下来。我感觉，蒋介石虽然讲话轻声慢语，但是说一不二，从来不准别人反对自己的意见。开“中常会”时，他很少说话。但到会议快结束前，他一开口便是“一言九鼎”了。这时的蒋介石烟酒不沾。原来，1934年蒋介石在江西南昌提倡“新生活运动”[①]，从那时开始，他不仅不吸烟，不喝酒，而且连茶都不喝了。

后来我还发现，蒋介石的着装很特别，除了视察部队和一些必须穿军装的场合，他平时很少穿军装，只穿中山装，或者穿长衫、长袍。在会见外宾等正式场合，他只穿文官礼服——蓝袍玄褂。

关于蓝袍玄褂，我听说还有一段逸闻。1927年，国民党政府奠都南京以后，穿中山装成为一种时尚。原来做长袍马褂的绸缎没了销路。于是浙江丝绸业向国民政府捐献四千万元，要求把绸缎缝制的蓝袍玄褂定为文官礼服。蒋介石是浙江人，又喜欢穿蓝袍玄褂，更何况还有四千万元献金，于是做了个顺水人情，以政府名义发布公告，确定蓝袍玄褂为政府文官礼服。于是，浙江的绸缎又重新打开了销路。

国民党“中常会”开会不供茶水，只有蒋介石面前有一玻璃杯盛着白开水，其他人没有，也不许抽烟，更无人服务，因此没有闲杂人等进入会场。每次开会的议程，由主任秘书或秘书宣读，他们都能说比较标准的国语。后来，解放战争时期在南京，机要处长张寿贤升任秘书，由他宣读时，有的委员嫌他的江苏常州口音听不清，就请了电台播音员专任宣读员。播音员的口音是标准国语，大家听起来就舒服多了。

蒋介石是浙江奉化人，他的家乡口音很重，曾被人讥为“刺耳难懂”，但是谁也不敢对他的口音表示异议。后来我听到很多关于蒋介石的浙江话引起误解的故事。其中有这样一件事，军事委员会联络处有一个姓侯的主任。大约在抗战后期，有一次他被召到委员长办公室汇报工作，结果遭到了一顿训斥。他极力为自己辩解，蒋介石很生气，厉声吼道：“枪毙！”侯主任吓得脸都青了。哆哆嗦嗦地回到家里，逐一向亲人和朋友告别，然后垂头丧气地等

---

① 新生活运动是由蒋介石与夫人宋美龄于1934年2月在南昌行营发起的一个全国性的运动，主张从改造国民的“食衣住行”等日常生活入手，以“整齐、清洁、简单、朴素、迅速、确实”为具体标准，以使“国民生活军事化、生产化、艺术化”，“改造社会、复兴国家”。

待发落。结果几天过去了，没有任何动静。待缓过劲儿来，他就去找蒋介石的一个贴身警卫打听，到底是怎么一回事。警卫的回答让他如获“特赦”。原来蒋介石是斥责他“强辩！”并不是说的“枪毙”。后来有人分析，在当时那种情况下，可能双方都有误解。因为侯是湖南人，他说话时带有很浓的家乡口音，蒋介石几乎听不懂他的话。这个笑话在上流社交界广为流传，侯先生成了大家取笑的对象。

虽然浙江许多县的方言很难听得懂，好在我在杭州浙江省政府工作过一段时间，同事中有很多浙江人，其中也有奉化人，我听奉化方言没有问题。蒋介石的讲话我一般都听得懂。加上我有秘密任务在身，记录蒋介石的讲话时，我格外全神贯注。每次将我的记录稿与同事们的记录比对，说我的记录更准确些。我的工作能力，为人处事，很快得到科长和处长的赞赏。

我记录了蒋介石到渝后主持的第一次“中常会”后，又看到准备提交五届五中全会讨论的几个文件草稿，我觉得应立即向党组织汇报。可是那时吴克坚太忙了，还没有约定确切的接头时间。为了能让党组织及时了解情况，我和明之商议，认为应该在五届五中全会正式开会之前，将国民党的反共图谋及早报告党组织。

按照常规，这种传递情报的任务应该由明之负责。可是现在无法与吴克坚联系，董必武又不让明之在“通讯处”露面，那就只有我自己去了。

董必武说：“你去了延安，我们这里就没有小速记了”

晚上，趁着夜色，由明之护送，我悄悄走进机房街通讯处。董必武和博古一听说我来了，知道有重要情况，马上迎了出来。

我见到董老、博古如同见到了自己的亲人，抢步上前，握住他们的手。董老用他那湖北乡音亲切地笑迎说：啊，小速记来了！欢迎沈琬同志！坐定后，我从第一次目睹蒋介石主持“中常会”开始汇报。我绘声绘色地将蒋介石的衣着、表情、神态，说话的语速、语调，到他的属下对他讲话的反应，表述得活灵活现。虽然董必武和博古不止一次与蒋介石正面交谈过，但他们对蒋介石主持国民党最高层决策会议的内幕，听得还是很感兴趣。

在讲完蒋介石主持“中常会”上的情景之后，我立即进入正题：国民党五届五中全会的准备工作正在紧锣密鼓地进行。开会时间定在1939年1月。大会的材料、文件（草案）开始陆陆续续送到中央党部秘书处机要处。

董必武问：你看到这些文件了么?

我说：看到了。我作为速记员，开会之前事情不多，我希望早点看到这个会议的文件，就主动参与材料分类、核对、编号等工作。我还看到了大会议程和附件，其中有两份准备供全会讨论的秘密文件：一份是《防制异党活动办法》，一份是《共党问题处置办法》，都是由中统局副局长徐恩曾起草的。现中统局局长由中央党部秘书长朱家骅兼任，实际上中统局日常工作由徐恩曾主持。

我根据自己的记忆，尽可能详细地向董必武和博古复述了这两个秘密文件（草案）的主要内容，其要点是“溶共”、“防共”、“限共”。

董必武听完汇报后，神情变得严肃起来，慢慢地说：五届五中全会将是一个不寻常的会议。沈琬同志，你在会议召开前，在这两个文件出台前就事先报告，很好，很及时。正如我们所估计的，蒋介石骨子里总是要反共!

董必武和博古对我的工作汇报十分满意。

可我此时却全然不顾领导的赞许，我忍不住急切地对董必武和博古说：我看许多革命青年去了延安，我也很想去延安。

博古听了先是一怔，然后直摇头，连声说：“不行，不行，不行，不行!”

我已经多次见到博古，在我眼里，博古身材高大，头发直立，戴一副深度近视眼镜，话不多，待人很温和。我对他的印象非常好。

当时我对博古的情况并不了解，后来才知道，博古是中共党史上一个重要人物。他24岁就在中共中央负总责，执行了共产国际和“左”倾教条主义的错误方针，给中国革命造成重大损失。但是在遵义会议之后，特别是红军长征到达延安以后，他对自己过去所犯的错误认真进行反思，认识深刻，态度诚恳，得到大家的谅解。后来他到中共长江局、南方局等工作岗位上担任领导职务，认真敬业，受到大家赞扬，都认为他的政治品质非常好。

博古的年纪比董必武和周恩来小很多，对周恩来和董必武很尊敬，每次见到我，也都很和蔼。但是这一次，他一听我说“想去延安”，就说了一连串的“不行”，就像给我迎头泼了一瓢凉水。

因为博古当时有事，没有进一步向我解释，就忙他的事去了。

董必武则微笑着对我说：你不能去延安。你去了延安，我们这里就没有小速记了。我也要去开会，这个事情以后再谈。

我见两位领导都不同意我去延安，顿时泄了气，只好闷闷不乐地站起来往外走。

董必武送我出门的时候关切地叮嘱道：“以后要更加注意保密，注意安全。”还派一位年轻人护送我一程。

周恩来、邓颖超说：“要甘当无名英雄”

1938年12月中旬，周恩来从桂林到达重庆。当时周恩来面对十分严峻的国内外形势，他不仅要继续与蒋介石的“溶共”企图做斗争，还要为筹组中共中央南方局日夜操劳，抽空还要到中央大学等单位做抗战形势演讲，真可谓日理万机。但他对秘密情报工作一向非常重视，处理情报工作的重要事件，他都事必躬亲。许多老同志回忆：周恩来与重要的情报干部，都亲自谈话。工作紧张的时候，往往是来了就谈，谈了就走。有的老同志说，周恩来同志亲自谈一次，对自己的工作往往能管很多年，甚至管一辈子。

几天前，我想去延安的请求被博古和董必武否决之后，心中不快。明之开玩笑说：我就知道领导不会同意你的要求。可是我的话缺少权威性啊！

我不服气地说：可我想去延安学习，没有错啊！

一天晚上，我和明之刚刚吃过晚饭，就听见“嗒—嗒嗒—嗒”的敲门暗号。

我马上开门，只见那个曾经护送过我的年轻人走进来，低声说：“八办”领导要见沈琬。

我既高兴又意外，过去都是我到“八办”见领导，现在领导专门派人来找我，会有什么重要的事情？我马上加了件外衣，围上围巾，跟着年轻人匆忙出门。年轻人在前，我在后，两人像是谁也不认识谁，路上没有说一句话。

重庆的冬天阴冷阴冷的。可是因为马上就要见到“八办”领导了，所以我心里感到暖融融的。“八办”的领导我已见过几个，今天会是谁呢？会谈些什么问题呢？是谈情报工作，还是谈去延安的事？一路上，我满脑子问题，却想不出一个明确的答案。

从家里上清寺街75号往曾家岩走，大约不到十分钟，年轻人带我走进一座楼房。天黑，我又满腹心事，因此也没注意那是一个什么地方。

1989年秋，我和明之应有关单位邀请去重庆，讲述当年往事，并准备摄像。在曾家岩50号周公馆一个会议室坐定后，我当年的往事，由现场引发，像过电影一般，记忆十分真切。我马上说：“1938年冬，我跟着小战士从家里走出来，似乎与现在曾家岩50号的方向不对，且谈话不是在办公室，而是住家的样子。”当时在场的红岩纪念馆馆长王明湘告诉我们：“1938年12月，周恩来、邓颖超夫妇曾临时与人合住在曾家岩‘渔村’一座楼房，就在曾家岩50号‘周公馆’的斜对面，离上清寺街也就十分钟的路程。现在‘渔村’这一片已拆除了。”

那天夜晚，我进屋后发现，是居家的样子，屋里只有一男一女两个人，仔细辨认竟然是周恩来和邓颖超。这真是喜从天降！我简直不敢相信自己的

1938年，周恩来、邓颖超在重庆

眼睛。

这难道是真的？于是就像孩子见到亲人一样，快步跑了过去，可是却忘了问好。倒是，周恩来先向我打招呼，亲切地对我说：“进来，进来，坐吧。沈琬同志，听说你想去延安？”我刚坐下，周恩来就立即切入正题。

“是的，做梦都想！”我急切地说。

周恩来看看邓颖超，两人相视一笑。

周恩来微笑着对我说：你有速记专长，别人是无法像你这样秘密打入国民党核心机关，参加他们各种高层会议，接触到许多核心机密，了解他们的内幕，这对党而言是非常重要的。你要从大局和长远利益着想，以大局为重。党很需要你在这个岗位上长期埋伏。

我觉得周恩来的话很有道理，可我还是不甘心，恳求道：“我总觉得自己文化水平和理论水平很低，在国民党统治区，没办法学习马列主义。能不能让我到延安去学习一年？就一年。”我伸出右手的食指，又重复一遍：“就一年！”

“哈哈哈……”周恩来站起身来，双手叉着腰，爽朗地大笑起来。

邓颖超也跟着笑起来。

我被他们笑愣了，想不出自己的这句话有什么好笑。

周恩来收敛笑容，转而严肃地对我说：你去一天也不行。你去了延安，就回不来了，就再也不可能回国民党中央党部了！

我一想，也是，这么简单的道理，自己怎么就没想到呢？太幼稚了！

周恩来又坐下来，语重心长地说：有一个问题一定要明白，那就是我们必须认清国民党顽固派的本质。从1927年四一二事变，到1937年七七卢沟桥事变，这十年间，蒋介石一直在围剿共产党。现在国共合作、共同抗日，蒋介石有抗日的一面，另一面也是迫于国际和国内形势的压力，不得不与共产党合作。一旦形势变化，很难说国民党顽固派又会搞什么花样。现在抗战刚刚进入相持阶段，他们又开始搞“溶共”、“防共”、“限共”那一套了。所以，我们必须随时掌握国民党顽固派的动向，以防万一啊！

听了周恩来一席话，我想起自己看到的国民党五届五中全会将要讨论的两个秘密文件，反共企图已经很明显，而且那草案内容就是自己报告党组织的，怎么一联系到自己的事情，就犯糊涂呢?

于是，我立刻打消了去延安的念头，诚恳地对周恩来和邓颖超说：对党的秘密情报工作，我有了新的认识。过去我在浙江省政府，只能搜集到一些局部地区情报。现在，我能了解到国民党中央的高层内幕机密材料。我再也不会要求去延安了。我要安心在这里工作。

听了我的表态，周恩来和邓颖超都开心地笑了起来。

“很好！就应该这样嘛！”周恩来高兴地说。接着他又开导我说：在国统区一样可以学习。从国民党的报纸上，从反面也能学到不少东西。你拿他们的秘密材料和公开报道互相印证，就可以看清国民党顽固派的反动本质。

邓颖超插言道：为了党的秘密工作，要甘当无名英雄。

周恩来强调说：我们党的事业需要一大批无名英雄！

这是我第一次听到“无名英雄”这个词儿，又是出自周恩来和邓颖超这样受人敬仰的领导之口，给我的触动太大了，同时也感觉到自己肩上担子的分量。

周恩来又语重心长地对我说：你现在的工作，危险性很大，你要随时准备应付意外事变。万一遇到突然事件，共产党人要有骨气，既要有为革命献身的决心和勇气，又要有沉着冷静、临危不惧的处事能力。你要想尽一切办法保护自己，争取长期埋伏。我相信，你们一定会为党作出更大的贡献。

周恩来的教诲，使我的思想产生了质变。我一边听，一边不住地点头，最后表示说：“我决心一辈子为党做好情报工作。”

这次谈话虽然只有半个小时，但使我的思想认识产生了一个飞跃，让我终身受用！

我回到家里，向明之详细转达了周恩来、邓颖超的谈话内容。明之说：周恩来同志说得对，我们要争取长期埋伏，想尽一切办法获取党所需要的情报，还要保证安全，保护自己。

我说：遇到险情，要沉着冷静，处乱不惊。

明之说：对。我们一定要记住两位领导的教诲，用坚强的意志对付所有可能发生的事情。

我深情地说：周恩来同志、邓颖超大姐对我的教育太深刻了！

明之对我开玩笑说：你吃了这颗定心丸，以后就不会胡思乱想了。

我不好意思地说：以后我都听你的，还不行吗？

明之说：不，不是听我的。我们都要听党组织的，听周恩来和邓颖超的！

过了几天，吴克坚前来接头取情报，我主动向他汇报并检讨了自己曾经产生的思想波动。吴克坚说：我知道这件事。你一定要按照周恩来和邓颖超的指示，安下心来，做好党的情报工作。

我和明之频频颔首。从此以后，我们几十年如一日，自觉献身党的情报事业，从未动摇。

时隔半个多世纪，我和明之仍然对周恩来1938年春在武汉和1938年冬在重庆的两次谈话，记忆犹新。新中国成立后，我继续在隐蔽战线工作，在实践中不断学习、研究周恩来的情报思想，并撰写了几篇文章，我常深有感触地对年轻干部说："周恩来同志是我们中国共产党情报和保卫工作的创始人、奠基人，他长期在国统区领导秘密工作，建国后又长期领导隐蔽战线的工作，创建了一整套理论和做法，给后人打下了坚实的基础，他的情报理论和实践，是我党情报工作的宝贵财富！"

获取国民党五届五中全会情报

1939年1月21日至31日，国民党五届五中全会在重庆国民政府礼堂召开。我被指派担任国民党中央全会大会速记。礼堂里有个小主席台，我就坐在主席台一侧的速记席上。参加全会的国民党中央执行委员会委员大约有百余人。

蒋介石从舞台侧面走上主席台时，全场起立，蒋介石向大家点点头，他坐下后，大家才落坐。

在这种场合，蒋介石多穿中山装。在摄影记者不断闪烁的镁光灯下，蒋介石的神态要比平时更严肃，他脸上的表情既威严，又深不可测。

蒋介石的大会报告，一般情况下他自己是不念的，由别人代读。如果是小范围的会议，他就让内部官员代读。有时没有稿子，他就拿一个提纲上去讲。提纲有长有短，长则几页纸，短则只有几行字。他演讲基本没有废话，语速不快，很容易记。速记员将速记符号译成文字讲稿，先交科长修改，后交机要处长核定。若有修改，再由速记员抄正后交秘书处的秘书室，送蒋介石侍从室润色后，呈蒋介石本人核定，最后交机要处下属的印刷股油印。其他高层要员的讲话，则由科长修改后送机要处长过目，就可以送印刷股去油印了，无须本人核定。

国民党召开五届五中全会时，抗战形势进入战略相持阶段，日本帝国主义对蒋介石采取了政治诱降为主，军事打击为辅的政策，把军事进攻的主要矛头指向中共控制区。而国民党的政策自五届五中全会发生了重大转变，从对外被动抗日，转为对内积极反共。抗战以来，由于中共的抗日民族统一战线主张深得人心，八路军进击晋绥，新四军活跃于大江南北。八路军、新四军越战越强，队伍越来越壮，中共影响越来越大。蒋介石为了从根本上改变这种局面，彻底消除共产党这个心腹之患，早在1938年初就开始大肆宣传“一个政党、一个领袖、一个主义、一个军队”的主张。此后又提出“溶共”的策略。到了年底，蒋介石几次向中共领导人提出国共两党“合并成一个组织”的问题，甚至私下说：“此目的达不到，我死了心也不安，抗战胜利了，也没有什么意义。”

1939年1月，中共中央南方局[①]成立。党中央事先已了解到蒋介石“溶共”的企图，早有准备，多次回绝了蒋介石的“合并”要求。

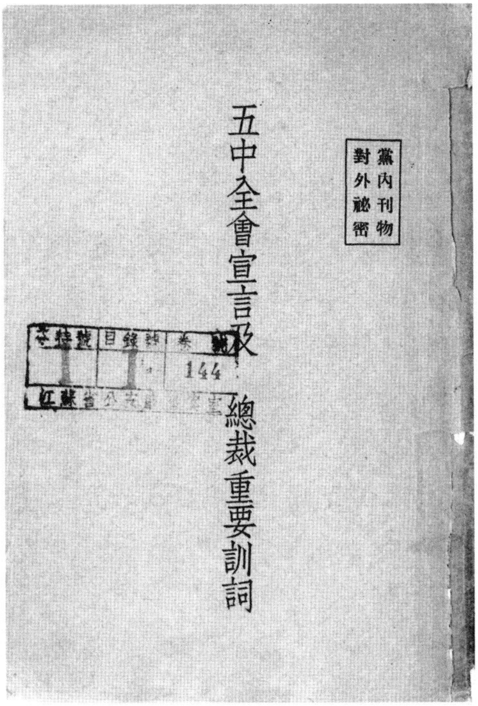

国民党五届五中全会有关文件（中国第二历史档案馆保存）

① 中共中央南方局：1939年1月，根据中共中央六届六中全会决定，撤销中共中央长江局，在重庆成立由周恩来任书记的中共中央南方局，代表党中央领导重庆及南方十几个省市区的党组织。

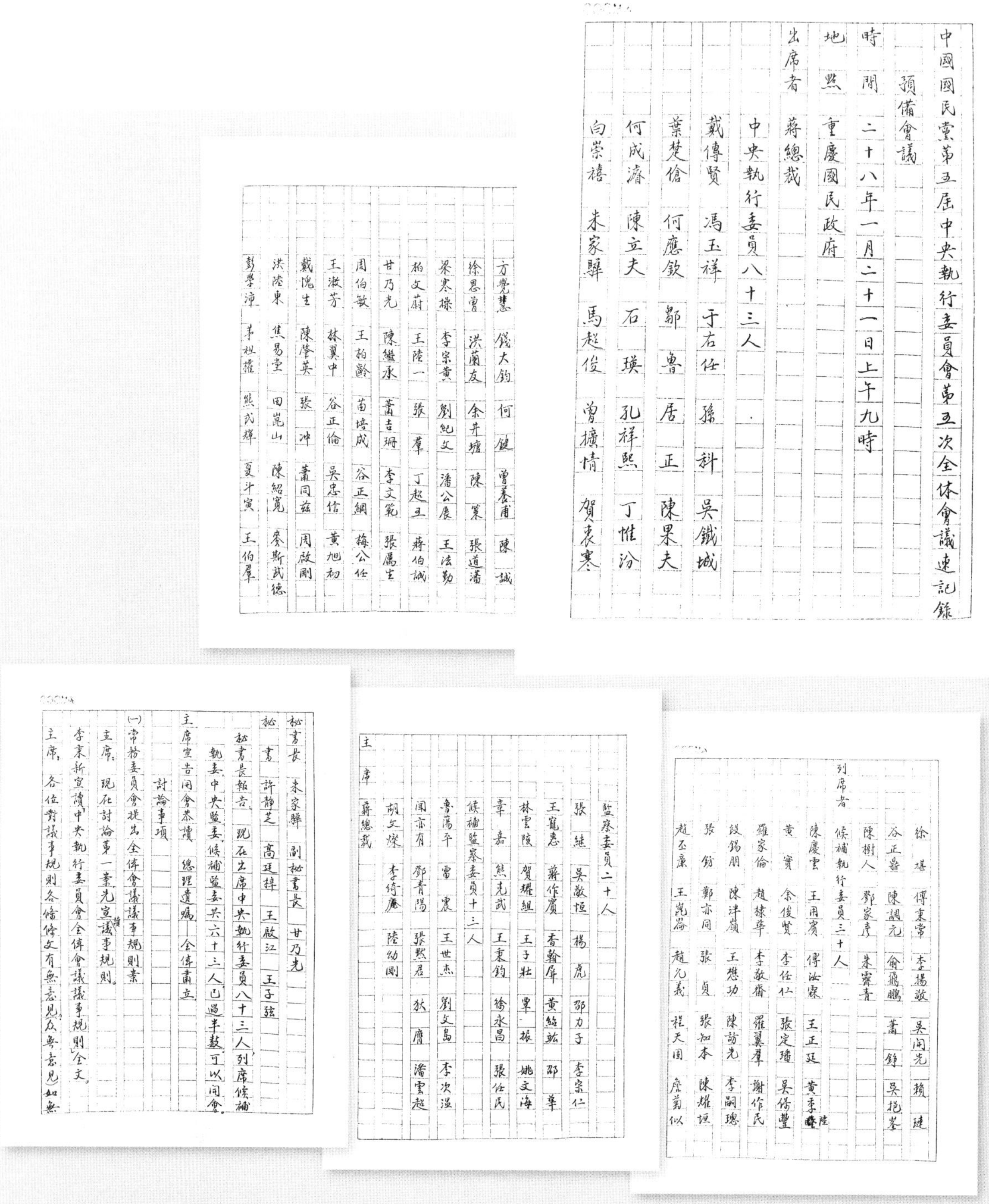

中國國民黨第五屆中央執行委員會第五次全体會議速記錄

預備會議

時間 二十八年一月二十一日上午九時

地點 重慶國民政府

出席者 蔣總裁

中央執行委員八十三人

戴傳賢 馮玉祥 于右任 孫科 吳鐵城

葉楚傖 何應欽 鄒魯 居正 陳果夫

何成濬 陳立夫 石瑛 孔祥熙 丁惟汾

白崇禧 朱家驊 馬超俊 曾擴情 賀衷寒

方覺慧 錢大鈞 何鍵 曾養甫 陳誠

徐恩曾 洪蘭友 余井塘 陳策 張道藩

梁寒操 李宗黃 劉紀文 潘公展 王法勤

柏文蔚 王陸一 張羣 丁超五 蔣伯誠

甘乃光 陳繼承 蕭吉珊 李文範 張厲生

周伯敏 王柏齡 苗培成 谷正綱 梅公任

王漱芳 林翼中 谷正倫 吳忠信 黃旭初

戴愧生 陳肇英 張沖 蕭同茲 周啟剛

洪陸東 焦易堂 田崑山 陳紹寬 麥斯武德

彭學沛 茅祖權 熊式輝 夏斗寅 王伯羣

徐堪 傅秉常 李揚敬 吳開先 賴璉

谷正鼎 陳調元 俞鴻鈞 蕭錚 吳挹峯

陳樹人 鄧家彥 朱霽青

列席者 候補執行委員三十人

陳慶雲 王用賓 傅汝霖 王正廷 黃季陸

黃實 余俊賢 李任仁 張定璠 吳保豐

羅家倫 趙棣華 李敬齋 羅翼羣 謝作民

段錫朋 陳泮嶺 王懋功 陳訪先 李嗣璁

張鈁 鄭亦同 張貞 張知本 陳耀垣

趙丕廉 王崑崙 趙允義 程天固 詹菊似

監察委員二十人

張繼 吳敬恒 楊虎 邵力子 李宗仁

王寵惠 蔣作賓 香翰屏 黃紹竑 邵華

林雲陔 賀耀組 王子壯 覃振 姚文海

韋嘉 熊克武 王秉鈞 徐永昌 張任民

候補監察委員十三人

魯蕩平 雷震 王世杰 劉文島 李次溫

周亦有 鄧青陽 張默君 狄膺 潘雲超

胡文燦 李綺庵 陸幼剛

主席 蔣總裁

秘書長 朱家驊 副秘書長 甘乃光

秘書 許靜芝 高廷梓 王啟江 王子弦

秘書長報告：現在出席中央執行委員八十三人，列席候補執委、中央監委、候補監委共六十三人，已過半數，可以開會。

主席宣告開會，恭讀總理遺囑，全体肅立。

討論事項

(一)常務委員會提出全体會議議事規則案

主席：現在討論第一案，先宣讀議事規則。

李秉新宣讀中央執行委員會全体會議議事規則全文。

主席：各位對議事規則各條條文有無意見，如無意見，如無

1939年1月21日，沈琬（沈安娜）记录的国民党五届五中全会的有关文件（台湾国民党党史馆保存）

1939年1月20日，也就是国民党五届五中全会召开的前一天晚上，蒋介石仍不甘心，又紧急约见周恩来，向周恩来发出“两党合并”的最后通牒，周恩来根据中央确定的方针，再次坚决回绝。

第二天，国民党五届五中全会开幕。蒋介石果然要强制执行。在会上他做了《唤醒党魂、发扬党德、巩固党基》的报告，并说：“对中共是要斗争的。”“现在要溶共——不要容共。”会上还通过了党务报告决议，确定了“溶共、防共、限共”的方针。蒋介石在大会上口口声声讲“国共合作、抗战到底”，背地里却正如会前秘密策划的那样：限制共产党部队的发展，借日本人的力量，一步步包围陕甘宁边区的八路军和江南的新四军。蒋介石在会上所做的有关外交与国策的报告中，还把“抗战到底”的“底”解释为“恢复到卢沟桥事变以前的状态”。

我坐在速记席上，不由得想起周恩来对我说的话：一旦形势变化，很难说国民党顽固派又会搞什么花样……事实证明了周恩来的英明预见。

在这次全会上，我获得了多份文件的全文，以及蒋介石和其他官员的讲话、报告。特别是获得了未在大会讨论，由蒋介石秘密颁发的《共党问题处置办法》。这些油印材料原件的废弃件，是我从印刷股，趁人不备悄悄“顺手牵羊”获取的。由明之剪边缩小，对油印不清楚的地方，一一小心描清，然后密藏好，很快由吴克坚来取走，上报南方局党组织。

会后，在蒋介石的主持下，大会制定的方针开始实施，国民党大肆进行反共宣传，加强“中统”、“军统”的特务行动。特别是在共产党领导的抗日根据地周围制造摩擦事件。之后在全国掀起了抗战以来的第一次反共高潮，国内政治局势发生重大变化，国共摩擦层出不穷。后来，中共中央根据多个渠道获得的情报，印发了《摩擦从何而来》的小册子，揭露国民党，教育中共党员和部队指战员。1939年秋，毛泽东、周恩来还曾就《限制异党活动办法》向国民党提出抗议，指出国民党秘密下达的这个文件是造成全国各地国共摩擦的根源。

大会正式通过的《限制异党活动办法》是国民党政府秘密颁布的迫害中共和爱国人士的条令，《办法》规定严密限制共产党和一切进步分子的思想、言论和行动，在所谓“共产党活动最烈之地区”实行“联保连坐”，并在保甲组织中建立特务组织，监视和限制“异党”的活动。

改派卢竞如领导联系

国民党五届五中全会是抗战时期，蒋介石对中共政策的一个重大转折点。抗战初期刚刚放晴的重庆，很快就被反共的阴霾所笼罩。国民党特务加紧了对重庆八路军办事处的监视，国民党的反共图谋非常明显。由于中央党部认识我的人越来越多，为了我和明之的安全，中共中央南方局常委董必武和吴克坚同时想到一个问题：更换我和明之的领导、联系人。

吴克坚有《新华日报》总编辑的公开身份，认识他的人比较多，由他出面与我和明之接头联络，有可能被人注意。因此决定换一名身份隐蔽的女干部领导我们的工作。他们选择了当时在中共中央南方局从事妇女和宣传工作的卢竞如①。20世纪30年代初期，卢竞如曾跟吴克坚一起，在上海中央特科工作过，有秘密工作经验。

吴克坚到我们家联络时，将他和董老的决定告诉了我们：组织决定，换一位女同志来领导联系你们，这样有利于隐蔽。你们觉得怎么样？

我和明之早已养成服从上级决定的习惯，此时，我们深深体会到上级领导对秘密工作安全性的重视，以及对我们悉心保护和长期使用的良苦用心。

“好啊，这样好。”我和明之异口同声地说。

1939年2月的一天晚上，是约定的接头时间。我和明之坐在家里静候新领导的到来。

“嗒—嗒嗒—嗒”，响起轻轻的敲门暗号。

明之上前开门，只见门外站着一个三十多岁、打扮干净利索的女职员。她进得门来，随手把门掩上，微笑着说：我叫卢竞如，来串门儿。

我和明之热情地给她让座倒水，我们都称她卢大姐。

---

① 卢竞如(1904—1993)，女，原名卢衡，湖南平江人，1925年入党。1930—1931年，做中央特科工作。1932—1938年在苏联学习、工作。1939年1月任中共南方局妇女委员。1940年底去延安后，曾任中央妇女委员会秘书长和俄语翻译领导工作。新中国成立后，曾任中宣部翻译组副组长、中央广播事业局苏东部主任、全国政协委员等职。

1984年，卢竞如大姐在材料中回忆，当年时任南方局组织部长的博古将我们的政治情况，打入国民党中央党部的背景以及我们家在上清寺街的住址，一一详细交代给卢竞如，嘱她细心保护我们。卢大姐写道："使他们能长期埋伏在敌人心脏内部为党工作，是我同沈安娜夫妇联系的组织原则根据。"

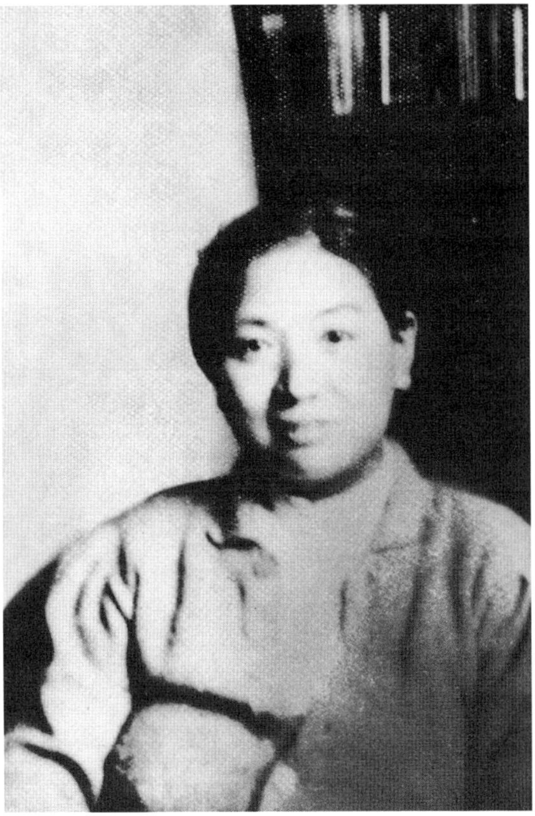

1939年，卢竞如在重庆

卢竞如热情开朗，和蔼坦诚，对我们俩像对弟弟妹妹一样亲切。20世纪30年代初，她在中央特科工作时积累的秘密工作经验，对我们帮助很大。

卢竞如走到窗前，向楼下的街道看了一眼，对我们说：以后，你们可用窗帘做暗号。如果家中安全，无外人，可以进入，就把窗帘中间留一道缝隙。这种标记一般不会被外人注意。

我们都说这个办法好。卢竞如每次来，工作程序井井有条：先取情报密藏，再给我们传达上级指示，或对情报进行评议和提出要求，最后讲解国内国际形势。在与卢竞如的交往中，我们学到了很多东西。

我激情满怀，兢兢业业为党工作，不放过任何可能获取情报的机会。进入中央党部不到一年，我对机要处的业务已经非常熟悉，也掌握了更多获得情报的方法。我获取的情报多次受到卢大姐和党组织的表扬。但是因为过于劳累，再加上不适应重庆的气候和饮食习惯，我胃病又复发了，身体日渐虚弱。此外，还经常咳嗽，发低烧，有时甚至咳出血丝。我和明之很明白，这是肺结核的症状！肺结核俗称“肺痨”，当时虽然已有治疗肺结核的特效药雷米封，但价格很贵，且市面上买不到。一般人吃不起这种药，只能扛着。年轻和体质好的才能挺过去，身体虚弱的人若得不到治疗，时间长了会有生命危险。

肺结核的传染性很强，达官贵人们比一般人更怕传染。我很清楚，一旦被他们知道我染上此病，轻则让我休息，重则辞退。为了保住这个对党组织来说极为重要的情报岗位，我一直不敢向外声张我的病情，更不可能住院治疗。每当开会做速记时，我只能强忍着，不敢大声咳嗽。有时越忍越要咳，只好到厕所去咳一会儿，等气息平稳了，再回到速记席位上继续工作。

明之非常心疼我，对我能否挺过去心里没底。我怕卢竞如大姐知道了替我担心，坚决不让明之告诉卢大姐。可是因为在卢大姐来家里接头时，我忍不住又咳嗽了，所以还是让卢大姐发现了我的病情。

卢竞如关切地说：总这样挺着，也不是个办法呀！

我说：不要紧，这病重庆很多人都有，不怕的，我能挺得住。

卢大姐心疼地嘱咐我，要注意休息和营养。除此之外，也没什么好办法。

明之对我说：有卢大姐的“命令”你一定要好好休息。你可要听卢大姐的话啊！

那段时间，明之把洗衣、买菜、做饭等家务活儿全都揽过来，不让我插手，下了班就让我在家休息。那时我们身边还没有孩子，年纪轻，生命力强，几个月后，我的病情渐渐好转，咳嗽也减轻多了。我居然熬过了“肺痨”的危险期。

给中统局长准备讲稿

1939年上半年，国民党在重庆浮图关正式成立了“中央训练团”，蒋介石亲任团长，中央训练团的重要性由此可见一斑。

蒋介石开办中央训练团的目的，号称是为了造就“奉行三民主义的英勇战士与遵从总理（孙中山先生）遗教的忠实信徒”，以及为了“抗日建国”与“复兴民族”，实际上是分期分批训练亲蒋的国民党各级文武官员，以维护蒋介石的政权。

当时蒋介石还曾将中央训练团所在地的“浮图关”改名为“复兴关”，并在关上正面岩壁上刻“复兴关”三个一两丈见方的大字。

中央训练团以训练国民党党、政、军中级以上官员为主。自1939年至1945年的六年间，先后共办了二十多个各种类型的班次，其中主要的有：“党政”、“将官”、“县长”、“兵役”、“司法”、“财政金融”、“人事”、“妇女”等。蒋介石对“党政训练班”最为重视，每期“党政”班他都要亲临讲课。

党政训练班共办了三十多期，每期的训练时间为五周，根据训练内容，分别定为“准备周”、“入伍周”、“力行周”、“自治周”和“检讨周”。后来蒋介石为了训练高级干部，又办了三期“党政高级训练班”，每期训练时间为五个月。

蒋介石曾规定国民政府所属的文武官员中，文官简任（民国时期文官的第二等为简任，在特任以下，荐任以上，相当与现在的处级）以上，武官少校以上，都要分期分批抽调到党政训练班受训。我所在的机要处处长张寿贤就曾到那里受过训。

在官场上，凡是经过“中训团”培训的人，特别是听过蒋介石讲课的人，都被认为是得了蒋氏真传的门生，就像黄埔军校的毕业生一样，是嫡系了。但是在民间，当时人们把“浮图关”故意叫作“糊涂关”，称“中训团”培养出来的都是“糊糊涂涂的官”。重庆话“浮图”和“糊涂”发音相近，不仔细辨别还真分不清两者的区别。

时任中央党部秘书长、中统局局长的朱家骅，还兼任中训团训育委员会主任。他经常到“中训团”做报告，而每次都要我去速记。

有一次，朱家骅要去中训团做调查统计的报告，实际是讲中统局的特务组织概况、特务活动方法等。通常，他的讲稿均由心腹秘书杨公达亲自起草。这一次，杨公达想了一个取巧的办法：找一名速记员代劳，并选中了我。他大概觉得，与其让我每次去速记，还不如让我提前帮助准备讲稿。杨公达从中统局掌握实权的徐恩曾副局长那里要来一大堆绝密资料，从这些材料中挑选有用的素材，由他口述讲稿内容，我速记后整理成文。经他修改，再由我抄正，上报朱家骅。

我下班回家，将这个新任务告诉了明之。

明之高兴地说：真是天赐良机！徐恩曾的那堆原始材料，可能比最后写成的公开讲稿更有价值。我们一起来干！

于是，我在办公室悄悄用速记符号和我自己独创的速联符号，将徐恩曾提供的中统局特务活动的重要内容记下来。下班回家后，再将速记符号整理成文字材料，给明之看。明之的思辨能力、分析综合能力比我强。其中有个材料明之认为很重要，但有时会遗憾地说：你看，这是重要情报，可惜有的地方不太完整，缺要害之笔。

我说：你说吧，缺什么，明天我再给你弄回来。

第二天，我就对杨秘书说，某份材料还要再看看。杨秘书马上从中统局把我需要的材料要来给我看，我又用速记符号记下缺少的内容，下班后神不知鬼不觉地带回家，然后再把速记符号译成文字。明之一看，正是他所需要的，使那份不完整的材料得到充实提升。

几天下来，我就跟杨秘书混得更熟了，杨秘书对我勤奋细致的工作十分满意，也十分放心，有时就让我一人在他的秘书室里看从中统局要来的绝密材料。每逢这时，我就一边耳听门外的动静，一边翻阅办公桌上的那些不准备写进讲话稿，也不准备给别人看的绝密文件，把有价值的东西用速记符号记下来，回家再整理成文。明之看了，两眼放光，高兴地说：这些材料最关键，对前面那些材料起到画龙点睛的作用！

那段时间，我每天回家带一点，华明之就一点点积累，一点点整理。

杨公达用取巧的办法，没费多大力气就为朱家骅写好了讲话稿。我也没费多大力气，就得到了中统局的绝密材料，不仅拿到了朱家骅重要讲话的全文，而且还获取了讲话稿以外的重要原始材料。不久，一份比较完整地反映中统局特务机构组织状况和活动手段的情报就由明之整理出来了。

卢竞如看了情报，表扬我们说：这样的方式很好。这批情报资料，有重要参考价值。我党深入了解了国民党阴险狠毒的反共措施，就可以做出防范对策。明之综合整编得好，下了不少功夫。值得表扬。

朱家骅对杨公达写的讲话稿很满意，杨公达对我协助工作也很满意，他当着秘书室的同事夸奖我道：沈小姐很能干，以后有事还要请沈小姐帮忙。

我也客气地说：我跟杨秘书学到很多东西，非常愿意为杨秘书效劳。

从此，我与秘书室主管机密文件的主任秘书等大大小小的秘书，都搞得很熟，大家都知道我是朱家骅的老部下，又受到机要处和秘书室的信任，也就不把我当外人。有时我借口整理速记材料需要参考核正，可以当面问主任秘书一些我想知道的事情，或直接向他和其他秘书借材料用。在此后的情报获取过程中，中央党部秘书室的大小秘书，成了补充会议记录不足的资料来源之一。

我获取的情报多为原件。我白天搜集，明之晚上整理，用蝇头小字写在薄纸上，以便密藏。有的长篇报告比较重要，明之就把原件巧妙地伪装成礼物密藏好，等卢竞如来取。

一些情报的内容和背景文字难以详述，我就等卢竞如大姐来接头时当面做口头补充。卢竞如对我和明之的这一套工作方法很满意，称赞我们是一对好搭档。

七、坚持在核心机要部门获取大量情报

(1939 年夏—1942 年秋　在重庆)

“秘密入党”——加入共产党

重庆的夏天，又闷又热又潮湿。由于电力不足，居民家里的电灯像鬼火一般，重庆人谓之“桂花灯”，大约是形容灯的亮度像桂花一样小吧。夜里还经常停电，居民只能点油灯。普通居民晚上没事，一般就早早地熄灯睡觉了，而明之却要挑灯夜战整理情报。为了保密，不管天多么闷热，他都要把窗帘拉得严严实实。房间小，屋里只有一盏“桂花灯”，吊在屋子中央。灯线的上端有个轴，下端有个秤砣似的白瓷球。需要时，可将灯头从上面拉下来，让“桂花灯”靠近桌子。华明之视力不好，灯又不亮，还要用蝇头小楷抄写情报，只有这样才能看得清楚些。遇到停电，就只能在油灯下工作了。天热，再加上灯火在脸旁边烤着，明之经常汗流浃背，坐在板凳上时间长了，脚下的地板就被汗水洇湿一大片。

抄写好的情报不能马上送出去，就要密藏起来。开始我们都把情报缝在衣服里，后来发现重庆的盗贼很多，家家都在防夜贼，我们怕藏在衣服边角的情报被盗贼偷了去，就卷成一个卷儿，藏在支蚊帐或晾衣服的竹竿里。

我打入国民党核心机要部门已有一年了，我以中央党部秘书处机要速记员的身份，为南方局获取了很多重要情报。工作进展顺利，屡屡受到党组织的鼓励。然而此时，我还不是共产党员。

我渴望加入共产党的强烈心愿，一直在胸中涌动。从上海到杭州，在中央特科领导下做秘密情报工作；从武汉到重庆，我在周恩来、董必武的指挥下打入国民党中央党部秘书处，积极搜集各种情报。我是共产党的情报人员，可那时却不是共产党员，反倒“阴差阳错”，成了党证上带“特”字的国民党员。因此，我一有机会，就会向党组织提出加入共产党的要求。

1939年夏末的一天，卢竞如按约定来“串门儿”时，我再次向她提出入党申请。我向卢竞如简要叙述了自己从老家泰兴到上海求学，以及参加革命的过程，然后说：我1935年1月由党组织派遣正式成为浙江省政府速记员，开始做党的秘密情报工作，我在1935年底和1936年两次向组织提出入党的要求，当时由于白色恐怖严重，组织上没有答复。

明之在一旁补充说明：1935年和1936年，安娜是向当时的联系人舒曰信提出入党要求的。老舒对我讲，上级指示，鉴于上海地下党组织遭破坏非常严重，国民党特务根据叛徒提供的中共党员名单抓人，留在党外更安全些，因此暂不发展党员。老舒还说，党的领导会记住哪些人提出过入党申请，以后再发展。为了不影响安娜的情绪，我和舒曰信考虑，这些情况暂不告诉她本人。

我说：1938年5月我到武汉“八办”，立即向孟庆树同志提出入党要求。到重庆后，我又向吴克坚同志提出入党申请。

卢竞如说：这件事我知道。

我恳切地说：卢大姐，你领导、联系我们已有半年，也比较了解我了。我有决心为党的革命事业贡献一切。现在我再次申请加入共产党。

卢竞如一边点头，一边沉思道：安娜同志，你能不能给我谈谈你对党的认识？

我坦率地说：我对党的认识有个过程。我是辛亥革命以后出生的。封建皇帝虽然下台了，但是几千年沿袭下来的封建思想和封建意识依然束缚着人们。尤其是妇女，受封建传统的压迫最深。我姐姐伊娜就是封建包办婚姻的受害者。我要是不和姐姐一起离家出走，也会成为包办婚姻的受害者。那时我要革命，为的是反封建，争自由，做个新女性。九一八事变，日本鬼子侵占了整个东北，我参加了泰兴中学的救亡宣传活动。1932年夏天，我和姐姐为了改变自己的命运，到上海求学。没想到上海和我的家乡一样，穷苦百姓没吃没穿，露宿街头。社会的不公，洋鬼子横行，让我愤愤不平。就在我们苦闷彷徨的时候，有幸遇见了几个共产党人鲁自诚、舒曰信和华明之，他们给我讲抗日救国，讲共产主义的美好未来，使我对共产党有了认识，对未来充满希望。后来，我在王学文领导下，开始做秘密情报工作。他在亭子间里教导我，为党为国为民干革命要不惜牺牲一切，甚至生命。1938年在武汉，后来到重庆，又受到恩来同志、董老、邓大姐等领导当面教诲，使我的思想又提高了。我已下定决心，为共产主义献身！卢大姐，我要做一个像你们一样的共产党员！

听了我的诉说，卢竞如非常高兴：安娜，很好！你的想法很对。共产党就像一块大磁铁，把优秀的中华儿女都吸引到一起，又用革命道理把他们"磁化"，共同为国家和民族的未来而奋斗。

明之插言道：我就是在加入共产党之后，才觉得人生有了奋斗目标和前进方向。

卢竞如对我说：安娜同志，现在我可以告诉你，关于你的入党问题，我们曾经研究过。党组织对你是了解的。你参加革命做秘密情报工作有成绩，特别是打入国民党中央党部后，成绩很显著。你组织纪律和保密观念都很强，我愿意做你的入党介绍人。我回去就向党组织汇报。

我高兴地紧紧拉住了卢竞如的手：谢谢大姐！

卢竞如说：共产党员要在艰苦环境中经得起任何考验，要有为革命献身的决心。你能做到么？

我坚定地点头说：能！我一定能！

回去后，卢竞如向中共南方局组织部长博古同志详细汇报了我要求入党的情况。当时周恩来同志不在重庆，南方局书记由博古代理。卢竞如表示，她愿意做我的入党介绍人。博古经过慎重考虑，很快答复：批准沈安娜同志入党。

博古

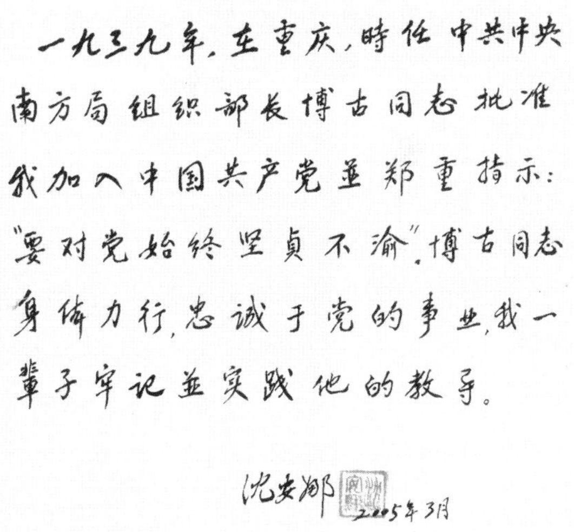

一九三九年，在重庆，时任中共中央南方局组织部长博古同志批准我加入中国共产党并郑重指示："要对党始终坚贞不渝"。博古同志身体力行，忠诚于党的事业，我一辈子牢记并实践他的教导。

沈安娜
2005年3月

2005年沈安娜（时年90岁）为博古诞辰100周年纪念活动的亲笔题词

1939年秋，大约是中秋节前后的一天。卢竞如像往常一样，在天黑以后来到我们家“串门儿”。

她一进屋，就小声对我说：“安娜同志，告诉你一个好消息！你的入党申请，党组织批准了！”我激动得泪流满面，卢竞如紧紧把我拥入怀中。

卢竞如大姐拍着我的肩膀说：博古同志指示，作为一名共产党员，要经受各种考验，始终对党坚贞不渝。

我含着泪表示：我一定牢记博古同志的话，永远忠于党，坚贞不渝！

由于当时秘密工作的特殊环境，不可能举行任何入党仪式。卢竞如与我和明之谈了一会儿工作，然后起身告辞。

卢竞如刚走，我就兴奋地跳着和明之紧紧拥抱在一起。明之指着我怀有身孕的小腹说：小心！别伤着孩子！

我静下来想了想，深情地说：我的成长，除了党的教育、培养，也多亏了你的帮助呀！

明之听后默默地流下了感动的眼泪。两人的泪水流在了一起……

明之说：安娜，你多年的愿望实现了，我们应该高兴才是！

这时，窗外远远传来小贩沿街叫卖夜宵的吆喝声：“红油抄手，担担面儿——”

明之灵机一动，对我说：“安娜，你等一下！”然后冲出门。不一会儿，他就端回一碗热气腾腾的馄饨来。

在重庆，沿街叫卖的小贩很多，他们挑个担子，一头是炉子，一头是馄饨、担担面的原料和佐料。川味十足的叫卖声，拖着长音儿在夜空中回荡，有时悠扬动听，有时哀怨凄凉。

这种沿街叫卖的小吃有很多种，其中比较普遍的是炒米花糖开水和红油抄手、担担面。前一种较便宜，一般在穷人较多的下半城如朝天门码头一带叫卖，后一种稍贵一点，一般在富人较多的上半城如上清寺一带叫卖。

不过我们虽然住在上清寺，但是却很少舍得花钱吃夜宵。今天是个特别的日子，明之就为我买了一碗红油抄手。这种馄饨虽然做得很小，但是很精制，味道鲜美，我当然不愿一人独享这美味，一定要和明之共同享用。然而红油对长期生活在江浙和上海一带的人来说，往往难以消受，我的前额沁出了细小的汗珠。明之见状笑着说：算了，这辣椒油就别吃了。

我却倔强地说：连辣都怕，还干什么革命？

我们正吃得高兴，突然，从隔壁宪兵队传来拷打被捕者的野蛮吼声。受刑者声声惨叫刺痛了我们两个年轻共产党员的心。

原本美味的红油抄手，也变得火辣辣地烧心，难以下咽，两人相视无语。

过了一会儿，明之深沉地说：做个共产党员，就要准备经受严酷的考验啊！

我坚定地应道：入党就意味着要作更大的牺牲，我有接受生死考验的思想准备！

不时从宪兵队传来的呵斥声和惨叫声，时时在提醒我们，这里是虎穴狼窝。虎狼一般毫无人性的国民党宪兵和特务，时刻威胁着我们。我从入党的这一天起，更坚定了献身人民解放事业的决心和经受一切考验的准备。

时隔半个世纪之后，1984年，卢竞如大姐回忆我入党时的经过，仍然非常激动。她写道：1939年2月，我受党组织指派，联系安娜和明之同志，我们一起工作了将近两年。记得是在1939年夏秋，安娜同志向我提出加入中国共产党的要求，我向时任中共中央南方局组织部长的博古同志汇报了安娜同志的入党要求。博古同志开始还以为安娜1938年春在武汉被秘密派遣打入敌内时，就已经是党员了。我解释了她要求入党的曲折经历和强烈的愿望。博古同志明确表示同意。他说：“情况特殊，不办手续”。这样，就由我介绍，博古批准，安娜同志光荣地成为中国共产党党员。在那样的环境下，安娜的入党没有履行任何入党手续，包括宣誓仪式。可是，入党给了她更大的勇气和智慧。

1940年2月，我们的第二个孩子出生了，是个女儿。明之为她取名克放。“克”为“能”之意，寓意中华民族一定能够解放。小名为“小放”。

一天晚上，卢竞如来“串门儿”时，带来了一个大包，打开一看，里面是婴儿用的小被子、斗篷、衣服、鞋帽等。

卢竞如说：这是党组织要我买了送给你们的，“八办”的领导向你们表示祝贺！

1940年，沈安娜、华明之与女儿克放在重庆合影

我听后情不自禁地流下了感动的泪水。我的第一个孩子庆来是在上海生的，当时有婆婆照顾，自己不用操心。现在当我正在为新生儿的生活用品发愁时，党组织和卢大姐考虑得这么周到，送来了这么多实用的物品，令我感慨万千。

我知道，当时八路军办事处经济上十分拮据，我亲眼看到，“八办”领导人的房间里相当简陋，只有一张小床，一张桌子，两个凳子；生活非常节俭，外出参加各种应酬的衣服就那么一身，回来就要换下，仔细地挂在衣架上。党组织对我这样一个普通党员这么体贴入微！送给小放的用品，甚至让我们感到有些奢华。

上个世纪80年代，卢竞如在回忆录中写道：1939年2月，时任南方局组织部长的博古将沈安娜、华明之的政治情况和秘密打入国民党中央党部的背景，以及他们在上清寺街的住址，详详细细告诉了我，指示我好好保护他们，仔细作好他们的领导和联系。当年我买婴儿用品前，请示了时任南方局代理书记的博古，他说：“你去买，我来签。”事后，发票就是博古签了后，在财务报销的。卢大姐还写道说，那时沈安娜、华明之获取的情报我都单独交给博古，当时博古兼任南方局社会部部长，博古常称道：“他们的情报不仅有数量，而且有质量。”

卢竞如领导、联系我和明之近两年，她把党组织的关怀，通过非常人性化的方式传递给我们，使我们倍感温暖，受到鼓励，这更坚定了我们做好党的秘密情报工作的信心和决心。

新中国成立后，卢竞如受康生等人的迫害，1962年就被投进监狱，时间长达16年之久，1978年才出狱。我得知卢竞如出狱后，立即从上海赶到北京去看望她。卢竞如对我说：“‘文革’中，外调人员找我调查你的历史，我都如实说了，是我介绍沈安娜入党的。沈安娜思想单纯，对党忠诚，工作有成绩。我说了实情，却遭到狱中监管人员的毒打，说我‘不老实’。凡是我讲真话，他们就说我‘不老实’，还一撮撮地揪掉我的头发，留下深深的伤痕。”

我看到卢大姐头上一块没有头发的疤痕，禁不住泪如泉涌，一把抱住卢大姐抽泣起来。这位老共产党员刚正不阿，坚韧不屈，宁可牺牲自己，也要保护同志的崇高精神，使我刻骨铭心，永志不忘。

把绝密文件带回家

虽然根据党组织的安排，我和明之有明确分工，也就是说，我主要在台前，明之主要在台后，但是如果明之有机会获取情报，他也决不会放过。

1940年秋的一天，明之意外发现，他所管理的军委会政治部电讯总队的文件中，有一份载有国民党各军、师驻地和番号，以及军长、师长、政治部主任姓名编号等内容绝密的文件，厚厚的一大本。明之敏锐地意识到，这份绝密文件的分量。可是当时的情报获取手段还很原始，没有可以拍摄文字内容的相机，更没有复印设备，只能手抄，而靠他一人是无法在短时间内抄完的。明之及时把这个情况向卢竞如报告，同时将电讯总队机关的办公制度和工作规律做了说明，并提出了可以利用对方机关管理上的漏洞，获取这份情报的方案。

卢竞如马上请示博古同志，他同意密取。

明之与卢竞如约定，在星期六下班时，由他把绝密文件带回家，晚上卢竞如来取走，立即送“八办”，组织人力抄写，星期日晚上把原件送还。星期一再悄悄带回办公室。

周末下班时，明之顺利将绝密文件带回家，卢竞如按时来到。

“东西拿到了？”

“拿到了。”

明之把伪装好的绝密文件交给卢竞如。

“好，我走了。”卢竞如不敢多耽搁，迅速离去。

望着卢竞如的背影，明之那颗悬着的心并没有放下来。因为一旦“穿绷”，后果不堪设想。他有两个担心，一是担心在放回保密柜之前被发现，二是担心周日晚上不能按时送回来。厚厚的一大本，一天一夜哪能抄得完啊？

我安慰他说：星期天，谁也不会想到要用它的。“八办”肯定全力以赴组织人抄写，就是抄不完，也会及时送回来的。

明之说：尽管如此，我们还是应该多往坏处想，提前想好应对办法。

我觉得明之说得有道理，就和他一起研究了几条可能出现的问题和应对措施。

密件取走后，明之一直处于高度戒备状态，以防不测。周日晚八点，卢竞如按时将绝密文件退回，明之那颗悬着的心才放下了一半。

卢竞如说，周六晚上回到红岩“八办”，博古早已组织有关同志，在那里等候，整整抄了一昼夜。“八办”领导说，情报很好，很有用。

明之内心的兴奋，不亚于在战场上打了一场大胜仗。

但是，在没有把绝密文件安全送回去之前，明之仍然不放心。谁知道这期间会发生什么事呢？

星期一，明之提前上班，表面上装得大大方方，甚至还吹着口哨，一副悠然自得的样子。他把绝密文件放回保密柜后，才彻底松了一口气。

就这样，明之神不知鬼不觉，顺利地获取了这份重要情报。他的工作受到南方局领导的称赞。

上个世纪80年代，有一次卢竞如与我们见面，还提起当年组织南方局工

1984年，卢竞如与沈安娜、华明之在北京合影

作人员抄写情报的情景，她对明之说：“那份文件可把大家忙坏了！”

就在明之得到那个绝密文件之后不久，国民党反共高潮逐步升级，隶属“军统”的电讯总队负责人改成国民党职业军人，原负责人是个老工程技术人员，被撤职，并调来不少有军统特务身份的人，把持各个重要岗位。与此同时，也加强了防范措施和对密级文件的管理，并强迫无国民党党籍的职员“集体入党”。

明之回家与我商量，准备把这些情况报告卢大姐。他反复权衡利弊，觉得还是离开电讯总队为好。明之征求我的意见，他说：根据党组织的指示，我的主要任务是协助、掩护你。眼下我还是换一个政治色彩不浓的单位，才能全力掩护和协助你。

我说：你的想法很对。恩来同志和董老派我打入的时候，对你的工作要求是指导、协助和掩护，这个安排很有远见。我们两人不能都在要害部门，更不能只顾眼前一时一事，应该想得长远些，把工作做得更稳妥些。

明之说：那好，我们向卢大姐汇报。

我为明之思考问题深刻，又如此看重我的意见而感到欣慰。我始终把他当成自己的兄长和主心骨。长时间以来，他一直在我的身后支持我，为我出谋划策，我们两人配合非常默契，可以说已经达到心有灵犀一点通的境界。

卢竞如听了我们的汇报，认为我们俩的意见很对，立即上报南方局党组织，得到的答复是：完全同意。为了不引起别人怀疑，华明之可以先办理国民党的“集体入党”手续，然后再找机会离开这个机构。

在明之办理加入国民党手续的同时，我抓紧托人联系工作。我托在国民政府资源委员会工作的一个同乡，推荐明之进入政治色彩不浓的国民政府资源委员会。

资源委员会的前身是国防设计委员会，成立于1932年10月，蒋介石任委员长，隶属于国民政府参谋本部。1935年4月改隶军事委员会，易名为资源委员会。1938年3月，资源委员会改隶国民政府经济部。1946年3月，资源委员会改隶国民政府行政院。随着隶属关系的改变，资源委员会的职能也不断发生变化。但万变不离其宗，主要职能还是资源的调查和开发。

“八办”领导认为华明之调换工作岗位的做法是正确的。作为掩护职业，华明之在资源委员会会计处工作，这是再好不过了。

明之的谨慎，对我影响很大，为做到安全隐蔽，我也处处谨慎小心。

在中央党部秘书处机要处的隔壁，有个“专员室”。这是一个专门研究共产党的机构。我刚到机要处上班不久，就知道这个专员室的职能是什么了。为避免招惹麻烦，我从来没有走近一步。专员室有位专员，曾多次对秘书处的职员说：我们那里有各种各样的书刊，你们可以进来看看。

据进去看过的人说，那里有马克思、恩格斯、列宁、斯大林的书，有中国共产党早期领导人和活动家陈独秀、李大钊等人的著作，以及鲁迅、郭沫若等进步作家的著作，还有《新华日报》等共产党的报刊和其他进步报刊。这些书刊都是我平时想看而看不到的，因此对我有一种特殊的诱惑力。我回家对明之说起这件事：我想，为了更好地掩护自己，这种地方我是不能去的。

明之说：对，绝对不能去！如果不发生事情还好，一旦发生事情，就说不清楚了。绝对不能去！

我在重庆八年，从来没有去过那个“专员室”。

在明之调往政治色彩不浓的资源委员会时，我也在努力为自己增加保护色，只要有这种机会，决不放过。为此，我曾协助中央党部副秘书长甘乃光整理自传。

甘乃光，南洋归国华侨，广东人，是中央党部的元老，在中央党部朱家骅和叶楚伧任秘书长时，一直任副秘书长，因他年纪较大，为人厚道，很受部下敬重。

甘乃光要写自传，办法是由他口述，找人速记，然后整理成文就行了。中央党部秘书长的副官吕氏兄弟向他推荐了我。甘乃光亲自找我谈话，还说要给我一定的报酬。我说：报酬倒不要，能为副秘书长效力，是我的荣幸。但要请您向机要处张寿贤处长打个招呼，这样我就可以用点上班的时间了。

甘乃光对张寿贤处长一说，张处长欣然同意。他觉得这是甘副秘书长对自己部下的器重，是好事。并嘱咐我“好好干”。于是我就开始利用上班的时间，协助甘乃光写自传。没想到这件事在机要处很快就传开了，都说沈小姐不仅是朱秘书长的老部下、亲信，还是副秘书长甘乃光的“红人”。这样一来，中央党部上上下下对我更为尊重。机关的职员见了我，都恭恭敬敬地和我打招呼，称：沈小姐好！

我尊重别人，也换来了别人对我的尊重，在中央党部，谁也不把我仅仅当一个普通速记员看待。

皖南事变后

1940年春，蒋介石得到“军统”特务头子戴笠的密报：共产党、新四军在京、沪、杭一带有了很大的发展。密报说新四军有一个“三山计划”，要打通四明山、天目山……要把过去江西、福建苏区都连成一片。

长期以来，蒋介石一直把共产党当成他的“心腹大患”。他曾说：国家大患不在于日寇，而在江西的土匪。剿共不成亡于俄，抗日不成亡于倭；亡于倭尚可图恢复，亡于俄永世不复翻身。

蒋介石原本想假手日寇来对付新四军。可是，没有想到新四军不仅没有被日军消灭，反而不断壮大，由抗战初期的一万五千人，很快发展到十多万人。

蒋介石为加紧部署在华中对新四军的进攻，指示“先从苏北下手，后打皖南”。并策划了一系列消灭新四军的阴谋，下令将新四军调离皖南地区。我党为顾全抗日大局，答应将皖南新四军部队开赴长江以北。1941年1月6日，新四军部队九千余人，在叶挺、项英率领下到达皖南泾县茂林地区时，遭到国民党七个师约八万人的突然袭击。

新四军英勇抗击，激战七昼夜，终因实力悬殊，弹尽粮绝，除两千余人分散突围外，少数被俘，大部壮烈牺牲。军长叶挺被俘，副军长项英、参谋长周子昆突围后遇难，政治部主任袁国平牺牲。这就是震惊中外的“皖南事变”，是国民党第二次反共高潮的高峰。

事变发生后，中央通讯社于1941年1月17日发布了国民政府军事委员会通令，宣布新四军为“叛军”，取消新四军番号，将叶挺交军事法庭审判。

在中央通讯社宣布皖南事变消息之前，我已在蒋介石主持的高级军事会议上得知了事变的情况。我亲眼看到国民党将领兴高采烈地向蒋介石汇报，“新四军军部被消灭”，“项英及几千名新四军被击毙”，“叶挺被俘获……”蒋介石面带微笑，频频点头。

我难以理解的是，虽然八路军、新四军是共产党领导的队伍，但是国难当头，国共两党理当团结抗战，怎么可以自相残杀呢？新四军一直在积极抗战，怎么是叛军呢？我作为秘密中共党员，看到蒋介石得意洋洋的样子，心中非常愤怒。但是当着众人，只能克制自己，我牢记董老当年“忍辱负重”的教导，强忍悲愤，不能表现出一点悲伤。

回到家里，我一边向明之讲述皖南事变的情况，一边哽咽不止，最后终于忍不住哭了起来。我愤怒地对明之说：他们口口声声“国共合作”，可实际上竟然这样残酷，这样无耻！

明之也很悲痛，但他强忍住泪水对我说：“这就让我们更加看清了国民党顽固派的反共本质！他们是不会有好下场的！”随后轻声细语安慰我。

1月18日，中共中央发言人发表谈话，揭露皖南事变的真相，声讨国民党顽固派积极反共、摧残抗日力量、破坏统一战线的滔天罪行。

1月20日，中共中央军委发布重建新四军军部的命令，并把华中新四军部队统一整编为七个师，扩编为九万余人。蒋介石听到这个消息，非常恼火。我却感到非常振奋。我对明之说：“共产党是打不垮的！”

然而，在国民党顽固派发动的第二次反共高潮期间，斗争形势依然非常严峻。中共南方局领导下的中共鄂西特委在皖南事变之后，遭到国民党特务破坏，特委书记及妇女部长被秘密杀害。

为防止国民党进一步制造血案，南方局和“八办”的工作人员根据党中央的指示，分批撤退、转移。卢竞如于1940年年底撤回延安。南方局领导慎重研究，决定从留下的同志中挑选一个政治上可靠，又认识我和明之的同志来领导、联系我们。最后商定由徐仲航[①]接替卢竞如。

我和明之刚到重庆时，曾在“基督教青年会”的歌咏研究社与徐仲航相识，只是彼此都不知道对方的真实政治身份。直到卢竞如最后一次来“串门儿”，告诉我们将由徐仲航来接替她，我们才知道徐仲航原来是老党员，是东北救亡总会[②]的负责人之一。徐仲航的公开身份是国民党官办出版机构——正中书局总管理处的业务处长。

1941年1月，徐仲航按照规定的联络暗号，来到我们家接头，一见面他就爽朗高声大笑：哈哈！我们又见面了！

我和明之也高兴地压低声音说：今后你就是我们的领导了，太好了！

“今后我们为了一个共同的目标，一起工作！”徐仲航讲一口东北话，像自家人一样称华明之为“老弟”，称我为“大妹子”。

当时皖南事变刚发生不久，国民党顽固派的气焰十分嚣张。当我见到了徐仲航时，就再也控制不住自己的感情，泪水情不自禁地流下来。我将国民党内部的种种反共言论和行动措施，都向徐仲航做了汇报。最后，我义愤填膺地说：杀了我们那么多同志，都是抗日的好兄弟啊！这个仇我们一定要报！

---

① 徐仲航（1909—1976），辽宁海城人。1925 年入团，1927 年转党。抗战爆发后，任东北救亡总会党组成员，常委兼组训部长。新中国成立后，曾任中央贸易部经济计划司研究处处长，后在外贸学院工作。1961 年任国务院参事。

② 东北救亡总会，是高崇民、阎宝航、杜重远、刘澜波等人在“西安事变”后，根据周恩来关于“要把东北军和东北各界人士组织起来，把东北救亡团体联合起来，形成广泛的抗日民族统一战线，以抵制蒋介石的分化瓦解，争取民主，实现联合抗日，争取张学良将军早日恢复自由”的指示，成立的一个共产党外围组织。九一八事变后，北平有十多个东北救亡团体，东北救亡总会将这些民间的救亡团体统统拉到了“东总”的旗下，并取得了合法地位。

1940年秋，徐仲航（前排右三）、沈安娜、华明之（前排左一怀抱克放）、哈泽民（后排左）在重庆国民党财政部电台院内合影

徐仲航安慰我说：不要难过，我的心情和你们一样。革命总会有牺牲，斗争还会更复杂，要相信党中央。现在恩来同志正领导我们与敌人斗争。他曾经给何应钦打电话，愤怒地说："你们的行为，使亲者痛，仇者快。你们是做了日寇想做而做不到的事，你们是中华民族的罪人！"恩来同志还在《新华日报》上题词："'为江南死难者志哀'和'千古奇冤，江南一叶，同室操戈，相煎何急'"这份报纸比平时多印了好几千份，广为散发，影响很大。

我说：太好了！可惜我们看不到《新华日报》。徐大哥讲的情况，对我们是个很大的鼓舞！

徐仲航见我情绪好些了，又接着说，皖南事变发生后，周恩来在红岩村指挥若定，果断地作出部署。他指出："时局的发展有两种可能，即国共两党藕断丝连的局面有可能继续维持下去，也有可能一刀两断，全面破裂。我们要有充分的准备，要准备反动派突然袭击，要准备被捕、坐牢、砍头！不管怎样，我和同志们在一起！"

他还说："反动派搞突然袭击的可能性很大，他们主要目的是想攫取我党的机密：如密码、文件、地下党员名单，破坏地下党组织，打击同情我们的爱国人士，我们是决不能让其得手的。……如果我们被抓起来，要坚持不泄露党的机密。”

周恩来号召大家要向烈士学习，在任何情况下都要保持共产党员的革命气节。

徐仲航传达了周恩来的讲话后，又嘱咐我和明之：当前，你们要头脑冷静，不露声色，坚守岗位，不断提供重要情报，供党参考。

我和明之向徐仲航表示：有党组织在，有周恩来等领导同志在，再大的难关也一定能闯过去！

徐仲航嘱咐我说：越是在这种时候，越是要保持冷静，要学会忍耐。这是工作的需要，明白么？

我听了徐仲航的话，点点头说：我一定努力做到。董老也曾嘱咐过我，要“忍辱负重”。这对我真是很难，但我一定会这样做的。

3月1日，国民参政会第二届会议召开。我在会上看到，中共参政员的席位空了一片。中共拒绝与会，以表示抗议；同时提出：承认中共及民主党派和陕甘宁边区的合法地位、释放皖南事变中所有被非法监禁的全部新四军官兵等十二条要求，作为出席会议的条件。蒋介石被迫在第二届参政会上表示以后再亦决无剿共的军事。”并约请周恩来面谈，答应提前解决国共间的若干问题。

皖南事变后，蒋介石虽然表示“不再有剿共的军事”，事实上，我仍在不断记录着何应钦、白崇禧、陈诚等人在国民党“中常会”上所作的军事报告。此外，还有所谓“特种报告”，专门策划反共阴谋，如讨论组织“特种党团”打入共产党和进步团体，加强特务活动等，我及时将这些情报交给了徐仲航。

侠义柔情的徐仲航

徐仲航是在皖南事变的阴云笼罩下进入我和明之的生活圈子的。他的出现，为我们的工作和生活增添了一道明亮的色彩。

徐仲航是大学毕业生，知识渊博，有较高的马列主义理论水平。他经常给我们讲形势，讲党的政策，帮助我们提高理论修养。这对于未能去延安学习马列主义理论的我来说，无疑是个极好的学习机会。我觉得徐仲航讲解的马列主义是那么通俗易懂。他把马列主义理论与中国的实情有机地联系起来，仿佛马列理论中的很多内容就是在讲中国的事情。

徐仲航30多岁了，一直没有结婚，可能是过惯了单身生活，我感觉他有时显得大大咧咧的。明之第一次把所写情报的几张薄纸伪装好交给他时，他就很随意地往西服内左边的口袋里一揣。

我见了，不由得心里想，这样太不安全了！过去卢大姐可不是这样做的。但他是党派来的领导，不是一般的朋友，能否提意见？又一想，不行，为了党的秘密工作，必须保证安全第一。

我当即和明之交换了一下眼色，明之向我点点头。我们夫妻多年，早在秘密情报工作中达成了一种默契，只要一个眼神，就能领会彼此的意思。明之示意让我纠正徐仲航的做法，我就认真地对徐仲航说：徐大哥，请你把西服脱下来，我给你处理一下。

徐仲航也是聪明人，马上明白了我的意思，便把西服上衣脱下来交给我。我将西服的夹缝拆开，把情报藏进去再缝好，从外面一点也看不出来。徐仲航高兴地说：这样好，这样好，这样比较安全。既好拆，又好缝。我单身多年，粗针大线也能缝两下。

以后每次取情报，徐仲航都主动让我把情报缝在衣服里，有时也缝在裤脚边。

从外表上看，徐仲航是个典型的东北汉子，身材魁梧，说话粗声大气。但是内心却柔情似水。徐仲航非常喜欢孩子。每次来都要抱一抱小放，逗逗她玩。而且每次来，都不会空手，有时带几块点心，有时拿几个桔子。小放在重庆经常生病，多是感冒咳嗽之类，他就会及时送药来。有一种甘草片，甜丝丝的，小放最喜欢吃了。吃几片，咳嗽就好了，真神！小放患病时，他来接头就大大方方地敲门：孩子好些没有？药买来了！

小放一听他的声音，便奶声奶气地大喊：大伯伯来了！

徐仲航像变戏法一样，从口袋里摸出糖啊药啊之类的东西，逗得小放嘎嘎地乐。

一次，徐仲航突然在非约定的时间赶来，说党组织需要一份重要材料，我赶紧将速记本上的速记符号译成文字，明之又用蝇头小字将其整理成情报，抄写在薄纸上。徐仲航一边等我们，一边逗小放玩儿。重庆水多鸭子也多，他给小放带来了两只刚孵出来的小鸭子，在木盆里盛一点水，小鸭子就能在盆里“呀呀”叫着凫水了。小放玩得很开心。

徐仲航对我们说：和小孩在一起，是我生活中最大的乐趣。

在国民党核心机关的各种高层会议上，国民党高官的反动叫嚣始终不绝于耳，给我造成极大的心理压力，我没有痊愈的肺结核病又复发了。细心的徐仲航看到我咳嗽很厉害，且面黄肌瘦，一下就猜出了我的病症。我只好点头承认。

“你上班时怎么办？”徐仲航关切地问。

“开会时不敢咳，尽量忍着。有时只好躲到厕所里去咳，待喘过气来，再回会议室。”

徐仲航听了十分心疼，安慰我说：我听说有一种叫“雷米封”的药，能治肺结核。一定要根治，否则好好坏坏，怎么坚持工作？我去给你找“雷米封”！

过了几天，徐仲航来接头的时候，懊丧地对我说：药还没买到。

我反倒安慰徐仲航：徐大哥，不要急，我能挺，说不定过几天就不咳了。

徐仲航斩钉截铁地说：不行，这病不能硬挺，我一定要找到！

又过了几天，徐仲航来了，一进门就高兴地说：你们看，雷米封！我弄到雷米封了！

我和明之非常感激，我们难以想象，徐仲航要费多大周折，才能弄到这种特效药。我好奇地问：徐大哥，你是怎么弄到的？

徐仲航大手一挥说：嗨！朋友托朋友呗！怎么弄的你就别管了，吃药！

他看着我把药片吞下去，才放心地离开。

吃了徐仲航送来的药，我的肺结核明显好转，不久真的就不咳嗽了。

明之感叹道：徐大哥真好！

重庆大轰炸

从1938年2月到1943年8月，日本法西斯以它在华的最大空军力量，对重庆进行了长达五年半的战略轰炸，史称“重庆大轰炸”。

抗战初期，重庆还没有像样的防空洞和防空警报设施，空军力量很薄弱，消防队伍也不健全，因此面对日本飞机的狂轰滥炸，损失惨重。1939年5月3日和5月4日，日本飞机连续两天对重庆市区进行高密度轰炸，第一天死伤民众就有一千多人。第二天死伤五千多人，这是当时世界空袭历史上空前的惨案。据目击者回忆，当年停放在重庆仁爱医院停尸房里的尸体，从地上一直摞到房顶，场面极其悲惨。

亲身经历此次大轰炸的重庆市民赵克常老人回忆：

1939年5月4日下午两三点钟的样子，我们的船停在接近朝天门码头的一个隐蔽的地方，敌人的飞机正在轰炸重庆……

当时天上的飞机多呀，黑压压一片，9架一排，飞得很低，连日本人的膏药旗都能看得见。炸弹就像狗拉屎一样向下掉，还有飞机上的机关枪也喷着火，响个不停。当时朝天门到处是浓烟和灰尘，在船上听声音就跟打闷雷似的。

敌机轰炸完走了，我们也很快从朝天门码头上岸了。我记得，下了船到路上，要爬很高的台阶，起码有几千个坎，当我爬了一小半的时候就大哭起来。因为越往高处走，地上就越来越多的人肢体的碎片……

有血肉模糊的大腿横在路上，有乱成一堆的肠子还在蠕动，有带着凌乱头发的半边脸狰狞地看着你，有只断臂的手心里握着一个精致小包，抓包的手指还在微微抖动！

我当时根本喘不上气，胸闷，窒息了，好像马上就要被憋死一样，我忘记了有没有哭出声，我当时可能连哭出声的力气都没有。我记得，当时不少孩子都把眼睛蒙住不看，有个孩子没蒙，但嘴张得大大的，合不拢，就这样走了一路。

我们走的是从朝天门到上清寺的那条路，步行。一路上去，看到到处着火，冒黑烟，尸体遍地，还有一块块的肢体碎片。消防队员在救火，但大都是人扑手打，高压水枪很少。路边有不少哭死去亲人的……

1939年大轰炸时，我已经怀孕，行动很不方便，每次跑警报躲避大轰炸，都要比常人更加小心。日寇飞机白天轰炸，从早上连续不断炸到晚上。所以国民党上层召开重要会议，多为晚上。警报解除后，别人抱着孩子回家烧饭，我往往会接到通知：马上开会去。高官们在防空洞里吃饱喝足了，有汽车送到会场，而我却饿了整整一个白天，空腹步行去会场。天已经黑了，高压线被炸断了，市区漆黑一片，道路坑坑洼洼，垃圾瓦砾遍地。我摸着黑，深一脚浅一脚地往会场赶。会议一开就是两三个小时，我又累又饿，还要忍着妊娠反应，集中精力做好速记。有时记着记着就感到头晕、眼花、手发抖、口吐清水，身上一阵阵出冷汗。我凭着毅力，咬着牙，坚持把会议的内容记下来。

会议结束已是半夜，我又在废墟和瓦砾中摸着黑回家。到家后，我惟一的安慰就是明之在锅里焐着的一碗热泡饭。

1940年5月18日，日军发动了“101号作战计划”，在这之后的三个多月时间里，共出动飞机2023架次，投弹10021枚，计1405吨。

在这次大轰炸中，中央党部秘书处所在的上清寺损失惨重。

那时小放出生才两个月，我们一家三口警报一响，马上躲在上清花园中央党部秘书处机关内的防空洞里。这个防空洞在一个小土包下面，是专为中央党部机关的小职员、工友和家属修建的。全部是钢筋水泥结构，比平民百姓的防空洞要牢固些，但比秘书长、主任秘书、处长以上官员的防空洞要差得多。达官贵人的防空洞地点好，修筑坚固，设施齐全，有电灯，有厕所，吃喝不愁，甚至还有佣人伺候。即便是在战乱时期，达官贵人的生活条件和水平，与平民百姓相比，仍是天壤之别。

中央党部秘书处的防空洞两头有大门，日机轰炸时，大家凭中央党部的徽章进入防空洞。走下十几级台阶，有一个长方形、像排球场那么大、高不足两米的空间，通常要容纳老老小小一二百人。洞内两侧有长水泥凳。水泥凳不够用，人们就随意蹲着或坐在地上。洞内通风条件极差，空气污浊，灯光昏暗。

1940年5月的一天，敌机来袭，我怀里抱着小放，手里提着一个包袱，明之在后面护着我跑进防空洞。刚进洞不久，一颗巨型炸弹在离防空洞很近的地方爆炸，洞内尘土飞扬，灯光熄灭，一片漆黑，所有的人都被震得弹了起来，我怀里的孩子和包袱一起被震落在地上。

我听不到孩子的哭声，便连忙蹲在地上摸黑找女儿。我先抓到一个东西，一摸是包袱，不是孩子，就大喊：“娃儿掉地上了！不要踩了我的孩子！”周围的都是同事，听到我的喊声，就都站在原地不动了。于是明之和我一起摸黑找女儿。等摸到孩子时，明之又喊：“谢谢啦，娃儿摸到了！”这时小放像是刚被吵醒，亮开嗓门大哭起来。

大轰炸结束后，我和明之抱着女儿回家。走到楼前，不由得大吃一惊。这幢楼虽然没有被炸倒，但是家家房门上的锁都被震掉了，门大敞着，像是刚刚被盗贼洗劫了一般。当时市面非常混乱，很多店铺和人家在躲避空袭时被歹徒趁火打劫。

我们回家一看，什么也没丢。问问邻居，谁家也没丢东西。不知是因为这次轰炸猛烈，没人敢出防空洞，还是因为这楼里住的都是小职员，没什么值得偷的东西，居然没有小偷光顾。

1940年端午节，华韵三与儿子克行合影。左为鲁自诚在照片背面的手迹

此时也住在重庆的鲁自诚一家，从南岸看到山坡上的上清寺一带火光冲天，鲁自诚拍下了一张照片，并模拟两岁的儿子克行的口气写了一段话："坡坡好大火啊！姆妈，娘舅家该不会中烧夷弹吧？"韵三母子于警报解除后，登高远眺，正值克行呼唤时摄。廿九年（即公元1940年）端午大轰炸后。

后来，为了躲避空袭，中央党部秘书处让部分带孩子的女职员，暂时疏散到附近乡下去。我带着小放随队躲到一个叫小湾的地方，住在老乡家。老乡家都养狗，见陌生人就咬。所以，我们都备一根打狗棍。每天早上，我一手拄着打狗棍，一手抱着小放，背着小包袱，到临时"办公室"去，晚上再回老乡家借住。因老乡家孩子有传染病，不敢把小放寄放他们家，所以，天天拄着打狗棍，抱着小放，早出晚归。因我担负着机密的工作，在乡下办公，实在不便，不久我们不得不又回上清花园办公，回家住。

1941年6月5日，是重庆历史上最悲惨的日子。这一天，发生了惨绝人寰的"大隧道惨案"。

大隧道是抗战前在十八梯与观音台之间开凿的隧道。由于技术问题，两头未能对接，遂半途而废。抗日战争开始后，重庆市政府将其改为专供市民百姓用的公共防空设施。

如果说1939年的"五三"、"五四"大轰炸是日寇的罪行，那么对震惊中外的"大隧道惨案"，腐败昏庸的国民党当局则要承担重大的责任。

6月5日那天，日寇对重庆进行的是所谓"疲劳轰炸"，整个白天，敌机轮番进入市区，连续几个小时，警报不解除，防空洞内空气逐渐稀薄，闷得人透不过气来。各机关单位自己有防空洞，只要头顶没有飞机声，还可以临时出来透透气。大隧道像个关了车门的公共汽车，里面挤满了人，无法透气。

整个大隧道防空洞由七条隧道组成，发生惨案的这条隧道位于较场口。该隧道正常容量为5000人。而事发当天，据说挤进了上万人。

洞口设有木栅门。按常识，公共场所的太平门都是向外开的，人们从里面一推就能打开。可是洞口的木栅门不是向外，而是向内开的！更为荒唐的是，那天木栅门上还加了锁，外边有宪兵站岗，不准洞内的人出来。头一二个小时，洞内还算安静。之后，随着隧道内温度逐渐升高，氧气越来越稀薄，人们开始骚动起来，纷纷向洞口拥挤，但外面敌机正在轰炸，防空值勤人员未接防空司令部解除警报命令不能打开洞门。

晚上九点左右，已在洞内避难几个小时的市民感到呼吸困难，以至于窒息，在死亡威胁面前，他们终于不顾一切地向洞口挤去。洞门打不开，造成洞口严重堵塞，空气更不流通，站在最前面的人被挤压在闸门上，发出一声声惨叫，活活被挤死。许多人因窒息倒下，接着又被涌上来的人踩踏而死。

到夜里，轰炸停止，外面的人劈开木栅门，看到尸体重重叠叠堆到了洞顶。死者面目青紫，口鼻出血，其状惨不忍睹，生还者寥寥无几。防空司令部调担架营前去抬尸。

在大隧道惨案发生后的几天内，我听中央党部的职员谈论大隧道遇难者情况时说，三个洞口同时往外抬尸体，花了七八个小时才清理完毕。

重庆老人高键文是重庆较场口大隧道惨案的幸存者之一。老人清楚地记得，惨案发生后，从洞内抬出的死尸先用各善堂常备的薄棺材装尸，后又用粗篾席包扎。由于死尸太多，剩下的用20辆卡车运到朝天门江边，用50条船运到黑石子地区掩埋。这项工作花了五天时间才告完成。而他自己所在的杂

1941年6月5日，在日军的轮番轰炸下，重庆大隧道发生数千人窒息的惨案。图为隧道中拖出的遇难者尸体堆积如山

货店有五人进入防空洞，其中四人没有回来。从衣服街到木货街、草药街、百子巷、十八梯等五六条街道上，许多店面的门再也没有人开过。

在这次大惨案中遇难的，有人说是数万人，有的说是万余人。据重庆防空司令部1941年6月7日发布的公告说，“死亡461人”，这显然是谎言。

许多死者家属组织请愿团，向政府请愿，要求公布死亡的真实数字，外国报纸也纷纷报道这次惨案的疑点。在民众和舆论的压力下，重庆市政府在6月12日再次公布死亡人数为“有户口可籍者644人”。社会舆论还是不相信，认为此数字与实际情况不符，提出要公审主事人。

蒋介石为了缓和局势，安抚民心，命令1941年4月新上任的中央党部秘书长吴铁城①组织审查委员会，查清案情，追究责任，公开审理此案。

吴铁城马上成立“特别审查大隧道惨案委员会”，主要公审对象是重庆卫戍总司令兼防空司令刘峙。公审大会召开之前，吴铁城等国民党高官为了推卸责任，保刘峙过关，事先组织了一个预审会，帮助刘峙设计如何说谎，以对付公审人员，欺骗广大群众。

我亲眼目睹了国民党导演的这幕丑剧。

特别审查大隧道惨案委员会在上清花园中央党部秘书处一个房间内，专门安排了临时聆询室，由专人设计若干条记者或群众可能提出的问题，并帮刘峙设计出对其有利的应对答词。

刘峙答词的核心问题是这次惨案的死亡人数。规定刘峙回答时不得超过千人；要承担一些责任，但不能过头，争取安全过关。

为了让刘峙在公审时能对答如流，吴铁城要求他熟背答词，因此要中央党部机要处派速记员将预审会的全部问答记录下来，交刘峙反复预习。

这个速记任务被派到了我和居正修头上。

预审会开始，刘峙来了。刘峙满脸横肉，他那脑满肠肥的形象，与当时生活艰难，脸有菜色的重庆百姓形成了强烈对比。当预审员让他走上预审台座位时，他两腿开始发抖，脸也变了色，像一张白纸。

---

① 吴铁城(1888—1953)，原籍广东香山（今中山市），生于九江。1909年经林森介绍加入同盟会。1914年加入中华革命党。1941年任国民党中央党部秘书长。1948年任行政院副院长兼外交部部长。去台湾后任“总统府”资政等职。1953年在台北病逝。

不知是谁斥责他道：预演就这样，将来正式上台怎么办？

刘峙这才镇定下来，摆出一副死猪不怕开水烫的架势。

预审会上，“专家”帮他设计了几个问题。先问：“日机轰炸不止一天了，在闹市中心，人口最多，只有这么一个隧道，而且洞口又小又窄，更没有通风设备，这是管理不当，你这个防空司令躲在安全的防空洞里，你想到百姓了么？闷死那么多同胞，你要抵命的！”

设计的刘峙回答是：我责任重大。正准备疏散人口到附近乡村去，可时间来不及了。

设计追问：你知道大隧道到底闷死了多少人？

设计的刘峙答：“大约八九百人。”

这是个最敏感的问题，虽然刘峙的回答比原先公布的644人要多，设计人员还是担心，在公众面前仍通不过，因此要求刘峙面部表情要做出痛苦、悔恨、欲流泪的样子。可是刘峙呆若木鸡，怎么也做不出这种表情。居正修在一张纸上写了一句话：“肯定不会表演的。”我看看他，不露声色地会心一笑。

设计人员考虑到群众会进一步追问抚恤问题，设计问道：你对死伤者家属如何抚恤？

设计人员要刘峙显得很难过，一再表示：要从重抚恤安排的！

主持预审会的人要他将上述几个问题再演习一遍，刘峙仍不能顺利背出他的“台词”，只好让他把速记员记下的问答词带回去背诵。

对此，我心里充满了厌恶和憎恨：还是二级上将呢，简直像头蠢猪！国民党怎么弄这样笨的人去当防空司令呢？岂不是拿重庆百姓的性命开玩笑么？

后来刘峙是怎么表演的，我没有看到。公布的审查报告上说，此次惨案共死亡人数为992人，重伤151人。这时市民已不相信官方的报道了。

刘峙被撤职，市长、警察局长被记大过处分，抚恤金大户20元，小户10元，这件事便草草收场。可是过了不久，被人们称为“草包司令”的刘峙又被蒋介石委以要职。

受尽大轰炸磨难的重庆人疑惑重重，因为所有防空袭的人，在进防空洞时，都将细软打包随身携带，而抬出来的尸体，几乎都是衣服不整，甚至有人赤身裸体。遇难者随身携带的细软都哪里去了？据说，发惨案财者大有人在。抬尸的担架营工兵先抢金银首饰，后抢细软衣服。被长官发现，勒令把抢的东西都往仓库抬，实际值钱的都到刘峙老婆的库房里了。

悬挂在高坡上的“防空信号球”

在重庆大轰炸的日子里，当地百姓天天提心吊胆，一有防空警报，就要钻防空洞。

在6月5日的大隧道惨案之后，重庆防空司令部才正式启用空袭标识球，向市民昭示日机来袭情状。防空警报球实际是红色大灯笼分三个等级，三角形表示预警，圆球表示紧急，长形表示解除。防空司令部一旦得到敌机起飞的情报，马上就会在市区的几个高处挂起一个三角形灯笼，市民称它为“挂起”，这个预警信号提醒人们随时准备防空。还不能确定敌机是否要来轰炸，市民仍可照常工作和生活，但不宜外出。

敌机进入市区防空警戒圈之后，就会挂起两个红色灯笼，同时发出一长一短的警报声，所有人员必须停止一切活动，进入防空洞。

警报器发出一声声连续不断的短促的声音，三个红灯笼挂起，是敌机已接近重庆的紧急警报声，路上不准有行人，防空洞里的人不许出来。

警报器发出一声长鸣，是警报解除的信号，人们才能走出防空洞，恢复正常的生活。

侵华日军在长达五年半的时间里，对作为中国战时首都的重庆进行了200多次轰炸，造成惨重的人员伤亡和财产损失。据统计，日军共出动飞机9513架次，投放各类炸弹21593枚，炸死市民11889人，炸伤14700人，炸毁房屋17608栋。

除此之外，1939年的“五三”、“五四”大轰炸后，重庆市区还发生过严重的霍乱和痢疾，当时驻守在机房街的新兵团，就有数十人因痢疾流行而死亡；6月，重庆化龙桥地区霍乱流行，当月就死亡200多人。1999年，一位曾参加过重庆大轰炸的日本飞行员到重庆谢罪，他承认当年他在重庆也扔过细菌炸弹。后来有人查阅资料，发现重庆出现鼠疫、霍乱等疾病的时期，和日军投弹的时间很相符。

日机轰炸还引起了重庆住房拥挤、交通混乱，断电、断水、断炊，严重威胁着市民的生存。但是，日本侵略者的野蛮轰炸，并没有让重庆人屈服。那时重庆有一首民谣："任你龟儿子凶，任你龟儿子炸，格老子就是不怕；任你龟儿子炸，任你龟儿子恶，格老子豁上命出脱！"表现了重庆人民不屈不挠的抗战精神。

艰难而有收获的季节

1941年10月前后，我从中央党部机要处得到消息，说国民党五届九中全会已开始筹备，不久即将召开。在徐仲航来家里联络时，我将这一情况向他作了口头汇报。

徐仲航代表南方局指示：在皖南事变后，国民党又掀起了新一轮反共高潮，党组织希望你尽量在会前搜集到会议重要报告的草案，以便我党及时主动采取应对措施。

经我仔细观察，一些绝密内容议题逐步浮出水面。果不出预料，其中有军政部长、军事委员会参谋长何应钦的《关于对共产党问题的报告大纲（草案）》，有中统局副局长徐恩曾的《对共产党的处理问题的提案（草案）》，此时我虽然怀第三个孩子已八个月，本来应该在家休息的，但是为了获取此次会议的重要情报，仍然坚持每天上班。

怀孕期间，特别是后期，我经常腰酸背痛。上下班走的全是石阶路，坡坡坎坎、又湿又滑，我手撑着腰，喘着粗气，一路上小心翼翼，走走歇歇。平时十分钟的路，现在常常要走二十分钟，甚至半个小时。

大会召开之前，速记不忙，秘书忙。我没事就在秘书室和副官室转悠，希望有机会在会前看到或者得到这两个文件。我很清楚，情报工作最看重的是预警作用。如事先掌握国民党顽固派的动向，对我党争取主动意义重大。因此，这几天我格外留意观察从自己眼皮下流过的各种文件。

真是皇天不负苦心人。这天，我去秘书室，忽然觉得眼前一亮，何应钦的“大纲（草案）”和徐恩曾的“提案（草案）”赫然在目。这正是党组织所需要的！

尽管几年来我在情报战线上已历尽风雨，见过些世面，然而当见到何应钦、徐恩曾的这两个重要文件时，不禁心砰砰地跳，既兴奋，又有些紧张。

我思索片刻，就在秘书们忙得顾不上和我搭话的时候，果断地决定，用安全、可行的办法获取情报。我一目十行地把“大纲”和“提案”的重要内容熟记在心里。回到自己的办公室后，再用别人看不懂的炳勋速记符号，和自己独创的速联符号，迅速将内容记录下来。一些特别重要的内容，我怕记得不准，又特地去秘书室偷看一次，随即回来补正。然后我大大方方地将速记纸片带回家，连夜整理成文字，再由明之用工整的蝇头小楷摘编，密藏于竹竿之中。第二天晚上，徐仲航来接头时把情报带走，上交南方局，随即报延安中央情报部，使党组织在会前就全面、准确地了解五届九中全会国民党顽固派消极抗日、积极反共的图谋和措施。

不久，我的第三个孩子出生了，是个儿子，明之给孩子取名庆新，乳名小新。在给孩子取名时，寓意了我们心中的期盼。20世纪90年代，回想五十多年前的往事，我有感而发，曾写了几句不成诗的话：

抗日时期在重庆，华夏古国盼新生。
小儿诞生困难时，寓意取名华庆新。

1941年12月15日，国民党五届九中全会召开。为了获得更多的情报，我产后未满月，就去办公室转悠。我不可能参加会议的速记，便主动协助速记科长徐漂萍整理抄写材料，这样也可以获悉会议全部内容。我积极工作的态度，得到科长的表扬。可是科长又哪里知道我的真正目的呢？

接着，我又去印刷股，看看有没有已由大会秘书处润色定稿的正式油印件。印刷股经常会有一些印得不清楚，准备作废的文件，放在旁边的架子上，等待统一销毁。我趁印刷股的人忙得不亦乐乎，无暇顾及之际，敏捷地从中抽取了我早就相中的文件。去印刷股，用这种方法获取情报，我已屡试不爽。

为了获取更多的情报，我在生孩子前后都没能得到休息。当时身体非常虚弱，体重还不到一百斤。徐仲航很心疼我。小放还小，总缠着我，要我抱。徐仲航来接头取情报时，总是把小放抱过来，对女儿说："小放乖，妈妈太累了，让伯伯抱。"他让我们俩专心赶紧整理密写情报，并再三嘱咐明之，一定要好好照顾我。

国民党的第二次反共高潮被击退后，蒋介石和他的同僚正在策划新的阴谋。军事委员会参谋长何应钦在九中全会上做了关于共产党问题的报告，还通过了反共清党的两个文件：一个是中统局副局长徐恩曾负责起草，内容绝密，只在小范围讨论的《对中共处理问题》；另一个是《关于党务推进的根本方针》。这两个文件反映了"皖南事变"后国民党甚嚣尘上的反共倾向。国民党在内部搞"清洗"，要"肃清内奸""纯洁"国民党的核心机构，加强内部控制。这些，在这两个文件中，都有详细具体的措施。如建立由国民党元老张继[①]任督察的党员监察网，设立由中统局把持的党员监察员，建立党团制度等。

23日，五届九中全会闭幕。我在会议闭幕不久，悉数获取了这次会议的重要情报。我获取的油印件，有不清晰处，由明之细心一描，就可以看得清清楚楚了。明之将油印件的四边剪去，包好。徐仲航来取情报时，我将密件缝在他的西服夹里内。

送走徐仲航，我这才有时间搂着刚出生的小儿子，踏踏实实地睡了一觉。我睡得香极了，近两个月来，没有睡过这样一个好觉。

1941年的这个冬天，对于我来说，是个艰难而有收获的季节。我在没能担任国民党五届九中全会会议记录的情况下，获得了全会的全部重要情报；而与此同时上天赐福，我和明之又得了个儿子。

---

① 张继(1882-1947)，原名张溥，字溥泉。直隶沧州（今河北沧县）人。1899年留学日本。1904年参加同盟会。1913年当选第一届国会参议院议长。孙中山逝世后参加"西山会议派"（国民党右派），被推为"西山会议派"的中央执行委员。抗战后任国史馆馆长，1947年12月病逝于南京。

我获得的这些情报，受到南方局领导的高度重视。徐仲航向我和明之转达了上级党组织对我们的表扬和鼓励。他说：这两个文件很重要，使我党及时掌握了国民党顽固派对待我党的政策和动向。

1942年1月9日，远在延安的中央情报部将国民党九中全会的情报上报党中央领导。毛泽东曾批示：**“九中全会表现了国民党的极大动摇性，这种动摇似要待到法西斯失败时才会起变化，那时变好变坏，当依国际国内条件来决定。”**

那时我们夫妻的工作是“流水作业”——白天我用速记符号把情报记下来，下班后，用前半夜的时间将速记符号整理成文字，然后交给明之摘编，这时，一般都是后半夜了。明之根据情报的性质和轻重缓急，分类摘录编写。有疑点，需要进一步弄清某些细节，就得把我叫醒。我除了整理文字，夜里还要给儿子喂奶，把尿，盖被子。由于我过于疲劳，睡得很沉，经常叫也叫不醒。虽然明之很心疼我，不忍心把我弄醒，但有时候情况紧急，需要立刻搞明白，只好使劲将我推醒。我人虽醒了，却困得睁不开眼睛。明之就去拿湿毛巾，帮我擦擦脸，让我清醒过来。

我经常在下半夜被明之叫醒，一起研究情报。等把情报整理完毕，伪装密藏好，天都快亮了。这时，我们肚子饿得咕咕叫，可是经济拮据，家里常常没有可以在夜间充饥的食品，天长日久，我的胃溃疡又复发了。后半夜如果醒了，往往两眼直直地等天亮，得了严重的失眠症。

繁重的情报工作无情地消耗着我们的精力，但我们无怨无悔。努力完成党交给我们的任务，就是我们最大的愿望。

明之是我的指导，是我的交通，是我的丈夫，又是我的助手，是在我身后支持、协助我工作的人。很多年以后，当我的事迹被解密时，明之似乎总在我的背影后。可是实际上我无法想象，如果我的生活和工作没有老华，那将会是什么样子。

而明之则总是谦虚地说：“安娜是红花，我是绿叶。”其实“红花”也好，“绿叶”也罢，我们二为一体，相辅相成。是伟大的爱情让我们战胜一切困难。

我和明之晚年定居北京。我们特别喜欢荷花，我请人画了一幅荷花图，并悄悄嘱咐说：要把荷叶画得大一些。结果，画家把荷叶画得很大，并且占据中心位置。明之看了，不解地地问：怎么把荷叶画得这么大？

我则满意地说：很好，很好！

1941年的冬天在我和明之充满兴奋的气氛中，顺利度过了。虽然我的胃病和失眠很严重，但是紧张的秘密情报工作，使我常常忘记了这些病痛。

1942年初，国民党得知共产党陕甘宁边区急需知识分子和汽车司机等技术人员，便策划利用亲戚关系或其他方法，向边区派遣特务，从事侦察和破坏活动。我获悉这个消息后，明之及时将这一情报通过徐仲航报告党组织，有效地配合了陕甘宁边区和延安的“反奸防特”工作。

1942年6月，国民党中央决定改变开会办法，半年召开一次中央全会，于是开始筹备五届十中全会。我得知，会上将加强内部“清党”，国民党党、政、军三方头目各做一个报告；陈果夫、陈立夫等说要在半年内“肃清内奸”、加强对国民党机关人员的审查和管理。上述情报，我们及时交徐仲航上报，南方局即发往延安中央情报部。

后来，由于国内外形势发生了重大变化，欧洲战场，苏联和德国打得难解难分；西太平洋和东南亚地区，日本向美国和英国的势力范围发动猖狂进攻，美、英、苏同盟国要求蒋介石坚持对日作战，不要内战，蒋介石处于内外交困之中，不得不在1942年7月提出和中共进行“谈判”，十中全会也因此而推迟召开。

八、生死考验

(1942 年秋—1943 年夏　在重庆)

“徐仲航被捕了！”

1942年秋的一个星期天，是徐仲航与我们约定接头的日子。不知为什么，徐仲航没有来。他是个非常守时的人，过去从未出现过这种情况。后备的联络日子也过去了，他还是没有来。

我有些担心地对明之说：老徐会不会是生病？他独身一人，如果生病，无人照顾，可就苦了他了。

明之无奈地说：我们不知道他的住处，怎么帮他呢？

按照秘密情报工作的保密规定，领导者与被领导者是单线联系。上级知道下级的住处，下级是不知道上级住处的。我们是被领导者，不知道上级的地址，无法找他，也不准擅自去找他。我们只有继续等待。

又过了几天，仍然没有他熟悉的敲门声，也没有他的任何消息，我们急得不知如何是好。

后来，我想出一计，我对明之说：我和他都是国民党机关的职员，我想以我的名义给他写一封信，寄到“正中书局”总管理处试探一下，就说前些日子孩子生病，借了他一点钱买药，这个月发的薪水，仍不能还，要下个月才能还他。这样行不行？

明之也想不出更好的办法，就同意了：写信试探一下也好。信发出去之后，我们又开始焦急地等待回复，可仍然没有音讯。

几天后的一个下午，两个身份不明的人突然来到上清花园中央党部秘书处，对收发员指名道姓：“找沈琬”。收发员问他们什么事，他们不耐烦地回道：正中书局徐仲航的事。

收发员上楼悄悄地对我说：“沈小姐，楼下有两个人来找你，请你下去谈谈。”并小声补了一句：“说是正中书局徐仲航的事。”

我一听是徐仲航的事，不由得脑子“嗡”地一下，只觉得血往上涌，心往下沉：莫非是周恩来同志所说的“突然事件”发生了？！莫非是老徐的身份暴露了？！楼下那两个不速之客，无疑是国民党特务了。随即我想到周恩来的教导：遇到突然事件，要临危不惧、从容镇定，要想尽一切办法对付敌人，保护自己。

我定了定神，装出一付若无其事的样子问收发员：他们是哪里来的？什么样的人？叫什么？

收发员说：他们没说是哪里的，也没说名字，年龄不大。

根据国民党官场的作风和习惯，以及这两个人的年龄和行事方式，我断定他们不过是身份不高的小特务。那就是说，即使徐仲航暴露了，他们也还没有抓到什么要害问题，只是派两个小特务来探询一下。于是，我就故意摆起架子，先压一压小特务的邪气。

“我不认识那两个人，我不见他们。”我对收发员说，“如果有什么公干，让他们找机要处长，我没必要见他们。”

收发员下楼去回复那两个人。小特务没想到我会拒绝见他们。为了好回去交差，他们又要收发员传话：“务必请沈小姐下来谈一下。”他们的态度已经不像开始那样盛气凌人了。

收发员上楼传话，我想，不见恐怕不行，去谈谈，或许还可以摸到一点情况。不管徐仲航是否暴露了真实身份，只要我一口咬定与徐仲航只是一般朋友来往，他们又能把我怎样？！

两个小特务一高一矮。见到我，高个儿特务马上拿出一封信问道：这信是沈小姐写的？

我看了一眼，正是我写给徐仲航的那封信，于是就说：是我写的。怎么了？

高个儿特务说：你为什么要向徐仲航借钱？他是共党，已经抓起来一个月了。

矮个儿特务追问道：莫非他是要拿钱收买你？

我一听，他们只是在这封信上做文章，而且讲话很幼稚，我装作气愤的样子大声说：这是什么话？我一个小职员，孩子生病向朋友借点钱，算得了什么？这几个钱就能收买人吗？

两个小特务被我镇住了，一时答不上话来。

我灵机一动，想乘机探探虚实，便说：你们有什么证据说人家是共党？堂堂国民党正中书局的处长，会是共党吗？

经不住我这么一激，高个儿特务马上露了底，说道：他的抽屉里全是反动书籍！

我说：这就能证明他是共党啦？书局嘛，什么书没有？

两个小特务互相看了看对方，不知如何回答是好。

这时，我心里稍微有了点底：他们并没有提到老徐其他方面的证据，现在我最担心的，是我帮助徐仲航办“特别入党”手续的事，会不会引起特务的怀疑。

1942年，徐仲航根据南方局的指示，经人介绍打入国民党官办出版机构正中书局总管理处，以业务处长身份为掩护，开展秘密情报工作。第二次反共高潮之后，国民党加强了对各机关职员的审查和控制，徐仲航为了更好地伪装自己，迫切需要取得国民党党员的身份。一天，他在与我们接头时，对我说：安娜，你看有没有办法像你当年那样，用特别入党的办法，为我尽快取得国民党党证？

我觉得这是领导布置的任务，便立即回答：“我可以想想办法，应该没问题。”我和明之对这个问题都想得比较简单，也没认真权衡利弊。

我打算找中央党部秘书长的两个副官，请他们帮忙。

那两个副官都姓吕，是亲兄弟。他们在中央党部根基很深，连续担任朱家骅、叶楚伧、吴铁城三任秘书长的副官。中央党部秘书处的副官地位虽然不太高，但是却必须是秘书长信得过的人。他们负责呈送、保管机密文件，为长官安排会议、接待客人等，上下左右认识的人很多。吕氏兄弟嘴很甜，会说话，也会办事，在机关里左右逢源，把几任秘书长及主任秘书、秘书等都伺候得舒舒服服，人称“副官元老”。吕氏兄弟知道我是有来头的，很尊重我，对我非常客气，总是沈小姐长、沈小姐短地叫着。我也有事没事地找个借口到副官办公室与他们兄弟打打招呼说说话，有时还带着孩子去玩玩。吕氏兄弟也是苏北人，这就又多了份乡情。在副官办公室里，我可以随意翻看材料，包括机密文件。

徐仲航交代任务后，我第二天就找到副官兄弟，对他们说：我有一个朋友，叫徐仲航，在正中书局当业务处长，想加入国民党，能不能搞一份特别入党的表格？

“没问题！”

他们什么也没有说，就找出一份特别入党的申请表交给我。

徐仲航按表格要求填写后，我又把申请表交给吕副官，说：拜托拜托！

吕副官马上说：不必客气，等我有机会，找三个中央委员签名，一定办成。

不巧得很，一直没找到请中央委员签字的机会，因此徐仲航特别入党的事就这样被拖了下来。

两个小特务没有问我为徐仲航办“特别入党”的问题，只是来查一封信，我心里踏实一些，口气就强硬起来，说：你们有什么事，去向朱秘书长报告好了。说罢，扬长而去。

“朱秘书长”是指朱家骅。其实朱家骅1939年12月已调任国民党中央组织部长兼“中统局”局长。但中央党部的一些老部下仍习惯称他为“秘书长”。他是我“特别入党”的介绍人之一，又是他批准我进中央党部做机要速记员的。他常说我是“快手”，朱家骅调中央组织部后，仍常指定我做他讲话的速记，还要我兼任中央组织部部务会议的速记。因此大家都知道我是朱家骅的得力部下。我打出“朱秘书长”这块大招牌来压小特务，为自己找了个脱身的借口。两个小特务碰了一鼻子灰，什么也没有得到，而我却从他们嘴里了解到了徐仲航被捕的一些情况。

小特务自然不敢去找朱家骅，只好灰溜溜地走了。

我在小特务面前把架子摆得很足，但我内心还是揪成了一团。这毕竟是一件生命攸关的大事，一旦出现问题，后果真是不堪设想！

好不容易熬到下班了，我马上回家。

明之与往常一样，下班后，先把寄放在邻居家的孩子接回来，然后做饭，等待很少准时下班的我。明之非常熟悉我的脚步声，他甚至能从我的脚步声中判断出我心情好坏。今天我的脚步声非常急促，回家的时间也比以往都早！明之马上产生了一种不祥的预感。

我一进屋，立即关上门。我一把抓住明之的手，压低声音说：出事了！老徐被捕了！

明之吃了一惊，拉着我到床边坐下，对我说：别着急，慢慢说。

我详细复述了刚才发生的一切。明之说：安娜，你顶小特务顶得好，用朱家骅压他们，做得对，让他们回去报告他们的上级好了。

我与明之都紧张地喘着粗气，看着对方，似乎在问对方，下一步怎么办？此时正好邻居们忙着烧晚饭，我立即把炉子从走廊搬到屋里。

我们不约而同地首先想到藏在竹竿里准备交给徐仲航的情报，抽出来塞进炉子里马上烧掉。然后又不约而同地一个清理抽屉，一个清理箱子。把家里凡是可能引起麻烦的信件都立即焚毁，以免特务来搜查时，抓住什么把柄。

儿子小新已经习惯了每天此时由我喂奶，可是今天我居然冷落了他。于是他就在竹床上哭个不停，以为可引起爸爸妈妈的注意。然而现在爸爸妈妈实在顾不上他了。小放找了一个小脸盆，也爬在床上，敲敲打打，哄弟弟玩。

我们用那些要销毁的材料烧火煮粥。忙乱中，我只往锅里倒了点水，竟然忘了放米。不一会儿锅里的水烧干了。明之发现锅底已经被烧成了暗红色，急于伸手去端锅，手指被锅耳朵烫伤，锅也摔坏了。我们又换了个锅，继续烧材料煮粥。

所有的油印材料以及速记资料，全部清理出来烧掉了。保存了多年的进步书籍，甚至鲁迅和郭沫若等人的著作、抗战歌曲集也烧了。过去，由于我们一直按秘密情报工作的规矩，经常清理家中的东西，销毁可能引起特务怀疑的物品。因此这天晚上，清理起来比较容易，清理工作做得迅速而又彻底。

当我们把该烧的东西烧完了，我们忽然发现，儿子小新不知什么时候已经不哭了。原来，桌子上有小半碗冷饭，女儿小放爬上去，学着大人的样子，把饭粒放在嘴里嚼烂，再喂给弟弟。小新有了东西吃，就安分了。

明之流着泪抱起女儿说：好女儿！你也能帮爸爸妈妈做事了！

匆匆吃过晚饭，我们安顿孩子睡下。

夜深了，这天夜晚似乎特别安静，仿佛整个世界都陷入了沉思。

我抑制住心跳，打破了寂静，我先说了话：明之，所有的情报都是我拿的，如果我被抓进去了，你要尽量保住自己，保护好孩子！

明之紧紧握住我的手说：安娜，我们打入敌内这么多年了，敌人的残酷我们还不知道吗？我永远和你在一起！

我也紧紧握住明之的手。接着我们立即冷静分析，商议应对措施。

我们分析，老徐被捕的原因，可能是“东北救亡总会”这一公开的进步身份。从特务对我的态度看，老徐没有供出他与我们之间的组织关系，否则敌人完全可以直接拘捕我。不过尽管如此，我们还是遵照党组织对秘密情报工作的指示，在遭遇突发事件时，要做最坏的打算，争取最好的结果，保存自己，对付敌人，长期埋伏，继续为党工作。

分析到这里，我镇静而坚定地对明之说：万一事态恶化，我一人或我们一起被捕，我们就咬定与老徐是一般朋友，坚决不承认党的关系。现在我们必须横下心来，置生死于度外。只要老徐不供出他与我们的真实关系，敌人也就拿我们没有办法。

明之也说：一定要顶住，要准备经受任何考验。这是为了保守党的秘密，也是为了保护老徐，保护我们自己。

我们家右侧那幢楼的二层，是国民党元老吴稚晖的家。晚上，老人歇息了，可是左侧那幢宪兵队的三层小楼里，不时传来阵阵“人犯”被拷打时发出的惨叫，今晚似乎听得更真切了。

自从与宪兵队为邻，隔壁的拷打声、惨叫声、警笛声、犬吠声，让我们和两个孩子日夜心惊肉跳。夜阑人静之时，是我们秘密工作最繁忙的时刻。往日，那边宪兵队小楼不时传来的令人毛骨悚然的声响，让人感到压抑、窒息。每当此时，我和明之都相视无语，我们内心默默地承受着痛苦的煎熬。然而今天，我们的直接领导人徐仲航被捕了，说不定现在正在哪个特务机关受刑。我们与徐仲航骨肉相连，隔壁传来的拷打逼供之声，似乎打的就是徐仲航。这鞭笞之声，声声都似利箭穿心。

此时，我想起周恩来1938年冬天对我说过的话：现在你的工作，危险性很大，你要随时准备应付意外事变。万一遇到突然事件，共产党人要有骨气……

我又想起邓颖超的教导：要甘当无名英雄。

此刻，我俩已经作好充分的思想准备：置生死于度外。

明之对我说：你还记得么？1936年夏天，你在上海生孩子时，鲁自诚大哥讲过他被捕受刑的事。

我说：记得。1938年5月在武汉，他还给我和韵三讲过。他在狱中经受种种酷刑，鼻梁骨被打歪了，胸口被烙铁烧得皮焦肉烂，留下一大片疤痕。但他宁死不屈。

漫漫长夜，我们两人互相鼓励，又回忆起许多往事。

1939年我入党时，卢竞如传达南方局组织部长博古的指示：作为一名共产党员，要经受各种考验，始终对党坚贞不渝。

1941年1月，皖南事变后，徐仲航告诉我们，周恩来等领导在当时形势十分危急的情况下，坚守岗位，要求"红岩"的共产党员保持革命气节……

接着，我们又急切地分析：徐仲航在狱中能不能顶得住呢？

明之说：这两年我们与老徐来往，他的革命意志、革命品格，给我的印象很深。我相信，他是个硬骨头！

我说：我也相信！两年来，徐大哥把我们当亲人，把我们的孩子当成自己的孩子。他不可能出卖他的亲人，更不会背叛党。

明之对我说：如果我们也出事，我们就一起顶！

我坚定地回答：对，我们一起顶，一定会顶住的！

说到这里，我们的手握得更紧了。夜是那样地静，几乎让人能听到对方的心跳声。我对明之说：记得小时候父亲曾教我背文天祥的诗："人生自古谁无死，留取丹心照汗青"。

明之说：对，"留取丹心照汗青！"我们一定要做到。

我们进一步商量对策。

横下一条心后，明之说：眼下必须镇定自若，相机行事。

我说：明天我照常上下班，除此之外，哪里也不去。上班时不对任何人提及此事，静观事态发展。如果他们没有派特务来进一步询问，就说明徐仲航顶住了。如果派特务继续询问，没有提出新的问题，仍然纠缠在我写的那封信上，或者还在介绍徐仲航特别入党问题上打转转，那说明特务没掌握我们与老徐之间问题的实质，我就死咬住，我们与老徐只是一般朋友关系。

明之问道：如果派大特务来进一步威逼呢？如果威逼内容涉及政治、组织问题，你怎么对付？我们不能不想到这一步。

我说：不是没有这种可能。我沉吟片刻，坚定地说，那我就用女人常用的做法，到朱家骅那里哭诉喊冤，寻求保护，要求朱家骅出面平息事端。

明之说：对，心不慌，就能想出好办法。走一步，看一步，争取大事化小，小事化了，保住现在的重要岗位。留得青山在，不怕没柴烧。

这一夜，是刻骨铭心的一夜，我和明之彻夜未眠。我们在精神上做好了各种准备，随时迎接生与死的考验。

处乱不惊

第二天一早，我和明之不露声色，照常去上班，像是什么事情也没有发生过，静观事态的发展和变化。

第三天下班后，那个通知我见小特务的收发员突然来到我们家，一脸的尴尬，支支吾吾地说是来“帮着看孩子”。平时我虽然天天和他见面，但是只有一般来往。顶多过年时和办公室的几个同事互相拜个年，在家里吃自己做的狮子头。除此之外没有深交。他没有理由特意来我家“帮着看孩子”。

自这天之后，连续几天，收发员几乎每天下了班就来，直到孩子要睡觉时才走。我们分析：他肯定是秉承上峰的旨意，来监视我们的。可是，中央党部里，谁是那个“上峰”呢？

此时，我们最担心的是党组织派人来联系。还好，这段时间一个生人也没来过，我和明之每天下了班，就回家带孩子做家务，哪儿也不去。对收发员只当一个来串门儿的同事，好言好语相待，还留他吃顿便饭，给他留足面子。几天下来，那个收发员什么也没发现，就不再来了。

我们事后回忆说，这真是党的秘密情报工作的单线联系救了我们，是党组织有意保护我们。否则，一旦来了生人，那不仅说不清楚，还会引来大麻烦。

又过了几天，快下班时，别人都走了，只有我一人还在办公室收拾桌子和皮包，突然进来两个人，一个是机要处新来不久的职员，一个是前几天到我家里监视的收发员。他们二人突然进了门，走到我的桌前，突然凶神恶煞般地大声对我说：“徐仲航被枪毙了！”“徐仲航被枪毙了！”连喊两声。

我不由得吃了一惊，但我马上意识到，这两个人说这样的话，肯定是对我的试探。面对他们的挑衅，我显得格外镇静。那位新来的职员长了一张马脸，一双贼溜溜小眼睛盯着我，像是要从我的脸上看出什么破绽。我冷静地瞪了他一眼。

“马脸”长着一副黄色大板牙，一开口说话唾沫星子就会乱飞；平时满口粗话，一副趾高气扬的神情。机要处的人谁也不愿接近他，科长和处长都认为，这种人上不了台面。这样一个人，怎么会调到机要处来的呢？我听科长说，他有一定背景。1941年4月，国民党五届八中全会决定吴铁城接替因病请辞的叶楚伧任中央党部秘书长。吴铁城对朱家骅、叶楚伧留下的中央党部秘书处的班底来了个大调整，在一些重要部门安插了自己的人。这个新来的“马脸”就是吴铁城安插到机要处来“掺沙子”的。据说此人还与蒋介石的亲信、侍从室秘书陶希圣有些关系。有人猜测，这一定是吴铁城想讨好委员长身边的红人陶希圣，把他硬塞进机要处的。可见，这个“马脸”的背景还真不一般。他名义上是“速记员”，但实际上他速记能力实在不怎么样，再加上那个上不了台面的尊容和一身毛病，处长、科长一直没给他分配什么工作，一直晾着他。机要处的人认为，像他这样的人，根本没资格到机要处这样的部门当速记员。

当时国民党内部正在继续执行去年五届九中全会确定的“内部整肃”、“肃清内奸”和建立“党员监督网”等决定。因此，我凭着情报工作的职业本能，感觉这个吴铁城安插进来的“速记员”，倒不怕他排挤我，而是要对他多一层警惕，因为此人的真实身份比较可疑。他到机要处来，可能另有“任务”。

现在这个“马脸”带着收发员来威胁、恐吓我，显然是又一次秉承“上峰”的旨意来执行任务。

我心中“砰砰”地跳，表面上却显得很镇静。我判断二人大喊：“徐仲航被枪毙了！”是想用“诈”的方法观察我的反应。我当然不会轻易上当。我猛地从座椅上站起来，将手中的一串钥匙向办公桌上重重地“啪”地一敲，直盯着“马脸”的小眼睛，口气强硬地责问道：“你们说的这事与我有什么相干？”接着又厉声斥责：“你这话是什么意思？什么意思？”

“马脸”被我的凛然正气逼退了几步，尴尬地连声说：“没什么意思。没什么意思。”而站在他身后的收发员，则吓得赶紧溜出门去了。

我说：“那就走吧，下班了！”然后“啪”地一声关上抽屉，又“咔嗒”一声上了锁。我是在用行动向他们说明：我不是软弱可欺的！

“马脸”在我面前碰了个钉子，只好灰溜溜地退出办公室，急急忙忙跟着收发员下了楼。

我回家后向明之讲了这个新情况。

明之分析道：估计他们是奉命用突然袭击的形式，对你威胁试探，说明特务机关仍对你心存怀疑。看来是徐大哥顶住了，他们又没发现你的新疑点。再说朱家骅现在还兼着中统局局长，碍于他这块大牌子，在没有抓到你什么把柄的情况下，他们不敢轻举妄动，只能先派人来家里监视，再采用这种诈的方式来试探你。只要徐大哥那边不出问题，他们就不能把你怎么样。

我觉得明之的分析有道理，在高度警觉的状态之中我们度过了几个星期。

徐仲航被捕一个月了。突然有一天我刚上班就接到通知：中央党部秘书处的财务处长兼“正中书局”董事长找我谈话。我预感这次谈话肯定会涉及在“正中书局”工作的徐仲航，于是赶紧心里做了些准备。

“你对徐仲航了解不了解？”财务处长开门见山、单刀直入地问。

“不太了解。”我说，“我只知道他是东北人，为人正派，对朋友讲义气。”

我事先想好了一个反守为攻的策略，便柔中有刚、慢慢悠悠地补了一句：“他不是在你们正中书局，在您手下工作么？”

财务处长听出了我这句话的弦外之音，就严厉地说：“徐仲航可能是共党。”接着他又改口说，“你知道么？徐仲航是共党！”口气更硬了。

我听财务处长口气强硬，为避其锋芒，立即自改口气，装出很委屈的样子说：“处长，这种事，我怎么会知道？”

其实这位财务处长内心也怕“正中书局”或中央党部机要处真有共党，只想大事化小，小事化了。他见我一副委屈的样子，便用稍微平和一点的口气说：“你还年轻，不懂事，怎么能随便帮人家办特别入党？很危险啊！万一钻进一个共产党来怎么得了?”

我心想:坐在你面前的就是共产党!

财务处长接着说:“你们年轻人啊,想问题太简单。你又不是很了解他,还帮他办什么特别入党?这种事能随便办么?以后,不要做这种事了。”

我听得明白,他只是以上级的身份,来教育和批评下级的,至少目前看不出他有什么恶意。于是我就顺杆儿爬,接着他的话茬儿,装出年轻人阅历浅的样子说:“我以为介绍人家入党是好事,哪想会惹出这么多麻烦!好在党证手续还没办妥。这是我第一次帮人家办特别入党,也算是最后一次吧。”

财务处长见我态度还好,就没再为难我,又开导了我几句,最后说:“算啦,算啦,这件事你别再挂在心上,以后好好工作吧。”

我有软有硬,有进有退,与他应付周旋。谈话就此结束。

我回家和明之分析道:看来老徐被捕后,肯定没有供出自己的共产党员身份,以及与我们的组织关系。

明之感慨地说:老徐在里面一定吃大苦头了。他自己吃苦,保全了我们,保住了党的秘密!

我含着泪说:是啊,多亏了老徐。不然,我们一家四口肯定也进了牢房了!

我和明之互相默默地望着对方,心中充满对徐仲航的崇敬之情,同时也在为他担心。

过了一会儿,我往更深处想了想,便说:机要处长和科长这些日子从未向我提及此事。估计这件事是在“上峰”小范围内调查的。

明之分析道:机要处长和速记科长不可能没有耳闻,只是不想声张罢了。他们知道你出身书香门第,20岁就进浙江省政府任机要速记员,23岁由朱家骅等人介绍“特别入党”,然后开始在中央党部机要处工作,担任国民党中央各种高层机密会议速记,社会关系简单。因此在一般情况下,碍于朱家骅这个高官,他们不会怀疑你是共产党。

我觉得明之的分析有道理。不过我清醒地意识到,虽然中央党部的财务处长兼正中书局董事长找我谈话后,这件事似乎是了结了,但仍不能放松警惕。是谁派收发员和“马脸”来监视和威胁我的呢?不能不寻思。

我对明之说:“国民党‘肃清内奸’是逐个秘密审查的。有时审查一个内部嫌疑人,时间很长。我一定要长期防备,说不定暗中有一双眼睛盯着我呢!”

“对,确实要小心,要提防他们‘放长线,钓大鱼’。”

我和明之商定,按照党组织的嘱咐,保持高度警惕,坚持长期埋伏,并拟定了具体做法:

一、职业工作和日常生活,一切照旧;

二、深居简出,尽量减少与外界的来往;

三、经常清理家中物品,不留任何可能引起特务怀疑的东西;

四、在工作中,做个“忠于党国、恪尽职守”的好公务员……

难熬的日子在一天天平安地过去,我和明之更加坚信:老徐肯定顶住了,否则不会如此平静。

与此同时,我们也在冷静地总结自身应该吸取的教训。我检讨说:“我给老徐办‘特别入党’是欠妥的,后来又亲笔给他写信,现在回想起来太冒失了。”

我说:“以后我们一定要更加谨慎,注意安全和保密。看来我们目前还没有暴露,多亏徐大哥保护我们。他是我们的榜样。”

我和明之一想到徐仲航在狱中所受的磨难,就联想起鲁自诚身上那块巴掌大的伤疤,心里非常痛苦。我忍不住泪流满面:老徐为了保住机密,保护我们,他一定遭大罪,吃大苦了!

一个月、两个月、三个月过去了……一直没有徐仲航的消息,组织上也没有派人来与我们接头。我们与上级失去了联系。与此同时,还要警惕中央党部里暗中是否有“眼睛”在盯着我!这些日子,我们茶饭不香,度日如年。

危险并没有过去,此时是不宜继续收集情报的。但是我像一辆快速奔跑的汽车,即使踩了刹车,还有一种向前冲的惯性,一见到有价值的情报,就忍不住想收集起来。我们明知无处可送,还是坚持在夜深人静的时候,一边听着隔壁宪兵队拷打人犯的声音,一边看着有情报内容的速记纸,任泪水在脸上流淌。

我们坚信:再等等,明天或者后天,就会有人来联络,取走情报!

但是，日复一日，一晃几个月过去了，组织上仍然没有派人来联系。记有情报内容的速记纸不可久存，只好烧掉。眼看着自己获取的一件又一件情报，又自己一点点烧掉，这是我们最痛苦的。

因为与宪兵队为邻，我每天上下班都要从宪兵队门前走过。宪兵队的人几乎都认识我这个胸前佩戴着“中央党部”徽章的女职员。我每次经过宪兵队的门口，都目不斜视，仿佛根本没把宪兵队放在眼里。有时我和机要处长张寿贤一起开会回来，顺便搭乘处长的汽车回家，宪兵们也都看在眼里，因此他们对住在隔壁我这个中央党部有身份的女职员也还客气。

半年过去了，没人再来找我们的麻烦。一年过去了，什么事也没发生。机要处长张寿贤和速记科长徐漂萍一如既往地安排我参加“中常会”等小范围的绝密会议。

我和明之分析，这说明他们可能根本不知道或者根本不相信我会是共产党。

我在机关里一向行事低调，谦虚、谨慎，不事张扬。参加各种会议，从来都是走在科长或者居正修等男速记员的后面。科长等人比较绅士，总是让我走在前面，我常说自己年轻、资历浅，不敢走前面。平时我也很少化妆，以免别人把我当成“花瓶”。我也从不阿谀逢迎，更不会溜须拍马。其实，国民党高层机关里的正派职员，也瞧不起那些喜欢拍马屁的小人。

我的为人处世，深得同事好感，因此我的人缘很好，还曾被选为中央党部秘书处国民党联合支部的支委。徐仲航被捕事件发生后，只有收发员来家监视了几天，吴铁城安插的那个“马脸”诈了我一回，此外，也没发现有可疑之人盯着我。机要处的同事从没有提起此事，也从没有疏远我的意思。张寿贤是老处长，知道的机密多，他在工作和闲谈中，涉及机密，事发后仍从不回避我。这说明他从未怀疑我的身份，这无形中起到了保护我的作用。

在徐仲航被捕之后，中共南方局党组织一直没有派人来恢复与我和明之的联系，采取了严格的保密、保护措施。当然，我们也不敢贸然去找党组织。这样，我们同党组织暂时中断了联系，时间长达三年之久。

上个世纪80年代初，党中央拨乱反正，平反冤假错案，徐仲航的事迹才逐渐从有关部门和知情人那里披露出来。我们才得知：1942年，国民党顽固派为进一步反共，打压受中共支持的“东北救亡总会”，遂以“共党嫌疑”莫须有的罪名，抓捕了徐仲航及“东总”另两名骨干。徐仲航在狱中受尽种种酷刑，宁死不屈，未吐露一点实情。他在南方局曾与周恩来等同志在同一个党支部，但他在狱中始终未承认是共产党，从而保护了南方局党组织。同时他也保护了我们，还保护了他非常熟悉的、中共秘密党员阎宝航，以及阎宝航领导的情报小组。

2000年11月，阎宝航的小女儿阎明光到我们家中，向我讲述了徐仲航在狱中的有关情况：与徐仲航同时被捕的“中、法、比、瑞文化协会”秘书长李羽军，当时患有重病，被特务拖到拷打徐仲航的现场，以威胁李羽军。特务们把徐仲航吊了起来，用各种酷刑逼供，甚至用竹签将徐仲航肋骨的肉皮划开、挑起，但徐仲航始终不承认自己是共产党员，更没有供出他所知道的秘密党员和情报组织。李羽军则因为病重身体虚弱，气息奄奄，看到自己的同志受酷刑，悲痛过度，大口吐血，当场在徐仲航受刑的刑讯室中殉难。

周恩来对徐仲航被捕十分关注，在得知徐仲航被捕后，马上与阎宝航商讨对策和营救徐仲航的办法，并安排与徐仲航有联系的人紧急隐蔽或转移。组织上考虑我和明之隐蔽较好，暂时不与我们联系，相对比较安全，可以采取以静制动的策略，将我们“冷藏”保护起来，静观事态发展，再做下步打算。

1944年，因为没有被特务抓到任何把柄，饱经苦难的徐仲航，经阎宝航出面活动，最终由国民党元老李济深保释出狱。1945年，党组织对徐仲航被捕问题进行了审查。

徐仲航出狱后，经历了痛苦、坎坷的漫长岁月，于1976年病逝。由于种种原因，他生前一直没有恢复党籍。我和明之非常尊敬他，怀念他。当年如果不是徐仲航在酷刑面前坚贞不屈，将个人生死置之度外，保护了党组织，保护了我和明之，那么我们就不可能日后继续战斗在情报战线上。

徐仲航终生未婚，没有亲属子女。我和明之作为他的老部下，于1986年12月根据中央有关文件的精神，提交了书面报告，要求党组织复查徐仲航的党籍问题。经国家安全部落实政策办公室同意，又经原中央统战部副部长、中

徐仲航

中共中央组织部

中共中央国家机关工作委员会：

《关于恢复徐仲航同志党籍的请示报告》收悉。经研究，恢复徐仲航同志生前的党籍，党龄从一九二七年由团转党之日算起

中共中央组织部

一九八九年五月十一日

抄送：国家安全部落实情侦人员政策办公室

中组部批复恢复徐仲航党籍的文件

央党史资料征集委员会副主任、南方局党史资料征集组负责人童小鹏批准，有关部门的工作人员认真查阅档案，访问了当年审查徐仲航问题的经办人。最终从徐仲航的大节出发，中共中央组织部于1989年5月11日做出结论：“经研究，恢复徐仲航同志生前的党籍，党龄从1927年由团转党之日算起。”

徐仲航的党籍问题得以落实，国家安全部落实政策办公室将中组部的审批复印件给了我和明之，我们感到由衷的欣慰，手捧中组部的审批件，心中默默地告慰徐大哥的在天之灵。

张继对蒋介石说：“共产党就在你身边！”

1942年11月12日，早在6月份就开始筹备的国民党五届十中全会，终于在筹备将近半年之后召开了。此次会议筹备之初，徐仲航还没有被捕，我已将十中全会拟议党、政、军三个头目各做一个报告，继续加强内部“清党”等情报，通过徐仲航送交党组织。正式开会时，徐仲航已在狱中了。

我与速记科长徐漂萍担任这次全会的速记。我对每天开会的情况了如指掌。

会议期间，社会部长谷正纲在十中全会上做所谓“特种报告”，并就组织“特种委员会”的问题提出议案，会上一片反共叫嚣。

当大会进行讨论时，坐在第一排的监察委员、国民党元老张继起立发言，一开头就说：“提起共产党，我就汗流浃背！”突然，他指着蒋介石说：“总裁，共产党就在你身边，你还不知道呢！”

我正坐在速记席上，不由得大吃一惊。几个月前，刚发生了徐仲航被捕事件，因此我警惕的弦一直绷得很紧。此时张继突然说出这样的话来，我马上警惕起来，心里想：张继指的是谁呀？难道他发现我了？

但是我马上镇静下来：如果他指的是我，早把我抓起来了，还用得着借我去骂蒋介石？

再看坐在主席台上的蒋介石，听了张继的话，气得话都说不成句了。

“你……”蒋介石哆哆嗦嗦地说，“你……是党国元老，你……岂能说出这样的话来？”

张继是个老牌反共分子，公开反共的历史比蒋介石还长。早在1925年孙中山逝世后，张继、邹鲁、谢持等一批国民党右派，在北京西山碧云寺孙中山的灵柩前，召开了所谓的国民党一届四中全会，公然通过决议，宣称广州中央执行委员会即日停止职权，“取消共产党在国民党中之党籍”，解雇苏联顾问，开除李大钊、谭平山的国民党党籍等等。这伙人后来被称为“西山会议派”。张继还是国民党右派元老中有名的“大炮”，蒋介石对他毫无办法。如果此时当众与他争辩，那会给世人留下话柄，蒋介石只好阴沉着脸，离席而去。张继见状有些胆怯了，急忙站起来，对着蒋介石的背影连声说：“总裁息怒，是我错了……”

蒋介石退席，这个会自然无法再开下去，大会执行主席于右任只好宣布休会。

这是我到中央党部工作以来，第一次见到蒋介石在大庭广众发这么大的脾气。

当天晚上，国民政府主席、监察委员会主任委员林森在嘉陵宾馆宴请出席会议的全体委员，蒋介石也去了。因为没有速记任务，我和同事无人参加宴会，无从知道宴会的具体情况。后来这次宴会消息见报，说是“宴会充满热烈的气氛”。可以想象，林森临时安排的这个宴会，无非是为了缓和白天会上的紧张气氛，充当了和事佬的角色，让蒋介石消消气，给张继挽回一点面子而已。

在国民党五届十中全会上，通过了《关于今后对共产党政策之研究结果案》，这实际上是一个表面上对中国共产党转变策略的文件。

会前，由于国际形势发生了重大变化，美、英、苏同盟国要求蒋介石坚持对日作战，不要内战，蒋介石处于内外交困之中，不得不在1942年7月，提出与中共谈判，“解决国内问题”。10月，中共中央派林彪到重庆，开始与国民党谈判。在谈判期间，国民党召开了此次全会，表面上缓和了与中共的关系，转变了对中共的策略，而实质仍是加强对中共的政治斗争，等待时机，继续反共。

我和明之都在为党的安全担忧，急于将这些情报送出去。但此时，因为徐仲航被捕，我们和党组织失去了联系，不知该把情报送给谁。

怎么办呢？我试探着问明之：“送给鲁大哥吧？”当时鲁自诚一家也在重庆，我们两家是至亲，有时也串串门，见见面。

明之说：此事要慎重。让我再想想。

他思考了两天，才对我说了他的想法：1938年在武汉时董老就交代过你，让我们不要与鲁大哥发生横的工作关系。现在的形势比1938年国共合作高潮时期严峻多了，那就更不能擅自与鲁大哥发生工作联系。另外周恩来同志也指示我们要长期埋伏。徐大哥被捕才几个月，我们不应为了一时一事的得失，影响了大局。目前我们只要守住情报岗位，就比送出去一两份情报更重要。如果现在将情报送给鲁大哥，而我们对鲁大哥的工作和安全状况却并不了解，万一有所暴露，会害了鲁大哥一家以及他的组织关系。同时，也会害了我们自己，断了我们今后长期源源不断为党提供情报的路。

我认为明之的分析很有道理，比自己想得深，看得远，便点点头说：我明白了。我们现在的任务是“蛰伏”，将来时机成熟了，我们肯定会出头的。

有了这样的共识，我们便渐渐静下心来。后来，再获得情报，就密藏起来，等待时机。情报失去时效之后，就立即销毁。反反复复的获得、销毁，再获得、再销毁，不知道有多少情报在我们手中眼睁睁化为灰烬，能不痛心么？但我们没有灰心。因为在我们心中，希望与忍耐同在！

那段时间，我们的心情很矛盾，既盼着熟悉的敲门暗号早一天响起，又担心特务们“放长线，钓大鱼”，对我们实行长期“内部监视”。如果真是这样，岂不是害了来和我们联系的人？

我们比往常更细心观察周围的动静，一有可疑情况，就互相提醒，时时事事，保持高度警惕。

儿女苦难

1942年、1943年，是我和明之以及两个孩子在重庆最艰难的时期。1942年2月，我刚生小新两个月，明之给好友哈泽民的信中写道：“个人、家庭正和国家民族一样，要我们尝试一个更艰苦的磨练。……这滋味，非体验过的人，实在不易真切地理解……安娜失眠，半夜之后不能醒，一醒就得看天亮……。产后已是两个足月，仍然衰弱不堪，月前又发胃病、便血，……奶水不够，母子俩的泪汇流在一起……薪水已借到三个月之后，大量的支出实在无法应付。”我在信末勉强写了一句：“正值旧历岁尾，以贫病交迫之生活，每忆童年之欢欣，而今不堪回首矣！”

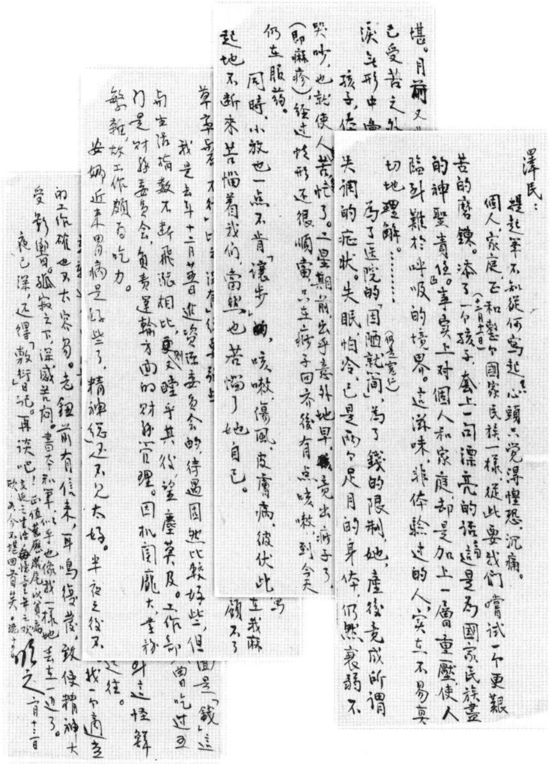
泽民：
提起笔不知从何写起，心头只觉得惶恐、沉痛。
個人、家庭正和整个国家民族一样，從此要我们嘗试一个更艱苦的磨鍊。添了一个孩子（十二月十日），套上一句漂亮的話，這是为国家民族盡的神聖責任。事实上对個人和家庭却是加上一層重壓，使人臨到難於呼吸的境界。這滋味，非体驗过的人，实在不易真切地理解。……
为了医院的「因陋就简」（仍是貴的），為了錢的限制，她產後竟成所谓失调的症状。失眠，怕冷，已是兩个足月的身体，仍然衰弱不堪。月前又……
……已受苦之外……淡无形中……孩子，……哭吵，也就使人苦忙了。二星期前，出乎意外地早竟出痧子了（即麻疹），经过情形还很顺當，只在痧子回齐後有点咳嗽，到今天仍在服藥。
同時，小放也一点不肯「讓步」，咳嗽，傷風，皮膚病，彼伏此起地不断來苦惱着我们，當然也苦惱了她自己。
草草……
我是去年十二月廿四日進资源委员会的，待遇固然比较好些，但……与生活指数不断飛漲相比，更是瞠乎其後，望塵莫及。工作部門是财務委员会，负責運輸方面的财務管理。因机関龐大，業務繁雜，故工作頗為吃力。
安娜近来胃病是好些了，精神经还不見太好。半夜之後又……
……的工作確也不太容易。老鍾前有信来，耳鳴復發，致使精神大受影響。孤寂之下，深感苦悶。書本和筆，似乎也像我一樣地丢在一边了。
夜已深，还得「敷衍」日记。再谈吧！
正值舊歷歲尾，以貧病交迫之生活，每憶童年之欢欣，而今不堪回首矣。琬
明之 二月十三日

这封六十多年前

1942年2月，华明之写给哈泽民的信

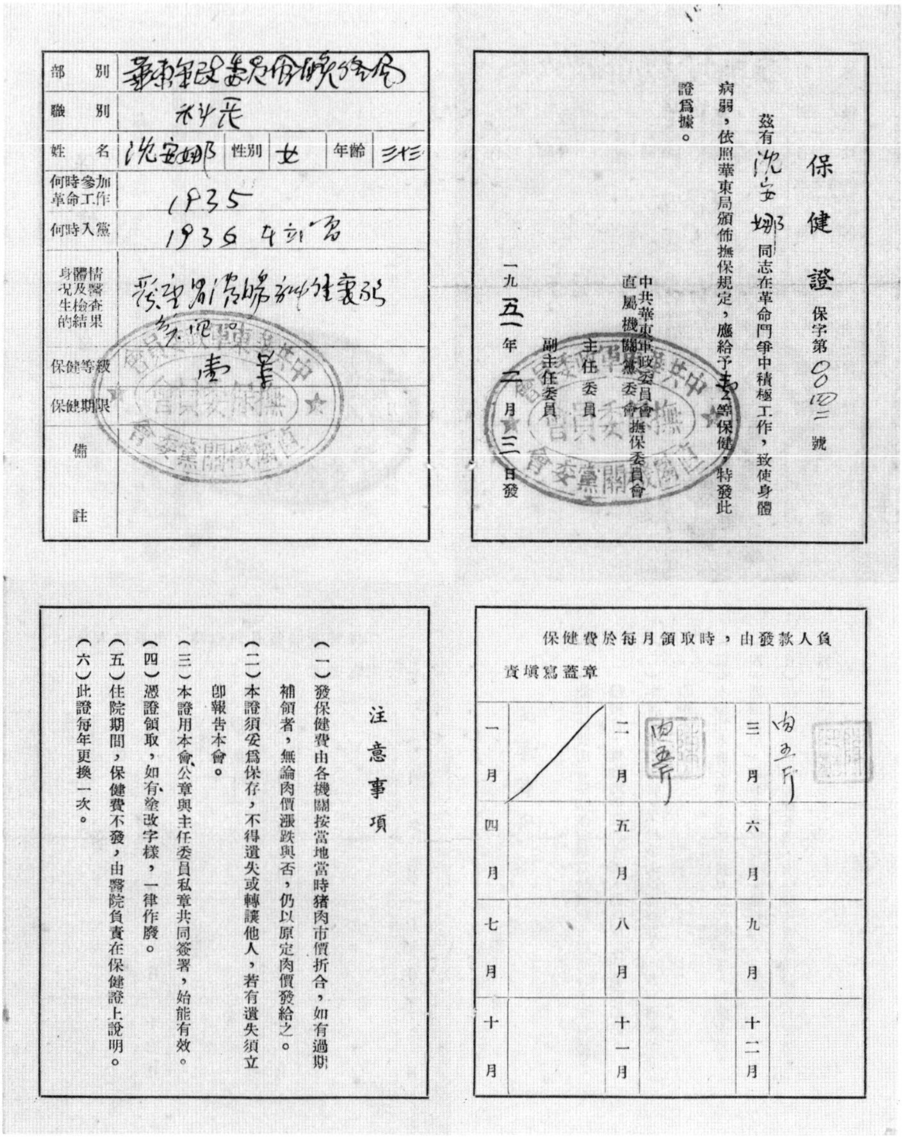

部别	华东军政委员会联络局				
職別	科员				
姓名	沈安娜	性別	女	年齡	三十三
何時參加革命工作	1935				
何時入黨	1936 [illegible]				
身體情況及醫生檢查的結果	严重胃溃疡神经衰弱贫血				
保健等級	壹等				
保健期限					
備註					

保健證

保字第 00四二 號

兹有沈安娜同志在革命鬥爭中積極工作，致使身體病弱，依照華東局頒佈撫保規定，應給予壹等保健，特發此證為據。

中共華東直屬機關黨委會撫保委員會

主任委員

副主任委員

一九五一年二月三日發

注意事項

（一）發保健費由各機關按當地當時豬肉市價折合，如有過期補領者，無論肉價漲跌與否，仍以原定肉價發給之。

（二）本證須妥為保存，不得遺失或轉讓他人，若有遺失須立即報告本會。

（三）本證用本會公章與主任委員私章共同簽署，始能有效。

（四）憑證領取，如有塗改字樣，一律作廢。

（五）住院期間，保健費不發，由醫院負責在保健證上說明。

（六）此證每年更換一次。

保健費於每月領取時，由發款人負責填寫蓋章

一月		二月	肉五斤	三月	肉五斤
四月		五月		六月	
七月		八月		九月	
十月		十一月		十二月	

1951年沈安娜的保健证。上面注明患“严重胃溃疡、神经衰弱、贫血”（敌营14年留下的职业病）。组织给予一等保健——每月补贴5斤肉，实际沈安娜只领取了两个月

的信，好友哈泽民居然保存至今，是我们当时生活的实录。

曾记得我初到重庆的那年冬天，染上了肺结核。仗着年轻，咬咬牙熬到了开春，病也就慢慢好了。后来旧病复发，徐仲航大哥弄来“雷米封”给我吃，很快又好了。徐仲航的被捕，无疑对我们是一个沉重打击。工作劳累，缺乏营养，再加上心情十分压抑，1943年初，我的肺结核病又复发了，经常发烧，并伴有咳血。可我还得坚持工作。现在带病坚持工作已不是为了获取情报，而是为了保住目前的岗位，等待组织来恢复联系，同时也是为了维持一家四口的生计。大人吃点苦，倒没什么，看着孩子跟着受罪，心里很难过。

肺结核的传染性很强，我和明之怕传染孩子，就狠狠心把两个孩子送进重庆郊外的一家私人托儿所。因为离得远，接送很不方便，只好全托，一周接送一次。托儿所的条件很差，老师少，伙食也不好，晚上很早就关了灯，孩子也没人照看。小放和小新睡一个房间，小放三岁，小新才一岁多。到了晚上，小新害怕，就抱着姐姐不放手。一天夜里，小新尿湿了床，爬到地上大哭大叫。小放听到弟弟哭，就摸黑爬到地上，搂着弟弟不知如何是好。后来小新哭累了，就在姐姐怀里睡着了。才三岁的小放抱不动弟弟，就搂着弟弟在地上睡了一夜。

第二天，两个孩子都发了高烧。托儿所的护士通知我，说是孩子得了肺炎，让我们接回家。小放和小新回家后，肺炎又转成“百日咳”。两个孩子一人守一个小痰盂，声嘶力竭地咳个不停，小放连血丝都咳出来了。我和明之一人抱一个孩子，含着眼泪给他们拍背。

我对孩子的状况非常担忧，却又没有办法。明之安慰我说：不要紧的。这两个孩子命大，都有过大难不死的经历，一定能熬过去的。

我听了，露出一丝苦笑，心里倒是宽慰了些。小放的大难不死，是指她刚满月不久，我给她洗澡差点惊厥过去的那一回。

小放出生后，我没有奶水，只好用四川的籼米熬米汤喂养。籼米熬米汤没有多少营养，孩子显得非常瘦小，体质也很差。天气渐渐热了，我想给小放洗个澡，可我几乎没有带孩子的经验。第一个孩子出生后，一直是由婆婆照看的。我真正自己带孩子，是从小放开始的。那天我独自在家，大着胆子弄了一盆热水放在桌上，小心翼翼地把孩子放进去。刚开始小放没有太大

1945年，克放、庆新在重庆

反应。刚洗到一半，小放突然惊厥，浑身抽筋，嘴唇发紫。我一看不好，马上把孩子从水里捞出来，解开自己的夹衣，将湿淋淋的小放搂在怀里，紧贴胸口，用自己的体温来暖孩子。我急得不知如何是好，也不管有奶没奶，把奶头塞到孩子嘴里。恰巧这时候明之回来了，赶紧给孩子喂了些热米汤，小放才渐渐缓过气来。

小新的大难不死，是指他不满周岁时的一次车祸。

当时明之生病住进医院，我抱着小放到医院去探望，把未满周岁的小新交给邻居阿妈照看。阿妈抱着小新站在门口看街景，突然一辆卡车刹车失灵，冲向路边，撞倒了阿妈和小新。小新摔到地上，失去知觉。阿妈见状大呼“救命”，正好我的速记同行聂先生路过此地，一看是我的孩子被撞昏了，马上抱起来仔细查看。见没有外伤，就把他尿尿。看见小新尿出尿来，才放心地对卡车司机和围观的人说：“孩子能自己尿尿，看来无大碍，估计没有内伤。”

聂先生听阿妈说我去医院还没回来，就抱着小新进家，生火煮粥喂他。

我得知孩子遭遇了一场车祸，有惊无险，既后怕又感激，连声向聂先生道谢：聂大哥，是你救了小新啊！

俗话说：福无双至，祸不单行。在两个孩子生病期间，我又得了恶性疟疾：一连几天高烧不退，一会儿热，一会儿冷。热的时候烧到四十度，浑身冒火，头疼得像要爆炸一样。冷的时候直打寒战，浑身发抖完全不能自已，明之紧紧抱着我，竹床都会抖得吱吱乱响。

当时有一种治疗虐疾的特效药——奎宁，很贵，还买不到。过去我和孩子生病，都是徐仲航给我们送药，现在老徐被捕了，也没人给我们送药了。我情不自禁地呜咽起来：“没有老徐，没有奎宁……”

病痛难熬，而与党组织不能联系的日子，比病痛的折磨更难熬。明之安慰我说：老徐会没事的，你的病也会好的。

在明之的精心照料下，我终于又挺了过来。

百日咳，咳百日。现时有“白、百、破”疫苗，可那时没有。小放和小新得了“百日咳”，整整咳了一百天。他们生病期间，我和明之没钱给他们买营养品。当时重庆的猪肺很便宜，只有平民百姓才吃。有一天，明之上街看见有猪肺卖，就买了两叶，回家煮了一锅汤，放在凳子上凉着。我和明之忙着整理家务，忽然发现屋里很安静，感到很奇怪，回头一看，我们都愣住了，只见两个孩子站在锅边正喝猪肺汤呢！你喂我一勺，我喂你一勺，吃得津津有味，吃得满头大汗。他们好久没尝到肉味了，这一锅猪肺汤，对他们来说比肉汤还好喝。我和明之见状不由得掉下了眼泪。同时又感到高兴和欣慰，因为猪肺汤给孩子们带来了好胃口，看来病快好了。于是我们一人抱起一个孩子，亲着他们的小脸蛋儿，一边掉泪，一边笑，真是百感交集。

懂事的小放问爸爸妈妈：你们为什么又哭又笑啊？爸爸煮的这个汤，好吃。

看着女儿的天真可爱的样儿，我不知说什么好。

明之对女儿说：你们爱吃，爸爸还给你们买！

以后，明之过几天就买些猪肺回来。看着两个孩子大口大口地喝着，我们悲喜交加。没有想到，猪肺汤竟然成了两个孩子的“救命汤”。

两个孩子的病终于好了，明之开心地对我说：你看，我说没事吧？这两个小家伙大难不死，必有后福！

我和孩子一起度过了最困难的一百多天。

熬过了徐仲航被捕之后的第一个寒冬，春天又来了。我和明之觉得“风头”过去了，可以出去串串门儿了。我们要去看望想念已久的恩师毛啸岑夫妇。

星期天，我给孩子换上一身干净衣服，高兴地喊：去看毛公公、毛婆婆喽！

毛啸岑夫妇是1942年3月来到重庆的。1938年毛啸岑回家乡参加抗日活动，1940年为躲避日伪特务绑架，举家迁至香港。1941年年底，日寇进攻香港时，中共南方局派廖承志、潘汉年、刘少文等领导，组织营救了在港的何香凝、柳亚子等800多名爱国民主人士及其家属，毛啸岑一家三口也在其中。辗转三个月才来到重庆。他们一开始住在曾家岩，距离我们家很近。后来搬到机房街，就有些远了。但我们一家仍时不时去看望恩师。恩师夫妇有时也带独子安澜，到上清寺街75号，爬上又黑又窄又陡的小楼梯，看望我们一家人。

毛先生当着我们的面，时常忍不住痛骂蒋介石：偏安一隅，苟且陪都，只反共，不抗日！又骂贪官污吏：大发国难财，“前方吃紧，后方紧吃”。我和明之听了十分痛快，心里很明白，恩师夫妇是与共产党站在一条战壕里的爱国民主斗士。不过，当时我们并不知道，毛先生是“党外布尔什维克”，也在中共党组织的领导下从事秘密工作。自然，毛先生夫妇也不知道我和明之同样在从事中共的秘密情报工作。不过我们的心是相通的，政治倾向是一致的，只是心照不宣而已。

毛啸岑、沈华昇和儿子安澜合影

许久不见毛先生夫妇，很是想念。我和明之买了一点桔子和点心，抱着孩子去机房街看望恩师。

毛师母看到两个孩子尖尖的小脸，瘦弱的身子，只有四只大眼睛骨碌碌地转，显得眼睛比以前更大了，心疼地流下了眼泪，赶紧忙着为孩子张罗煮蹄膀汤。

毛先生发现我神情憔悴，面色焦黄，与半年前相比大不一样。他猜到我们一定是遇到了什么挫折，便拉着我和明之的手，亲切地问：还好吧？没什么事吧？

我和明之不想让恩师担心，只是紧紧握着毛先生的手，轻声说：没什么事，没什么事。先生师母放心！

不用说太多的话，也不需要说太多的话，彼此已经心领神会。

在与上海和泰兴的家人失去联系，特别是与党组织失去联系的日子里，毛先生夫妇的家，给了我、明之和孩子们莫大温暖和慰藉。

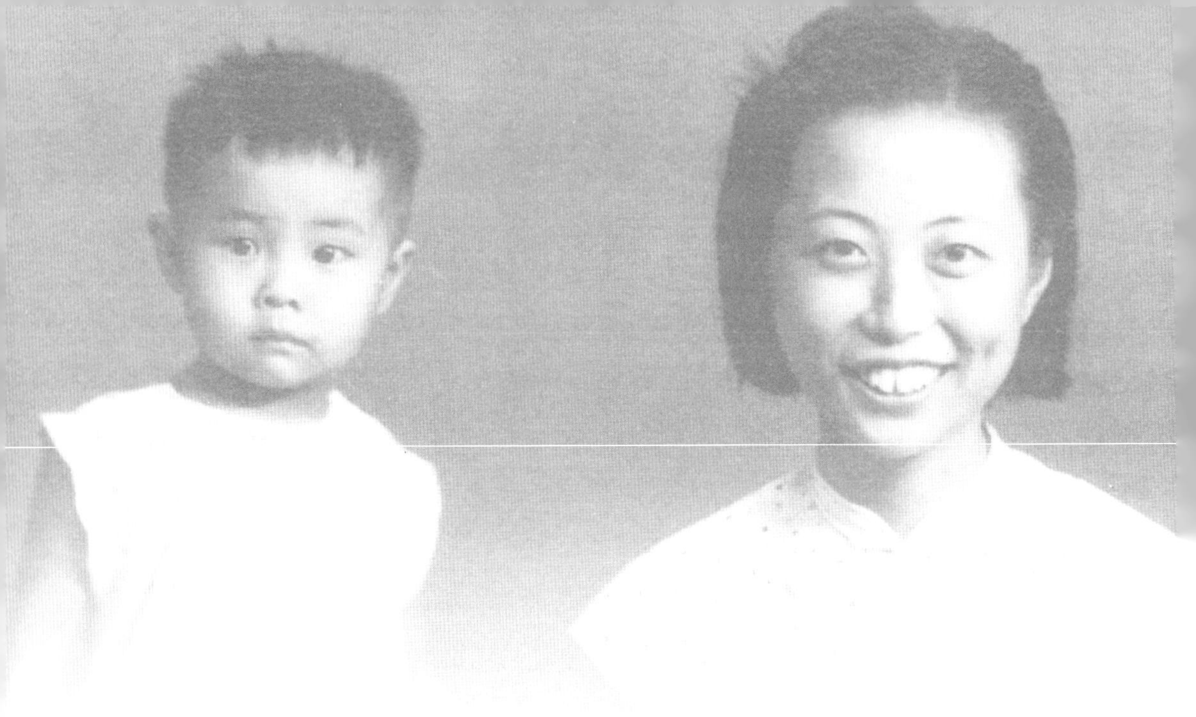

九、与党组织暂时中断联系的日子

(1943 年夏—1945 年夏　在重庆)

给宋美龄当速记员

1943年，与党组织暂时中断联系，我和明之又陷入贫病交加之中，两个孩子经常生病，入托问题成了生活中的最大难题。我听说宋美龄主持的“新生活运动促进会妇女指导委员会”（简称“妇指会”）的托儿所办得比较好，离家也近，就在上清寺曾家岩附近，于是想把两个孩子送进去。但该会规定，只有本会职员的子女才能入托。

我通过中央党部秘书处的熟人介绍，认识了“妇指会”的总干事张蔼真。张蔼真知道我是中央党部的速记骨干，表示欢迎我前去工作。

我和明之商量：老徐被捕，我们被查询，如能进入宋美龄主持的“妇指会”，也算是增加一点保护色吧！

明之说：这当然好。我想党组织为了保护我们，暂时中断与我们的联系，以后肯定会来恢复和我们联系的，如能想办法既可以进入妇指会工作，又能保住中央党部这边的岗位，那就两全其美了。

我说：我去找机要处长和科长商量商量，找借口把工作关系仍然留在中央党部。

速记科长徐漂萍得知此事，明确表示不同意我离开机要处，但对我孩子的状况也非常同情，就对机要处长张寿贤说：放沈琬走肯定不行，但可以让她到妇指会去兼职，我们机要处有重要会议，随时叫她回来。

张寿贤对我也一直很器重、很关照，有时孩子没人管，他曾默许我把孩子带到办公室来。小放很乖巧，长得又可爱，张寿贤很喜欢她，有时让她坐在他的膝盖上，把抽屉钥匙、图章等东西给她玩。他则一手抱着小放，一手批改公文。因此徐漂萍对他一说让我去兼职，他就同意了。

经中央党部机要处长派人和“妇指会”总干事张蔼真协商，达成口头协议：为解决我两个孩子的入托问题，暂借我到妇指会工作；中央党部的重要会议和中央全会等重要会议，仍要我按时回去担任速记。

这正合我和明之的心意。

抗战初期，为了建立抗日民族统一战线，中共和其他党派的进步妇女曾参加“新生活运动促进会妇女指导委员会”工作。“皖南事变”后，大部分中共党员和进步人士被排挤出来了。尽管如此，在当时它仍是一个为中国妇女和儿童谋福利的半官方的民间机构。宋美龄信奉基督教，总干事张蔼真和副总干事陈纪彝都是基督教女青年会的负责人，她们对妇指会的工作十分尽心尽力。

“妇指会”的工作人员文化素质较高，个人修养较好，人与人之间的关系也比较和谐。

我到“妇指会”上班的时候，指导长宋美龄刚刚结束长达七个月的国外旅行。

宋美龄是1942年底离开重庆去美国治病的。1937年10月23日，宋美龄在前往上海前线慰问抗战将士的途中发生车祸，摔断了肋骨，伤势严重，此后一直没能痊愈。1942年冬，伤疾复发，遂去美国治病。1943年2月，她应邀到美国众议院发表演讲，引起轰动。那天，她穿一件黑色金丝绒旗袍，胸前别着镶有宝石的中国空军徽章，端庄华丽，光彩照人。她的演讲不时被掌声打断。演讲结束，议员们全体起立，热烈鼓掌，长久不息。

宋美龄在美国宣传中国的抗日形势，引起美国和国际社会的极大关注和支持，其重要标志就是获得了国际社会的大量捐助。1943年5月，她又陪蒋介石去埃及，出席开罗会议。1943年7月回到重庆，继续担任“妇指会”的指导长和航空委员会秘书长。她回国后，风头正健，活动很多，经常发表演讲，并陪同蒋介石或单独接待美国及其他国家的友人，如东南亚盟军总司令蒙巴顿，美国第十四航空队即“飞虎队”的人员等。

我和“妇指会”的职员每天早晨上班，都要到楼上办公室负责人陆慧年（中共秘密党员）那里签到。指导长宋美龄的办公室就在旁边。

宋美龄初见我时，略一愣神，然后微笑着向我点点头，问道：你是新来的吧？

张总干事过来向宋美龄介绍说：夫人，这是从中央党部新借调来的速记员沈琬小姐。

宋美龄对我说：欢迎到本会工作。

我说：谢谢夫人。

我的主要工作是给指导长宋美龄做速记，时常伴随宋美龄左右。我发现，宋美龄打扮入时，举止优雅，喜欢穿色彩沉稳的旗袍出席各种活动，显得雍容华贵。如果宋美龄上台演讲，我也会找一件好一点的旗袍穿上，端坐在讲台一侧。

宋美龄做报告时，用略带上海口音的国语，这是我再熟悉不过的，我能很轻松地把蒋夫人的讲话内容，原原本本记下来。

我将速记符号整理成文字，用小楷抄正，装订成册，封面再由擅长写美术字的明之加上漂亮的标题，显得与众不同。总干事张蔼真女士呈交宋美龄后，宋美龄看了说：嗯，她的字写得很漂亮！张蔼真也满心欢喜，因为我是她借来的。她把宋美龄的评语转告我，并鼓励我：好好干。

宋美龄擅长英语，有时喜欢在有外宾出席的会上用英语做报告。我不懂英语，有些为难地对副总干事陈纪彝女士说：我不懂英语，怎么办？

陈纪彝是文化事业组组长，我的顶头上司，和我的关系比较好，就悄悄对我说：中、英文讲话稿都是我代写的，你坐在那儿照样速记，报告结束后我把中文稿给你，你抄一遍就可以送上去了。

于是我大胆上台，端坐一侧。宋美龄讲英语，我就用速记符号记她的音，她停，我也停，她讲，我又接着记。第二天，宋美龄的讲话见报了，有人悄悄地说：沈小姐真能干，中英文速记都行！

我心中暗笑，实际上我是在那里“鬼画符”。

后来有人羡慕地说：沈小姐是委员长的速记，又是蒋夫人的速记；既是朱家骅的老部下，又是宋美龄的新部下。

我暗自高兴，明之说：这样一来，又可以给我们增加一层保护色，就更隐蔽，更安全了，让他们随便去说吧！

在“妇指会”工作期间，我对宋美龄的印象不错。宋美龄虽然贵为第一夫人，但她性格开朗，思想开明，抗日热情很高，在言谈话语中，提及共产党时，态度也不像蒋介石那么凶横；她待人和蔼，工作勤恳，很多具体工作她都事必躬亲。

我在“妇指会”工作期间，除了担任宋美龄的速记员外，还配合一位同事为妇指会在郊区的下属分会写宣传文章，号召妇女投身抗日运动，宣传儿童保育、妇女卫生、扫盲、环境保护等。文章写好后，再请人配上画，由下属分会印刷成海报张贴出去，起到了很好的宣传作用。

这段时间，我感觉心情好了一点，舒缓了徐仲航被捕给我带来的巨大心理压力。觉得自己直接为抗战做了点实事儿。不过我时不时还要被机要处叫回去，参加一些国民党重要会议，作速记。一有机会看到确有情报价值的材料，我仍会用别人看不懂的速记符号把情报写在速记本上。我和明之一天天地盼望着，一旦与党组织接上关系，就可以把情报交给党了。

难熬的蛰伏

徐仲航被捕一年了，党组织一直没有来联系。我和明之在耐心等待，有时心情会焦急得难以忍受。

一天，喜欢唱歌的明之轻轻哼起了《黄水谣》，我也跟着哼起来：“自从鬼子来，百姓遭了殃！奸淫烧杀，一片凄凉，扶老携幼，四处逃亡，丢掉了爹娘，回不了家乡！”当哼到最后一句“妻离子散天各一方”时，我想起远在泰兴的母亲和远在上海的大儿子，不由得潸然泪下。

女儿小放问：妈妈，你怎么哭了？

明之赶紧安慰我：想想看，一年多了，没出什么事，说明老徐顶住了。这是好事。现在组织上为防敌人“放长线，钓大鱼”，暂不与我们联系。我们要耐心等待。我坚信总有一天，会有人来我们家接头的。

明之比我有水平，他说得在理，可是他心里又何尝不着急？有时他也会长吁短叹，于是我又会反过来安慰他。

当时，八路军办事处早已从机房街搬到郊外的红岩村，离我们的住处上清寺街比较远，沿着嘉陵江畔的马路，步行半个多小时才能走到。

一个夏天的傍晚，我和明之抱着孩子走到江边，想吹吹江风，消消心中的闷气。我们沿着西去的公路散步，不知不觉就走到离红岩不远的化龙桥山坡下，远远朦胧中可隐约看到“红岩村”绿树掩映的房屋，真想上山去找党组织。甚至天真地想，若是正巧这时周恩来、董必武或者邓颖超大姐从山上下来，那该多好啊！

红岩村，原名红岩嘴，早先是一片荒野，离重庆市区十来里地。20世纪30年代初，四川军阀政府为了筹集军饷，扩充自己的实力，在开发重庆的幌子下，以低廉的价格抛售重庆四郊无主荒山。重庆女实业家饶国模便出钱买下了红岩嘴长满野草青藤的二百多亩红土地，开办农场，并在山坡上建起了一座三层小楼。

武汉失守后，中共南方局领导机关转入重庆，可市内经常遭到日本飞机的轰炸，很不安全，曾有一枚炸弹，就落在机房街八路军办事处的院子里。中共川东特委和八路军驻渝办事处决定为南方局和“八办”寻找新的办公地点。经过认真考察，他们不约而同地选定了红岩嘴的大有农场。

为什么呢，因为没有比这更好的地方了。首先是地点隐蔽，其次是房东可靠。房东饶国模女士的哥哥是广州黄花岗七十二烈士之一，她的儿子、女儿都是中共党员。1939年4月，南方局领导凯丰夫妇、董必武夫妇和博古等先期搬进红岩嘴饶国模家。5月3日大轰炸当晚，在机房街的“八办”和南方局机关全体人员紧急搬入红岩村。所谓“红岩村”，其实开始只有饶国模一户人家，一下子搬去了五六十人住不下，于是又临时搭建了一些简易房。后来，“八办”主楼在“红岩村”中破土动工。

十八集团军驻渝办事处的牌子刚刚在红岩村挂出不久，国民党当局为了监视“八办”的活动，以国民参政会的名义，也在“八办”附近盖起了办公楼。每一个进出“八办”的人，都成为特务的监视对象。

我和明之自1939年国民党五届五中全会后，就再也没有去过共产党的公开机构。我们清楚地知道，国民党特务对“八办”的监视比过去更加严密了。如果我们冒失地走上去，不仅会暴露自己，遭致危险，还会使“八办”领导机关受到牵连。我们只能远远地眺望“红岩”。

此时我心中不由得对在“红岩”工作的同志们产生羡慕之情。我心里想：“红岩”的同志们啊！你们吃在一起，住在一起。你们可以想笑就笑，想哭就哭；而我们想笑的时候不能笑，想哭的时候，有泪也只能往肚子里流。你们与党组织在一起，多么温暖啊！不会有我们这样的孤独和寂寞，更不会有不能与党组织联系的痛苦。但是，我又一想：他们有他们的任务，我们有我们的任务。我们的任务是战斗在敌人营垒里！顿时心中升腾起信心和力量。

我在红岩村的山坡下想得入了神。

明之劝我道："走吧，此处不可久留。"

我回过神儿来，在心中默念道：放心吧，红岩！我们还是回到自己的岗位上去，坚守阵地。总有一天，您的女儿会投入您的怀抱！

我含着泪，恋恋不舍地跟着明之，抱着孩子，缓缓离去，没有回头……

中央党部秘书处所在的上清花园，离曾家岩50号周公馆很近，我们家住上清寺街75号，离周公馆就更近了。但是我知道周公馆也是特务重点监视的目标。化了装的特务，整天在周公馆周围转悠。我不能靠近，这是纪律。直到四十多年后的1984年，我们才和当时担任南方局机要科长、秘书长的童小鹏及夫人紫非一起走进了我们当年向往的曾家岩50号周公馆。

重庆"三岩"——红岩、曾家岩、虎头岩（《新华日报》所在地），是中

1984年，沈安娜、华明之与童小鹏夫妇在重庆曾家岩50号的"周公馆"旧地重游。

共南方局的主要活动基地，此时全部处在龙潭虎穴之中。我和明之也身处敌营。如此险恶的政治环境，不允许我们轻举妄动，我们只能蛰伏。尽管这种蛰伏的日子非常难熬，但我们必须忍耐。我们坚信，总会有“惊蛰”的那一天！

重庆位于长江的上游，当时从长江中下游的武汉、南京、上海等地撤到重庆的人很多，重庆人把这些人称作“下江人”，也泛指重庆以外的外地人。由于大量下江人的涌入，给这座不大的山城带来了活力，同时也带来了巨大的压力：物资短缺，物价飞涨。这使抗战时期的陪都重庆，处于十分窘迫的境地。一些难民无奈地称陪都重庆为“饿都”。战时在朝天门一带，卖苦力的百姓，每至冬日，无衣无食，无家可归，饥寒交迫，贫病交加，遂成饿殍。垃圾车成了收尸车，每每车上拉着一具无名尸，他的两条腿还在车帮上耷拉着，随着颠簸的路，一走一摇晃……如此惨状，几乎天天可见。日久天长，人们对此麻木不仁，也就不以为然了。

对于我们来说，贫困和饥饿还可以克服，而不能与党组织联系，就像断了线的风筝，在雾都上空飘零，这种孤独无助的痛苦，实在难以忍受。

革命的道路曲折而漫长，在最困难的时刻，我们相濡以沫，经常在一起分析形势，坚信曙光就在前头。

我常常问明之：你说，党组织能来与我们联系么？

明之则反复对我说：老徐被捕，党组织肯定还要观察了解老徐被捕后的事态发展和结果，了解我们的处境，再决定在什么时候、以什么方式、由谁来恢复与我们的联系。我认为，不仅我们需要组织，组织也需要我们。现在不联系，是保护我们呀！到时候，他们肯定会来的！

我说：有道理，看来我们只有继续耐心等待了。

我们二人在满怀希望中继续耐心等待，我们经常互相提醒：一定要谨慎小心，决不轻举妄动。

宁住陋室不搬家

我在中央党部机关工作五年多了。由开始的夫妻两人变成了四口之家。中央党部机关决定给我这个速记骨干换个好一点的宿舍。

此前，我们曾搬过一次家，是在同一层楼上，从朝北的房间搬到房门对面朝南的一间，仍是不到10平方米的面积，只是多了一个阳台，也就是个小小的吊脚楼。原来放在走廊上的炉子、柴火、水缸等杂物，可以放在吊脚楼阳台上了。阳台上还可以晾衣服，似乎显得比原来的房间宽敞一些。我们已在那间不到10平方米的陋室中住了五年，房子早已破旧不堪。

75号楼的楼道无灯，楼梯又窄又陡又黑，我抱着孩子跑警报时，曾经像坐搓衣板一样，从楼梯上滑下去好几回。当年腰部的挫伤，到老年后，还时常感到隐隐作痛。

在1941年6月5日大隧道惨案那一天，我们家的楼上（三楼）被炸了一个洞。晚上下大雨，雨水从三楼房顶被炸开的洞口灌进来，地板上积满了雨水。我们住二楼，能听到楼上邻居哗哗的趟水声。天棚上到处滴水，无处容身。晚上，家里没有一处干的地方，我和明之只好撑着一把油纸伞，抱着小放缩在墙角里打磕睡，等待天明。

雨停了，对于房屋漏雨的市民来说，灾难也还没有结束。重庆雾多，难得

月台坝陡峭的石梯

东水门吊脚楼

见到太阳，被雨水淋湿的被褥多少天都晾不干，床上经常可以看到潮虫爬来爬去。

75号楼的后面被日本飞机炸了一个大坑，积了很多水，成了苍蝇、蚊子的滋生地，很快又招来很多青蛙，春夏之交，正是青蛙繁殖季节，一天到晚蛙声不断。

抗战时期，重庆虽说有自来水，但是经常停水。我们住的楼房没有铺设自来水管道，我们和其他小职员一样，要雇人挑水。因为楼梯狭窄，又没有灯，一桶水挑到楼上，往往只能剩下半桶。

楼内家家都有水缸，是水泥做的。水则不知是从哪儿挑来的，混浊不堪，每天要放明矾澄清，沉在缸底的黑泥，几天就要清一次，否则水缸里就会发出一股恶臭。

大轰炸后，无人挑水，一盆水从洗脸、洗脚、到刷马桶，要用三四遍。楼内没有下水道，每天用过的污水，都由明之拎到楼下去倒掉。有时候水供不上，只好不洗脸，不洗脚。

一次，楼下邻居家失火，明之一人掀翻了水泥水缸，为楼下邻居家倒水灭火。那水泥缸很重，平时一个人难以搬动，而明之在情急之下，居然一人就掀翻了过来。

当时的重庆，老鼠和日本鬼子一样猖獗，人饿得面黄肌瘦，而老鼠却个个肥硕无比。重庆的报纸不止一次报道：大老鼠敢与人争食，甚至把小娃儿咬死了！我们家房顶楼板里也有一窝令人憎恶的老鼠。在床上方的屋角有个洞，老鼠常在洞中出没，顺着墙壁爬上爬下。每天夜里，我和明之都会被楼板夹层里老鼠打架撕咬的声音吵得心烦。我们更担心老鼠掉到孩子身上，咬伤孩子。明之对鼠患恨之入骨。老鼠们很狡猾，极难对付，轰不走，打不着。有一天，明之下班时咬咬牙掏钱只买了两个鸡蛋，准备给两个孩子吃。他一手拿着一个鸡蛋正要去煮，突然，一只老鼠胆大妄为，竟然在大白天窜了出来，明之眼疾脚快，一脚上去将它踩死了，污血流了一地。可是他脚下一滑，将一只鸡蛋掉在地上，正好掉在死老鼠的血迹上。此刻，他心中充满厌恶和憎恨，下意识中竟将手里的另一只鸡蛋攥碎了！

更让我们憎恶的是，75号楼和阴森恐怖的宪兵队为邻，如同与地狱为邻。家是人生航船停泊的一个港湾，为了孩子，我们多么想换一个好一点的居住环境呵。

机会终于来了。中央党部秘书处考虑到我住房的困难，准备给我调换一处大一点的房子。乍听到这个消息，我情不自禁地兴奋得跳了起来，心中暗暗地说：太好了，这回可以不再与宪兵队为邻了！

回到家里，我高高兴兴地对明之说：秘书处要给我们换房子了！

明之听后也非常高兴。可是两人一冷静下来，对于到底换不换房子，又犹豫不决了。

“这个家是我们同上级党组织联系的唯一联络点，如果搬了家，党组织派人来，找不到我们怎么办？”我担心地对明之说。

明之接着我的话茬说：现在楼内上下左右的邻居都不是中央党部的人，我们住在这里还是比较安全的。安全更重要呵！

“你说得对，如果搬的新家与国民党机关的人混住，反而不安全，组织上更难找我们了。”

最后我们下了决心：在这里我们已经生活了五年，就是再住五年，我们也要坚持。当初我们冒着战乱的危险，从浙江到武汉去找党，为了什么？为了找党组织。现在是我们知道党组织在哪，却不能去找，得等组织来找我们。现在我们有工作，有房子住，虽然生活苦点，但可以克服。说什么也不能与党组织断了线啊！

人的一生中会遇到多次抉择，我和明之宁住陋室不搬新家，也是一次人生的重要抉择。

主意拿定后，我找了一个借口，我对张寿贤处长说：我现在住的上清寺街75号离机关近，上班方便，送孩子上幼稚园也近。这个房子住惯了，暂时就不搬了。等以后孩子大点再说。谢谢处长的关照。

就这样，我们一家四口在那间不到10平方米的房子里，一直住到1946年5月“还都”南京，长达八年之久！

时间在流逝，日复一日，年复一年，仍不见党组织来联系，焦虑和烦恼的情绪时不时会涌上心头。

不过，我们坚信：党组织一定会派人来我们住的老地方找我们的！

在重庆的日子里，我们与重庆的普通老百姓一样，生活十分困难，特别是小放和小新出生以后，开支增加，经济更加拮据。一日三餐吃的都是掺有很多砂石并带有霉味的劣质米，和当时重庆最便宜的“藤藤菜”（空心菜），还有自己做的泡菜，根本谈不上营养。

为了党的情报工作，我们宁可让孩子吃得差些，也要挤出钱来，去做些必要的应酬。

我们本来最憎恨阿谀奉承那一套，但我们处在那个社会环境之中，又不得不学得世俗一点。逢年过节，我们都要买包点心什么的，去上司家送礼、拜年，或请同事吃饭。

有一次，我们给上司买了一包点心和一小竹筐柑桔，被小放和小新看见了。两个孩子从小就很乖，知道这些是爸爸妈妈准备送人的，他们眼巴巴地看着这些好吃的东西，忍不住用小手摸一摸，又看一看爸爸妈妈，最后还是把小手缩了回来。

我看着懂事的孩子，不由得红着眼圈对他们说：乖孩子，这些东西是送礼用的。等以后爸爸妈妈有钱了，一定买好多好多糕糕给你们吃。

两个孩子似懂非懂地点点头。爸爸妈妈的“忍耐”，教会了孩子们“忍耐”；爸爸妈妈的“希望”，也在孩子心中培育了“希望”的种子。他们相信爸爸妈妈总有一天会买好多糕糕给他们吃的。

逢年过节，明之和我还要请同事到家里做客，联络感情。北方人来了就包饺子，南方人来了就做狮子头。当时的小职员都很穷，能吃上一顿饺子或者狮子头，也算是打了牙祭。当然，两个孩子就更开心了。

那时候，我哪里有余钱买衣服？一年到头我手不停，不是缝就是补，或是织毛衣，好在从小我跟母亲、姐姐学做女红，手勤手巧。有一次，我为了拍身份证照片，咬咬牙，买了一块洋布，给自己缝了一件旗袍，也给小放、小新各缝了一件小褂。去照相馆拍照片的时候，穿上新衣服的小放闹着要妈妈抱着拍照，这怎么能做身份证照片呢？摄影师想出了一个办法，让小放站在一边，母女分开一点，成像后把小放的一半切掉，另一半就是我的身份证照片了。我觉得好笑，小放自然不高兴了。就这样，我的身份证照拍好了。

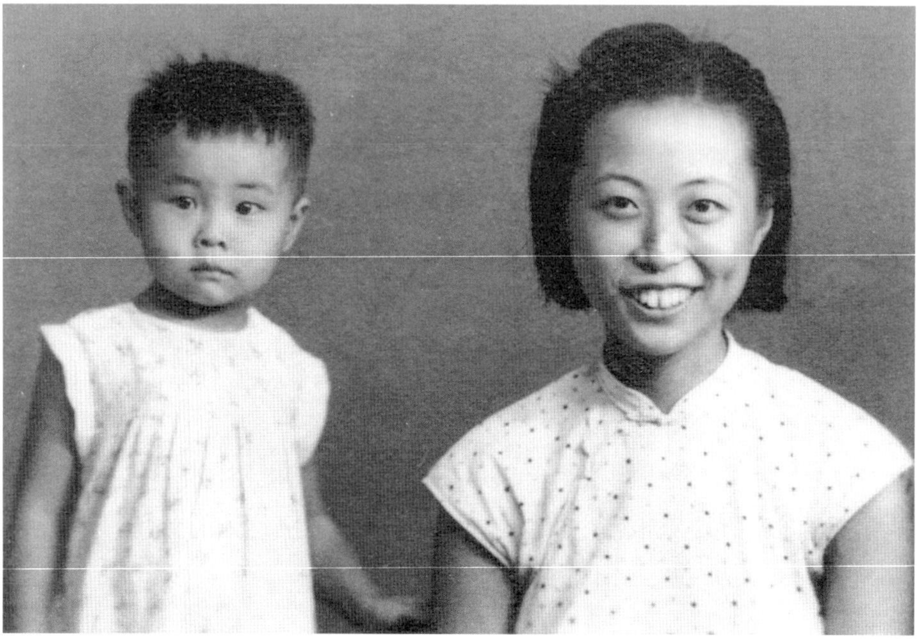

1943年，形销骨立的沈安娜面带微笑与女儿小放的合影

我们家里的家具虽然简陋，除了两只旅行皮箱外，床和桌椅全是竹制的。但是我们把家里收拾得整整齐齐，干干净净。墙上有破洞，就用彩纸剪些蝴蝶、花草贴上，显得雅致，也许孩子们在苦难的生活中能感受一点亮丽色彩。多年以后，我们俩回忆起那段生活，感慨地说：那时我们生活虽苦，但心里始终充满希望。

腐败，迟早要垮台

在国民党的官僚衙门里，官员贪污腐败成风，发国难财，发战争财的大有人在。受名利、地位、金钱、美女的诱惑，一些意志薄弱的人，随时都会腐化堕落，陷入罪恶的深渊。

刘少奇曾说：共产党员“在他个人独立工作、无人监督、有做各种坏事的可能的时候，他能够‘慎独’，不做任何坏事”。

我和明之与党是单线联系，没有正常的党组织生活，完全靠我们的党性和自觉性，抵御周围的各种诱惑。尽管生活非常艰难，但我们一直保持“慎独”。

明之刚进入掩护职业单位“资源委员会”时，担任财务处科员。他始终奉公守法，洁身自好，每天按时上下班，经手的账目也都清清爽爽，受到上司和同事的好评。

1944年，明之调到“战时生产局”秘书处任专员，负责出纳工作，直接经管银行存款和保险箱现钞，手头有大笔可以挪用的钱财。一个同事因生活所迫，先后两次私下暗示，要和他一起捞外快。明之装作听不懂对方暗示的话，敷衍过去了。

回到家里，明之和我谈起此事，我说：虽然我们的生活清贫，但是这种事不能干，很容易因小失大。如果由经济问题引出政治问题，暴露了真实身份，可就得不偿失了。

明之听了高兴地说：我们想到一起去了！

后来那位同事见明之如此“愚钝”，就忿忿不平地跟他讲起孔祥熙私分美金债券案。这是一桩轰动全国的大案。

那是1944年，美国政府委托中国政府在成都等地修建6座B-29轰炸机机场。四川省各县动用了45万民工，自带工具和90天的口粮，步行前往工地。男女民工，包括童工，用肩挑、车推的原始方法运送土石方，有的女工还背着吃奶的孩子，整天在工地上砸碎石子。机场占用了大片的良田，那是他们祖祖辈辈辛勤开垦的赖以生存的土地，但是他们说，为了打鬼子，我们连命都舍得，还有什么东西舍不得呢？90天后，6座机场全部完工交付使用。勤劳勇敢的中国人民，为祖国的解放和世界反法西斯战争的胜利所做出的重要牺牲，使美国人民赞叹不已。此项工程，美国政府按一美元兑换四十元法币[①]的官方汇率折算，付给中国政府一亿多美元的现钞。

但是，国民党的军政要员却利用劳苦大众修建机场换来的美元，大搞货币投机。财政部长兼中央银行总裁孔祥熙主谋，伙同他人以二十元法币折算一美元的汇率（当时的黑市价格是一百二十元法币兑换一美元），私分了中央银行库存的美金债券，从中套取美金，牟取暴利，大发横财。然而不久事发，

① 法币，1936年11月，国民党政府发行的纸币。由中央、中国、交通、农民四家银行发行。

造成轰动全国的私分美金债券案。当时此案正要提交国民参政会讨论，蒋介石突然派侍从室的人来到参政会秘书处，说委员长要看这一提案，将准备分发给参政员的案情材料及原件全部提走。直到参政会闭幕，也没把材料送回来，造成提案不能提交大会讨论的尴尬局面。大会只好销去案号，一桩轰动全国的大贪污案就这样不了了之。

孔祥熙的夫人宋蔼龄是蒋介石夫人宋美龄的大姐，蒋介石和孔祥熙是连襟，这就不难理解什么叫官官相护了。

明之的同事借题发挥，对明之说：大官权大，可以吃肉，小职员无权，喝点汤总是可以的吧？何苦捧个金碗要饭吃？

明之说：那也不是什么汤都可以喝的，弄不好会坏肚子。

同事见明之如此“冥顽不化”，无奈地摇摇头，叹口气说：也罢，也罢！饿肚子总比坏肚子好些。

明之回家又与我说起此事，我说：我在参政会上听到很多参政员议论，大家都是敢怒不敢言。历朝历代，凡是腐败，那政权就要出问题了。照这样下去，国民党政府迟早要垮台！

一天下午，我奉机要处长之命，去中央训练团大礼堂为蒋介石报告做速记。这是常事，我也没多问，带上手提包就去了。参加会议的人员不多，不过有的却还是生面孔。我一时没搞清是个什么会议。蒋介石的讲话，全是些不着边际的空话，没有什么重要内容，更无主题，而且很快就讲完，到休息室去了。

我以为要散会，这时看见工作人员匆匆忙忙搬动桌椅。我问：你们这是干什么？

工作人员回答：换桌子。

我还没见过换桌子继续开会的事情，正纳闷儿，只见会议桌换成了八仙桌，有人将饭店送来的提盒摆在桌上，一个个打开，一碗碗美味佳肴呈现在眼前，很是诱人。

我见状，知道会议结束了，起身准备离开，却被机要处长张寿贤拦住：沈小姐留步。上面通知，机要人员留下来陪餐。

原来，蒋介石和宋美龄要在今晚为儿子蒋纬国“相亲”，见他的女朋友。人多点，气氛显得热烈些。

蒋介石和宋美龄再次出现，两人互称“达令”，有说有笑，显得很亲热，很开心。这是我在他们身边工作多年很少看到的情景。

宋美龄那天特别殷勤，特别活跃，大显第一夫人的风采，和大家打招呼，显得很周到。一些马屁精平时拍不上去，此时在委员长和夫人面前，使出浑身解数，不遗余力地拍起来，奉承话肉麻之极。我远远地看着他们的丑恶表演，只觉得令人作呕。

更让我忿忿不平的是，在艰难的抗战时期，他们竟然还如此花天酒地。我一下想起家中两个嗷嗷待哺的孩子和食不果腹的丈夫，怎能咽得下这些美味佳肴？看着别人有说有笑，大啖大嚼，我却一点胃口也没有。我的心中充满愤恨，却又不敢稍有显露，只是看着这宴席发呆。

张寿贤处长在一旁见我发呆，便轻声催促我说：沈小姐，请用，快请用吧！

我这才勉强吃了几口，耐心陪餐至散席。这时，一个京戏班子进来，要为蒋介石和宋美龄等人唱堂会。我心里好不耐烦，又要等好长时间，便对张寿贤说：处长，家里孩子小，要回家照顾，我先走一步。说着拿起手提包要走。

张寿贤说：天黑路远，再等几分钟，我们一起回去，我车子顺便送送你。我也没有兴趣啊！

当时在重庆，中共南方局和八路军办事处的生活也很艰苦，据知，红岩村的伙食费是每人每月三元法币（当时一个银元兑换四点五元法币），成天吃老胡豆和藤藤菜。1945年毛主席到重庆谈判时，看到在红岩工作的同志，伙食比延安还差，才指示他们从三元增加到五元。

那时红岩村每月的开支账目都由董必武核查。有一次，有六角钱的账目对不上，董老在大会上做了检查，还给党中央写了检查。

另据有关材料记载：时任国民党侍从室第六组组长、军统特务头子唐纵在1942年7月30日的日记中写道：“陈立夫的儿子陈希曾悄悄告诉我：过年过节委座（指蒋介石）均有赏赐，主任一万二万不等，组长三千五千不等。”

美国记者爱泼斯坦在他的《未完成的革命》一书中这样写道：“当时只要在重庆的酒楼饭馆转一转，就可以看到那里的客人衣着华丽，饮食讲究，挥金如土……。”

这种天壤之别的生活，迫使更多的人，投身革命洪流。历史证明，腐败，一定要垮台！

到鲁家走亲戚

生活物质的匮乏是一种苦，精神上的孤独是另一种苦。我和华明之在直接领导徐仲航被捕，不能与党组织联系的日子里，就经历着这种双重痛苦。我们很少与外界交往，也减少了到鲁自诚和华韵三家走亲戚的次数。

鲁自诚和华韵三是1938年底到达重庆的。

此前，董必武安排鲁自诚去国民党中央训练团政治部，在那里讲授孙中山的三民主义，并不时借机宣传抗日民族统一战线的主张。

我经常随机要处长、速记科长到“中训团”为蒋介石在开学典礼或结业典礼上的讲话做速记。一次，我看见作为教官的鲁自诚端坐在前排的一侧，倍感亲切。我和鲁大哥不能说话，只能互相传递眼神。后来我们两家见面时，我学着鲁大哥正襟危坐的样子，鲁大哥也学我在台上速记，用小手绢擦汗的样子，逗得明之和韵三兄妹开怀大笑！

国民党的党、政、军大权是蒋介石一人独揽的。蒋介石十分尊崇希特勒，并向德国学习，推行个人崇拜。按规定，在公众场合一提到蒋委员长，军人都要立正，表示对蒋介石的敬意。就像德国人喊：“嘿！希特勒”时要立正，再把手斜伸出去一样。鲁自诚在给中央训练团学员讲课时，一提“蒋委员长”，大家就马上全体起立，搞得教室里桌子椅子一阵乱响。鲁自诚故意要整那帮国民党军官，一会儿提一次“蒋委员长”，一会儿提一次“蒋委员长”，弄得学员们不停地，站起来，坐下。大家明知他是故意的，也不敢有怨言。

1942年秋，鲁自诚离开中训团，被董必武派去担任中国工矿银行的常务董事，继续从事党的秘密工作。

在鲁自诚进入中国工矿银行以后，便把家搬到了重庆忠烈祠三号。人称鲁公馆。那是一所很大的房子。他们家的邻居一个是国民党的师长，一个是国民党的空军司令。鲁自诚的孩子还在院子里养了许多鸽子，俨然是个大资本家公馆的气派。

鲁自诚表面上是个大资本家，外面西装笔挺，里面的衬衣却是破的，有

1944年，鲁自诚、华韵三、沈安娜、华明之、华藻及孩子们合影

时干脆穿一个无襟无袖的假领子；脚上的皮鞋擦得铮亮，里面的袜子却是破的。小放看见了说："姑父脚后跟露了个大鸭蛋"。明之曾笑着说，"我外面穿西装，里面衬衣背心却有破洞，有补丁。像个上海人说的'洋装瘪三'"。

以前我和明之去看望鲁自诚和华韵三，是纯粹"走亲戚"。在领导人被捕，与党组织暂时中断联系的三年里，尽管我们心里非常想对亲人倾诉衷肠，但是我们严守党的纪律，一直忍着。

在徐仲航被捕的风头过去之后，我们抱着孩子去了一趟鲁家。我们憔悴的脸色，不安的神情，瞒不过有着丰富革命斗争经验、目光敏锐的鲁大哥，也瞒不过血脉相连、眼明心细的韵三妹。

他们一看便知：明之和安娜遇到麻烦了！双方都知道对方在为党工作，但双方都严守党的组织纪律，不谈工作上的事。通过眼神的交流，我们不安的心情随之放松下来，我们看到了革命引路人、入党介绍人鲁大哥，就像看到了党。

每次我们带孩子去串门儿，韵三都会热情款待我们一家。韵三也曾带着孩子到上清寺街我们家里去过。时过60多年，鲁自诚的大儿子鲁克行还记得，舅舅舅妈家的楼梯又黑、又窄、又陡、又滑，很难爬上去。房子也很小，只有不到十平方米。每次去，表妹小放就会从床下拖出一个装玩具的竹篮子，把她的玩具“哗”地一下全部倒在地上，和他一起玩儿，每次分别都恋恋不舍。有一次，小放把徐仲航伯伯以前送给她的一只可爱的白陶瓷小鸭子，大方地送给了克行表哥。

1945年抗战胜利后，毛泽东到重庆谈判，以探望工商界知名人士为由，由中共南方局的王若飞、童小鹏陪同，登门看望了鲁自诚，表扬他为党所做的工作，还给他带了五斤延安小米和一大包紫红色的手纺粗毛线。

毛泽东风趣地对鲁自诚说：听说重庆没有小米，这延安的小米可是很好吃噢！这手纺的毛线嘛，可能没有机纺的好，但这可是一点不掺假的真羊毛啊！解放区也没什么好东西，这点土特产就算是中央给你的奖励吧！

鲁自诚非常诚恳地说：“谢谢中央，谢谢主席！”鲁自诚与毛泽东同庚，生日比毛泽东还大几个月，但他对毛泽东的雄才伟略非常钦佩。

延安的小米确实很好吃，当时7岁的鲁克行60年后还记得那小米粥的

20世纪60年代的鲁自诚、华韵三夫妇

味道。那些毛线由韵三为孩子们织了毛裤。因为那毛线是生毛的，毛很硬，穿在身上有点扎人，所以留给孩子们的印象很深。鲁克行记得那毛裤一直穿到全国解放，母亲把旧毛裤拆开来洗时，很多线已经朽了。但是母亲还是认真地把好一点的毛线洗好晾干，收藏起来，并对孩子们说：这是毛主席在重庆时奖你爸爸的延安毛线，有纪念意义，一定要保存好。

韵三1987年去世以后，孩子们一直保存着那些毛线。1994年，他们的大女儿鲁克定将那些毛线捐给了重庆红岩革命纪念馆。

柳亚子赠诗："勠力神州最有情"

我和明之在重庆期间，去得最多的地方，一是鲁家，一是恩师毛啸岑夫妇家。因为我和明之当初是在"南洋高商"，在毛啸岑家相识的，所以毛啸岑夫妇常说："你们夫妻是我们做的大媒！"

毛啸岑夫妇有一个独子，叫毛安澜，从30年代在"南洋高商"时起，我就与毛安澜相处得如同姐弟，毛先生夫妇认我为干女儿。在重庆时，两家走动颇勤。有一次，毛夫人病了，我去为师母熬中药，弄得满头大汗。喂药前，我亲自尝一下，以免烫了师母，毛夫人被感动得直流泪。

毛啸岑感慨地说：我们有个好女儿啊！

我说：我在泰兴老家的母亲，由于战乱不通音信，不能尽孝，对师母，就当是在母亲身边尽孝了。

毛先生夫妇这对"党外布尔什维克"，一直与我和明之一样，默默地为党做着秘密工作。我们各自有不同的领导，单线联系。但我们的心却始终贴得很紧。

1944年9月，毛啸岑的同乡老友柳亚子[①]携夫人郑佩宜从桂林来到重庆，临时住在毛啸岑位于机房街的家里。11月，周恩来和董必武还出席了郭沫若专为柳先生来渝举行的宴会，并做深谈。后来柳亚子搬到重庆郊区的沙坪坝，每次进城，仍住毛啸岑家。毛啸岑把三楼的一个小房间，长期留给柳亚子先生进城时专用。

明之和我常来看望毛啸岑夫妇，与柳亚子先生也认识了。1945年7月的一天，我们带着两个孩子来看望毛啸岑夫妇。正巧柳亚子从楼上下来，看到我们和可爱的孩子，就和我们一起兴奋地聊开了。

柳亚子先生从毛啸岑夫妇口中得知，明之和我这对年轻夫妇是有着不凡经历的爱国有为青年，对我们印象很好。

柳亚子是个豪放的诗人，经常诗兴大发，出口成章，此时一挥而就，写下七律一首：

赠华明之和沈安娜夫妇：
避地西来离乱经，
依然模范小家庭。
二分月色迷楼艳，
万顷湖波一棹轻。
枌社自应钟秀杰，
凤雏更喜诞宁馨。
沈思四海皆秋日，
勠力神州最有情。

20世纪80年代，毛安澜告诉我和明之，此诗收入中国革命博物馆编辑出

① 柳亚子（1887—1958），原名慰高，号安如，改字人权，号亚庐，再改名弃疾，字稼轩，号亚子，江苏吴江人。1905年加入国学保存会。后至上海加入光复会、同盟会。民国时曾任孙中山总统府秘书、中国国民党中央监察委员、上海通志馆馆长。抗日战争时期，与宋庆龄、何香凝等从事抗日民主活动。1941年“皖南事变”爆发，因在香港亲自撰写电文，和宋庆龄、何香凝联名发电报斥责蒋介石倒行逆施，破坏团结，破坏抗战，而被开除国民党党籍。1949年参加了中国人民政治协商会议，并参加了中华人民共和国开国大典。新中国成立后，任中央人民政府委员、全国人大常委会委员。

版的柳亚子《磨剑室诗词集》（下册1403页）。我们这才得知柳老先生还曾为我们写了一首诗。欣然拜读，甚为感动。

柳亚子学识渊博，作诗用典颇多。1989年，离休在家的明之重读此诗，为诗中的一些典故作了简单注释，现收录于此。

一、二分月色，即“二分月明”之意。徐凝《忆扬州》诗：“天下三分明月夜，二分无赖是扬州。”后因以“二分月明”形容当时扬州的繁荣。柳诗借用“二分月明”说明沈安娜原籍是扬州（泰兴原隶属扬州）。

二、迷楼，据《辞海》解释是隋炀帝所建的楼名。

三、万顷湖波，指太湖。柳诗借用“万顷湖波”说明华明之原籍是太湖之滨的无锡。

四、一棹轻，棹，摇船用具，形状和桨差不多，也指船。

五、枌社，枌，木名，白榆。《汉书·郊祀志上》：“高祖祷丰枌榆社。”丰，邑名；枌榆，乡名，汉高祖的故乡。后人因称家乡为枌榆。枌社即指沈安娜、华明之家乡。

六、钟秀，即钟灵毓秀，谓天地间灵秀之气所聚。柳诗“钟秀杰”，是对沈安娜、华明之的褒扬。

七、凤雏，即幼雏，比喻俊美的少女。意指沈安娜。

八、宁馨，即宁馨儿，晋、宋时俗语，犹今语“这样的孩子”，后用于褒义。柳诗“凤雏更喜诞宁馨”，意为沈安娜喜得娇美儿女。

九、沈思，《辞海》解释：“沈”同“沉”。沈思即沉思。

十、四海，犹言天下，指全国各地，也指全世界各处。

十一、秋日，义为衰落、昏暗之日。

十二、勠力，即努力，尽力。

十三、神州，中国的别称。

我们理解，柳亚子此诗的大意是：

为避战乱来到重庆，
依然是模范家庭。
扬州城里的迷楼自然美艳，

无锡太湖的船桨更是轻盈。
家乡人杰地灵，
儿女俊外秀中。
沉思环顾大地一片秋风萧瑟，
为祖国正义事业努力奋斗不息。

诗的最后两句：“沈思四海皆秋日，勠力神州最有情。”是柳老先生对明之和我的莫大鼓励。

十、恢复与党组织联系 迅速准确送出情报

(1945 年夏一1946 年春夏　在重庆)

沸腾的山城

1945年8月10日晚7时50分，设在重庆的盟军总部，收听到日本东京发出的英语国际广播，日本接受《波茨坦宣言》，宣布无条件投降。消息不胫而走，重庆市区万民狂欢，大街小巷不时响起鞭炮声。

8月15日中午，日本天皇裕仁以广播“终战诏书”的形式，正式向公众宣布无条件投降。中日战争以中国人民的胜利和日本侵略者的失败而宣布结束。这是自鸦片战争以来一百多年的时间里，中华民族在反对帝国主义侵略的斗争中所取得的第一次完全的、伟大的胜利。

当天，国民政府的官方电台广播了蒋介石的演讲，重庆的很多报纸都出版了号外，如雪花般散发得满街都是。晚上，重庆山城一片欢腾，人们潮水般涌向重庆市中心的纪念性标志——“精神堡垒”。这个“精神堡垒”实际上是一座碑，底座为八角形，中部为圆形，是在1939年5月3日大轰炸留下的一个最大的弹坑上建起来的，完工于1940年3月12日。取名“精神堡垒”，是全民抗战的精神象征。后来被日机炸毁，人们在街心竖起一根高大的旗杆，以示精神不倒。不久，又在原址修建了砖木结构的“精神堡垒”。

1945年8月15日晚，重庆市政府在“精神堡垒”广场举行庆祝抗战胜利提灯会，所有参加大会的人，手里都提个灯笼。千千万万的灯笼布满山城，气氛热烈，场景壮观。

我和明之带着两个孩子，以同样振奋的心情，加入了游行的人流，从上清寺街一直走到通远门。小儿子走累了，明之就让他骑在脖子上。

不少人因为激动，一边高喊“鬼子败了”，一边号啕大哭。有的下江人兴奋过度，一边高喊“胜利喽——，回家喽——！”一边竟用砖头把自己家店铺的玻璃砸了。那意思分明是说，要回家了！这个店铺不要了！

当天夜里，我和明之回到家里，安顿孩子睡下以后，由于精神亢奋，丝毫没有睡意。长期的秘密工作使我们养成了一种越是热闹，越要冷静思考问题的习惯。

1945年5月，苏联红军攻克柏林，盟军宣告欧战胜利。5月5日国民党召开第六次代表大会，接着召开六届一中全会。在开会之前，张寿贤处长就让科长徐漂萍与妇指会商量，叫我马上回机要处。这时宋美龄出国已不在重庆，我在妇指会的事情不多，她们就痛快地同意我回中央党部了。

我自始至终参加了国民党六大和六届一中全会的速记工作。会中其他内容都不重要，只有会议通过的《对中共问题之工作方针》、《对中共问题之决议案》最重要。我用别人看不懂的速记符号记了下来，藏在抽屉里。

现在，抗日战争胜利了，蒋介石下一步会怎么样？

我对明之说：日本虽然巳投降，但我们在国民党机关工作多年，已看透国民党顽固派反共反人民的本质是不会变的。我亲眼看到，亲耳听到他们在5月份六大上对付共产党的决议案。抗战胜利后的国内形势并不乐观。

明之说：他们的文件你都记在速记本上了？

我说：嗯，就锁在我办公室的抽屉里。

明之说：现在抗战胜利了，形势会有新的变化，说不定党组织很快就会恢复与我们的联系！

我高兴地说：那可就太好了！

“天快亮了，抓紧时间睡一会儿吧。”明之提议道。

接着，我们一人搂着一个孩子，很快就睡着了，而且睡得特别香甜。我梦见周恩来和董必武等南方局领导从红岩村向我走来。董老见了我，笑道：小速记，你现在又可以发挥作用了！

这时的重庆，从官员到百姓，对时局的发展都非常关注，包括我和明之所在的国民党机关，人们经常在私下议论时局问题。国共两党的政治态度对国家前途的影响，牵动着全国人民的心。

有人在广播里听到了中共发表的《对目前时局的宣言》，该文提出“在和平、民主、团结的基础上，实现全国统一”的主张。这些消息也传到了我们的耳朵里。我们知道了共产党的声音，心情十分激动。但是根据以往的经验和对蒋介石的了解，特别是国民党六大通过的《对中共问题之工作方针》和《对中共问题之决议案》，我们预感到国共谈判将会非常艰难。

我们默默决定，继续保持警惕，注意形势发展，等待时机。

中共方面一再呼吁“巩固国内团结，保证国内和平”。在国内外一片强大舆论压力下，尤其是迫于美国国务院的压力，蒋介石于8月14、20、23日接连三次给毛泽东发电报，邀请他到重庆谈判。

8月28日，毛泽东、周恩来、王若飞在国民党谈判代表张治中和美国驻华大使赫尔利的陪同下，飞抵重庆。飞机降落后，第一个出现在机舱门口的就是身材魁梧的毛泽东。他头戴灰色巴拿马帽，身穿灰蓝色中山装。面对欢迎的人群，他举起帽子向大家致意。这一潇洒的动作，被记者用照相机定格在历史的画廊里了。

中共代表团的到来，受到重庆各界人士的热烈欢迎。柳亚子先生赋诗称颂毛泽东亲临重庆的行动是“弥天大勇”。重庆《大公报》称毛先生惠肯来渝是“大喜事”；再能做到“和平、民主、团结”，就是喜上加喜的大喜事了。

蒋介石三次发电报邀请毛泽东到重庆来，完全是假惺惺，估计毛泽东不会来渝。可是不曾想到毛泽东居然真的来了。蒋介石对毛泽东这么痛快就答应来重庆，完全出乎意料，没有准备。这一点，从后来匆忙应付谈判的慌乱程度上，可以看得出来。

我和明之得知，毛泽东和周恩来等中央领导人一起来到重庆，要与国民党谈判，心情非常激动。国共两党能坐下来和谈，标志着共产党提出的“在和平、民主、团结的基础上，实现全国统一”的主张有可能向前迈一大步。我们预感到，党组织重新和我们接关系的日子已经不会很远了。

中共代表周恩来、王若飞与政府代表张群、张治中、邵力子经过43天的漫长谈判，于10月10日在重庆桂园[①]签署了《政府与中共代表会谈纪要》（即“双十协定”）。在这个《纪要》中，蒋介石表示同意和平建国的方针，承认各党派的平等合法地位和人民的某些民主权利，并承诺召开政治协商会议。

《纪要》签字后的第二天，10月11日，毛泽东在张治中的陪同下飞回延安，周恩来、王若飞留在重庆与国民党继续谈判，研究实施《纪要》的具体措施。

---

① 桂园，张治中将军在重庆的官邸。

这期间，我和明之每天都在盼着党组织派人来和我们接关系。虽然日本人投降了，虽然周恩来等中央领导现在就在重庆，但是鉴于当时复杂的斗争形势，我们仍不能贸然去找党组织。在党组织没有与我们恢复联系之前，我们还要继续等待。

“周恩来同志派我来找你们”

1945年10月的一个晚上，我和明之吃过晚饭，正在忙家务，听见有人敲门。好像是以往约定的联系暗号。已经很久没有听到这种有节奏的声音了，我们没有马上开门，想再认真辨别一下。过了一会儿，那个有节奏的声音，又响起来了。我和明之对看了一眼，似乎有些不相信自己的耳朵。难道真的是党组织派人来接关系了？

我抑制着剧烈的心跳，走到门边小声问：谁？

门外传来一个似曾相识的声音：我。

我凭直觉猜测，可能是自己人，赶快把门打开。门一开，闪进一个人，他马上回身把门关上，动作很敏捷。

我和明之定睛一看，原来是多年不见的老领导吴克坚！

我和明之不由自主地一人抓住吴克坚的一只手，紧紧握住，久久不肯松开。三年苦等苦熬的痛楚，终于见到组织的喜悦，一切的一切，此时一起涌上心头，我真想大哭一场，但理智使我克制住了，只哽咽着喊了一声：“老吴啊！”再也说不出话来。

1945年，吴克坚、王清夫妇合影

盼了三年，望眼欲穿，今天终于又见到了亲人！明之和我一样，悲喜交加，一肚子心里话，一时竟不知从何说起。原来，吴克坚是遵照周恩来和中央社会部李克农[①]副部长的指示，到国统区来负责开展情报工作的。

抗日战争胜利后，周恩来找吴克坚谈话，问他对下一步的工作有什么想法。吴克坚表示，很想到华北战场上去锻炼。周恩来却说：你应该继续到国民党统治区做情报工作。在战场上，与敌人有枪有刀，你死我活的战斗是一种锻炼，在国民党统治区工作，特别是在他们心脏地区工作，也是一种锻炼。他们是全副武装，而我们地下工作者是赤手空拳，时刻有被国民党特务逮捕的危险。在严重的白色恐怖下斗争的锻炼，在某种意义上说，是对人的意志一种更加严峻的考验。周恩来最后指示说：你去把我们过去的老关系了解一下，恢复起来。

随后，李克农又找吴克坚谈话：老兄，我管的这摊子，货架上现在是空空的，全靠你们到老蒋那里去弄点东西来。国民党那儿，矛盾重重，有许多空子可钻，你在这方面是很有经验的。

此时，刘少文[②]、吴克坚分别担任南方局情报部部长和副部长。他们在周恩来的领导下，根据形势的发展和党中央的需要，加强了对蒋介石集团内部动向的情报搜集。

吴克坚接受任务之后，很快制定了一个“工作大纲”，其中包括方针、原

① 李克农 (1899—1962)，安徽巢县（今巢湖市）人。1926 年参加中国共产党。1928 年任中共上海沪中区委宣传委员。在国内革命战争中，打入国民党特务首脑机关，保卫了中共中央的安全，被誉为“龙潭三杰”之一。参加长征时，领导政治保卫工作。到达陕北后，任中共中央联络局局长。1936 年西安事变前后，随周恩来与张学良会谈，任中共代表团秘书长。抗日战争时期，在国民党统治区协助周恩来、叶剑英开展抗日民族统一战线工作，历任八路军和新四军驻上海、南京、桂林办事处处长、中共中央社会部副部长，八路军总部秘书长、中共长江局秘书长。解放战争时期，任中共中央社会部部长、北平军事调处执行部中共代表团委员兼秘书长。新中国成立后，历任中央军委总情报部部长、中共中央调查部部长、中国人民解放军副总参谋长等职。1955 年被授予上将军衔。

② 刘少文 (1905—1987) 原名刘国章，化名张明。河南信阳人。1925 年 3 月加入中国共产主义青年团，6 月转入中国共产党，同年 11 月赴苏联入莫斯科中山大学学习，1927 年 3 月回国，1934 年 10 月随中央红军长征，1937 年 7 月被派到上海，任中共驻沪办事处秘书长。抗日战争时期历任八路军驻沪办事处秘书长，中共南方局交通处处长、南方局组织部主任秘书等职。解放战争时期历任中共南方局情报部部长，中共上海工委副书记等职。新中国成立后，历任中央军委联络部代理部长、情报部部长，总参谋部二部部长，总参谋部顾问等职。1955 年被授予中将军衔。

则和具体做法，共有十条之多。根据周恩来的指示，他一到重庆就与打入国民党内部的中共情报人员恢复联系。吴克坚凭着记忆找到了在上清寺街75号二楼我和明之的住处，很顺利地找到了我们。

激动之余，我和明之都感到庆幸。事实证明，当初我们坚持不搬家的决定是正确的，否则，吴克坚要找到我们，又不知要费多大的周折。

吴克坚敏锐地感觉到，尽管我和明之身处逆境，然而我们对未来充满美好憧憬，我们的革命意志丝毫没有动摇。他细细看屋里多了两个小人儿。1939年初，他把与我们联络的任务根据南方局组织的指示交给卢竞如时，小放还没有出生，现在一晃六年过去了，我们已经有了两个孩子。吴克坚一手抱起一个孩子，亲吻着他们，慈祥地说：好啊，几年不见，你们又添了两个小宝贝！

小放和小新自懂事以来，从未见过爸爸、妈妈这么高兴；也从来没见过这个陌生的大伯伯。大伯伯的到来使全家沉浸在从未有过的兴奋欢乐之中。两个孩子不由自主地傻乎乎拉着大伯伯的手蹦蹦跳跳，不停地喊“大伯伯，抱我！大伯伯，抱我！”吴克坚抱起了小新，举得高高地说：这就是我们的明天，他们是我们的未来啊！

两个孩子知道大人有事，便乖乖地爬到床上，爬到自己的小天地里，玩了起来。

吴克坚这才坐下来，认真听我们汇报。

我详细讲述了徐仲航被捕后，我们如何应付国民党追查的经过。我非常激动地说：我们虽然不知道老徐被捕后的具体情况，但是从我们两人现在平安无事的结果可以猜测出来，老徐一定非常坚强，没有暴露自己的真实身份，或者特务知道了他的真实身份，他坚决不肯说出组织的秘密，以及与我们的关系。否则我们就不会有今天。

吴克坚赞扬道：你们应付得好，坚守住了岗位。三年了，你们真不容易啊！确实太不容易了！

我听老领导这么一说，又抑制不住自己的感情，眼泪不由扑簌簌地流了下来。

明之问吴克坚：怎么三年了，这么长时间党组织没来联系？

吴克坚说：徐仲航同志被捕后，当然要冷一段时间。我1943年去延安了。但你们这里的情况，组织上还是知道的。

接着他又说：关于你们的真实身份，党内领导也只有很少几个人知道。与你们联系，组织上必须考虑，在适当的时候，由合适的人来做才行。你们瞧，现在我不是来了吗？今天我就是专门与你们来恢复组织联系的。这次是周恩来同志派我来找你们的！

我和明之一听是周恩来派他来联系的，感到格外兴奋。周恩来是党中央的领导人，他的工作有多忙啊！他和我只见过两次面，最后一次见面距今已经七年了，我们和党组织没有正常联系也有三年了，周恩来一直没有忘记我们，使我们感到无比温暖。

我对吴克坚说：在与组织暂时中断联系的后期，特务不再追查了，中央党部还要给我们调换比较好一点的宿舍，但是我们怕搬了家，组织上找不到我们，坚持不搬家。

"你们做得对。考虑得很周到！"吴克坚肯定了我们的做法。

"另外，"我接着说，"我们坚持搜集情报，密藏起来。时间长了，情报失去作用，只好偷偷地销毁了。后来我们俩商量，情报密藏在家里不安全，干脆把有重要情报的速记本，锁在办公室的抽屉里。别人看不懂我的速记符号，可作为一般文件保存，反而安全。"我停顿了一下，又一五一十地详细汇报："目前，我手上有1945年5月国民党召开六大的重要情报：蒋介石在会上提出的《对中共问题之工作方针》以及会议通过的《对中共问题之决议案》。会议拒绝中国共产党提出建立联合政府的建议，诬蔑中国共产党搞'武装割据，破坏抗战'，诬蔑解放区召开人民代表会议是'颠覆政府，危害国家'。会议决定于1946年11月12日召开国民大会。六大之后，他们又在复兴关中央干部学校召开六届一中全会，也有重要情报，都在速记本上。明天，我就去办公室取，整理出来马上交给你。"

吴克坚高兴地说：太好了！你们苦等了三年，不仅坚守了岗位，还坚持搜集情报，现在又继续发挥了作用，实在难能可贵，党组织感谢你们！人民感谢你们！

我动情地说：太好了！我们终于又回到了党的怀抱！

明之与我相视之后，不约而同地说：老吴啊，今天，是我们八年来最开心的一天！最最开心的一天！

第二天晚上，吴克坚再次来到我们的家，华明之把准备好的国民党六大和六届一中全会的全部重要情报伪装密藏好交给他。

吴克坚十分高兴而又不无幽默地说：这会不会是俗话说的：三年不开张，开张吃三年啊！

吴克坚指示我：目前搜集的重点是国民党有关国共和谈的内部考虑及其反共部署。

吴克坚又指示，现在国共两党关系发生很大变化，秘密联络的方式也要改变。他和明之商定，今后不在我们家接头，改在外面约定时间和地点联系。这样更为安全。一旦有事，回旋余地也大些。

周恩来让吴克坚来找我和明之，使我们终于又回到党的怀抱。我们认为，党员与党组织的关系，就是鱼和水的关系。重新回到组织的怀抱，就如同鱼儿回到水中。从此，我们又在中共南方局和中央情报部领导下，由吴克坚直接领导、联系，继续做秘密情报工作。

1984年，吴克坚在他的回忆录里写到了1945年抗战胜利后从延安到重庆时的情景："我受中央社会部李克农委托，到上海搞地下工作。在到上海前，我在重庆又找到了沈（安娜）、华（明之）夫妇。我一方面向他们传达了周恩来同志对他们卓越的工作成绩予以嘉奖；另一方面我希望他们继续提供情报。他们及时提供了情报。"

当时国共两党的关系非常微妙，本来就没准备执行《双十协定》的蒋介石，表面与中共握手言和，暗中却在调兵遣将。我及时将这些重要情报通过明之送交吴克坚。

吴克坚不但领导我和明之的工作，还非常关心我们的生活。他眼看我们苦守了八年的破破烂烂的房子，我们又只是两个小职员，薪水微薄，手头拮据，两个孩子还小，又常有病，生活十分清苦。吴克坚表示要向党组织为我们申请一点补助，我和明之对看了一眼，我们不约而同地摇摇头，坚决地摇头表示不要。

我坦言道：过去的三年，那确是真难熬啊！现在组织恢复了联系，我们又可以为党提供情报了！

明之接着深情地说：精神上的满足是最幸福的，就是苦日子也不会觉得苦！

政协会上及时送出国民党的底牌

在国共两党共同签署的《双十协定》中有这样一个条款："关于政治民主化问题，一致认为应迅速结束训政，实施宪政，并应采取必要步骤，由国民政府召开政治协商会议，邀集各党派及社会贤达，协商国事讨论和平建国方案及召开国民大会各项问题。"

1946年1月10日，政治协商会议第一次会议在国民政府礼堂开幕。

开幕式会场布置很简单，桌上铺着白布，横的一排桌子，中间是主席和发言席，右边是秘书长、秘书席，左边是速记员席；代表席直排五行，国民党、共产党、青年党、民主同盟、社会贤达五个代表团自右至左各占一行。到会代表36人，中共方面为7人。记者席在会场进口处。中共代表团秘书齐燕铭在右边单独专设一席位。议事工作仍然由中央党部秘书处机要处负责，速记员自然仍有我。

我和明之对这次会议充满了期待。不单是期待会议能开出一些结果，更期待见到离别已久的周恩来、董必武、邓颖超等领导。我那天还特意换了一件以前参加国民参政会时穿过的衣服，希望周恩来、董老、邓大姐能一眼就认出我来。

政协委员入场时，我看到中共政协委员周恩来、董必武、邓颖超、吴玉章、王若飞、叶剑英、陆定一依次走进会场，心情十分激动。后面三人是第一次见，前面四人是早就熟悉的。多年不见的亲人终于又见面了！我想站起来向他们致意。但还是克制住了，把快要夺眶而出的泪水，强忍了下去。

周恩来第一个走进会场，一眼就看见了我。他环视一周，然后暗中对我使了个眼色。我心领神会，这是在与我打招呼呢！

邓颖超看见我后，同样深情地用眼神传情。邓大姐转身时，还把手放在

1946年1月，参加政治协商会议的中共代表团成员：吴玉章、陆定一、周恩来、邓颖超、董必武、王若飞、秦邦宪（自左至右）

背后悄悄摆了两下。我立即领悟，这是在和我打招呼，同时要我不露声色。

事隔三十多年，1979年，我当时仍在上海市委调查部工作，因公到京出差，与老战友一起在中南海西花厅看望了邓颖超大姐。谈话中我们回忆起“旧政协”时的情景，邓大姐说：当时自己人又见面了，可不能说话，真有点别扭。我说：我听大姐义正严辞批驳敌人，高兴得要笑出声来，赶紧用手捂住嘴！

1979年12月27日，邓颖超与沈安娜在中南海西花厅合影

政协委员入场结束，我的心才渐渐平静下来，稳稳地坐在速记席，开始认真记录。

政协会议的宗旨是协商建国，建立联合政府。但是国民党方面显然缺乏诚意，不断制造事端，使会议自始至终充满了火药味。看到周恩来大义凛然、机智沉着地与国民党代表唇枪舌战、据理力争的风采，我心中感到无比钦佩和敬仰。

周恩来一针见血地指出，日本投降后，蒋介石匆忙派兵抢夺战略要地，与共产党军队冲突不断。在上党、绥远、邯郸三次战役中均碰壁惨败后，才不得不继续与共产党谈判，企图以此拖延时日，暗中调运兵力，然后再大举进攻，达到消灭共产党的目的。后来形势的发展，证明周恩来的分析是正确的，蒋介石对重庆谈判和这次政协代表大会，根本没有丝毫诚意。

政协会议头几天是听国民政府代表关于几个大问题的报告，然后分五个小组讨论。这五个小组是：一、宪法草案组；二、国民大会组；三、政府组织组；四、施政纲领组；五、军事整编组。每个小组都有一个主题。各代表单位推定一个或两个代表分别参加小组会议。

在政协会议开会期间，国民党政协委员为了准备白天和共产党政协委员在会议上"舌战"，每晚都要举行"党团会"。这是一种秘密的小型会议，当时除了孙科等八名政协委员，还有其他国民党要员参加，大约十人左右，谈的都是第二天将要讨论的话题。机要处长和速记科长对我一向十分倚重，指定我每天晚上单独去担任这一极为机密的"党团会"速记。孙科等人根据蒋介石定下的几条框框，策划如何对付共产党。他们商量在政治民主化、军队国家化、改组政府等主要问题的讨论中，攻什么，守什么，谁唱红脸，谁唱白脸，如何讨价还价，最后由谁提出折中方案等等。

每晚开完国民党的"党团会"，我到家已是十点多钟，我连饭也顾不上吃，就急忙将速记符号整理成文字，一式抄两份，一份准备第二天交给处长，一份由明之立即浓缩、摘要、密写、密藏，连夜送到事先约好的接头地点，交给吴克坚。周恩来等人当晚就看到了这些情报，知道了对方的阴谋和底牌。

就这样，国民党"党团会"的密谋，天天晚上都被我及时转达给中共方面，使中共代表团提前作好准备，掌握了主动权。在第二天的会上，往往国民党委员刚说完他们预先安排的"台词"，就被周恩来等中共委员列举大量事实，予以回击。

国民党方面本来就理亏，被周恩来等人一顿批驳，更加狼狈不堪，阵脚大乱，原先准备好的一套发言程序完全被打乱了。有人故作聪明企图用诡辩来扭转颓势，结果被中共代表看出破绽，击中要害，没有几个回合，国民党委员就败下阵来了。

晚上，国民党政协委员在“党团会”上总结教训，平时道貌岸然、温文尔雅的官员们，此刻则互相埋怨，乃至攻讦。

这个说：××先生，都是你那一炮放坏了！

那个说：这怎么能怪我？这是“党团会”上事先商量好的嘛！

他们哪里知道，“党团会”上商量好的预案，中共代表团当天晚上就全部了如指掌了。

接着，他们又商量第二天对付共产党的新预案。可是他们做梦也没有想到，他们商讨的一切，还没有过几个小时，就已经变成文字，放在中共代表周恩来的案头了。

开始吴克坚把接头地点选在牛角沱，那里既不太冷清，也不很热闹，离我们的住处不远，可节省时间。连续两个夜晚，双方又换了地方，然后按事先约定的钟点赴约，谁先到了，就在无人的墙角或光线暗的地方隐蔽起来，等对方出现，便迎上前去。双方在擦肩而过时，一搭手，明之的情报就递到了吴克坚的手上。二人背向而行，再绕一两个小圈，各自返回。

后来吴克坚告诉我们，那时每天夜里周恩来都等着我们的情报，如果稍晚一点，就会问秘书：“材料送来没有？”

本来中共方面就因处事公道，为民盟等党派政协委员所拥戴。现在又能及时了解国民党底牌，更便于针锋相对揭露国民党。这种超常规的“作战方式”，结果会是如何，是可想而知的了。

在那次政协会议上，周恩来全面论述了“军队国家化”与“政治民主化”的相互关系，特别详细地论述了“政治民主化”问题。针对国民党高唱“保证人民权利”、“政治必须民主”等虚假口号，周恩来一针见血地指出：“请政府当机立断，释放张学良、杨虎城将军，赶快给人民以言论自由。”

几句话就戳穿了国民党表里不一的虚假面孔。董必武、邓颖超、陆定一等代表也多次在分组会上发言，批驳国民党的荒谬主张，使国民党代表瞠目结舌，十分狼狈。

我还清楚地记得，国民党代表坚持要各党派承认十年前由国民党一手包办制定的国大代表《选举法》和《组织法》，以及据此选出的九百多名所谓“国大代表”。邓颖超是当时中共代表团惟一的女性，她以女政治家的敏锐和严谨，当场做了有力驳斥。她手拿会议印发的国民党炮制的《选举法》和《组织法》说：这是十年前制定的，代表也是十年前选举的，已不合乎今天的情况。

《选举法》第三条规定，人民要经过公民宣誓后才有选举权。邓颖超指出，这是限制了人民的选举权。她手举一份“公民誓词”高声朗读，笑着说：在座的朋友们，大多没有宣读过这份“公民誓词”吧？没有宣誓就连公民资格都没有，自然没有选举权了。而且誓词的内容是让人民未获选举权之前先限制了思想自由。

《选举法》第四条规定，“背叛国民政府经判决确定或尚在通缉中者，不得有选举权”。邓颖超指出，这是十年前反对中国共产党的条文，现在显然过时了。

邓颖超的结论是：原国民代表大会代表是在狭小的基础上选出的，广大人民被拒之于选举门外。代表应当重新选举。不合民主原则的《选举法》和《组织法》应予修改。

邓颖超的发言，有理有据，法理清晰，抑扬顿挫，痛快淋漓，赢得了大会多数委员的热烈掌声。我当时也差一点忘情地想鼓掌。

第二天的《大公报》生动地报道了邓颖超这次发言的场面。报道最后写道：对于共产党这位著名的女将，都知道她口才出众，没有人会料到她是如此精通法理。她的发言有根有据，合情合理，无可辩驳，令国民党法学专家无言以对。

1983年12月24日，我在给邓颖超的信中，回忆起“旧政协”时，自己亲眼所见邓大姐在会上发言的往事：“大姐对反动派严词驳斥，我高兴得要笑出声来，但马上想到这是严肃的政治斗争，终于忍住了，不露声色。”

政协会议在这样尖锐的斗争中，达成了政府组织、和平建国、国民大会、宪法草案和军事问题五项协议，签订了《关于停止国内冲突的协定》，并发布了停止军事冲突和恢复交通的命令。

但是，政协会议上签订的协议，只是各方代表商谈的结果，并不完全代表各党的意志，特别是国民党方面。

1月31日，即政协会议临近闭幕的当天下午，在国民党中央会议上，一些顽固分子如谷正纲等大哭大闹，他们说：国民党完蛋了！什么也没有了！投降给共产党了！宪法草案十二条原则把“五五宪草”①破坏无遗了。他们大肆攻击“政协决议”，对宪法草案尤其不满。蒋介石任他们大哭大闹，一言不发，最后说，他对宪法草案也不满意，事已至此，无法推翻，只好姑且通过，将来再说。

果然，这次政协会议的决议，不久就被蒋介石一一撕毁。但当时中共代表在会上揭露了国民党假民主、真独裁的把戏，团结了中间民主人士，挫败了国民党的阴谋，使广大民众了解了中国共产党的一系列主张。

政协会议期间，大会休息时，不少会议工作人员都准备了“纪念册”，请与会的政协委员们题词。我和明之商量：是不是也可以借此难得的机会，请我党领导同志题词，作为激励我们的座右铭？

明之认为这是个好主意，也没有什么不妥，于是他就装订了一个浅绿色封面的本子，在封面写上“敬求墨宝”和“纪念册”几个美术字，四周还画些花边，下面具上我当时的名字：沈琬。

我跟在同事后面，先请国民党代表孙科、陈立夫、邵力子等题词。他们都称我为“同志”，题词内容多为“温柔敦厚”、“端庄贤淑”等。

接着，我走到周恩来面前，按捺内心的激动，十分尊敬地凝视着他，把纪念册双手捧到他面前，请他题词。

周恩来深情地看着我，笑着说：“写什么呢？”接着挥毫写下——

沈琬女士

致力于中国妇女解放事业

周恩来

---

① 五五宪草，即1936年5月5日国民党政府颁布的所谓“宪法草案”的简称，其主旨是维护国民党的一党专政。

随后我们两人相视片刻，心照不宣。此时我感到一股暖流在心中翻滚。

在请周恩来题词之后，我又请董必武、吴玉章、王若飞等中共代表题词。他们也分别写了些勉励的话，也称我为“女士”。

在这些题词中，国民党的委员称我“同志”，中共领导人却只能称我为“女士”，这确实是一件有意思的事情。

回到家里，我和明之反复琢磨，认为周恩来的题词，具有深刻的含义。妇女要解放，首先要民族解放、人民解放才行。我们理解，周恩来实际上是要我们两人做好现时的情报工作，致力于中国人民的解放事业。

这本纪念册，我和明之珍藏了多年。上个世纪60年代初，被一位朋友借去，一直未还。没想到“文革”时，他家被抄，这本纪念册连同我借给他的其他材料和照片，均被造反派拿走，至今下落不明，非常可惜。

新中国成立后，召开了政治协商会议。为了在提法上与1946年1月召开的政协会议有所区别，一般都称前次召开的政协会议为“旧政协”。

由于“旧政协”决议不利于国民党反动统治，蒋介石对此十分恼火。在“旧政协”大会闭幕前后，国民党反动派指使特务先后制造了“沧白堂事件”和“较场口事件”，打伤郭沫若、李公朴及其他爱国人士60多人，在社会上造成极坏的影响，使国民党的统治更加不得人心。

明之走上“前台”

1946年1月政协会议的协议、协定墨迹未干，蒋介石就有计划、有组织、有步骤地策划全面内战。1946年3月1日至17日，国民党在重庆召开了六届二中全会，这是抗战胜利后国民党召开的第一次中央全会。我们意识到，这次全会，将决定抗战胜利后国民党反共的施政方针、战略决策，内容极其重要。必须全力以赴去搜集这次会议的全部材料。

过去召开大型会议，中央党部机要处可从其他机关借调一二位速记员，开大会时轮流上台工作，记录半小时下来，立即整理。这样的安排，使我不能参加会议速记的全过程，无法了解会议的全部内容。但由于我同机要处下的印刷股股长沈述之及其他人员关系一向很好，印刷股虽属重地，但我能随便出入，可以去翻看印好的会议文件。印刷股对印得不清楚，待销毁的纸不清点。我看到其中有重要内容，就找机会悄悄地取回。可这次召开的六届二中全会很重要，我想要获取全部重要资料，单靠以前多次使用的那些办法，有可能遗漏。

当时国民党机关内部规定，在召开大型会议时，经中央党部机要处长同意，可以借调在其他单位工作的直系亲属到大会秘书处临时帮忙。我便与明之商量：能不能用这个办法，让你临时参加会议工作？这样你就可以与我一起上阵了。

明之兴致勃勃地说：你去试试。

第二天，我对速记科长徐漂萍说：科长，我看现在开大会，处里忙不过来，按规定不是可以请直系亲属帮忙么？

徐漂萍道：是啊，是不是请华先生来帮帮忙？

我说：我和明之说了，他表示愿意。主要是想减轻一点我的工作负担。

徐漂萍说：欢迎欢迎。你去和处长说说。

我们平时就同机要处的同事关系不错，他们对明之的印象非常好，认为他举止文雅，谈吐得体，一看就是个有文化修养的人，是一个正派的、可信任的职员。因此，我去和机要处长张寿贤一提此事，张就同意了。

于是，明之以我丈夫的名义，顺利地参加了六届二中全会速记室的工作，主要是协助速记科长做记录稿的修改、润色、校对、编辑等工作。这样，别人记录的会议讲话，甚至一些文件的内容，明之也能看到。

为了能更多地获得情报，我又对科长说：材料太多，白天做不完，如果晚上和大家一起开夜车，两个孩子从幼稚园回来没人照看，能不能把材料带回家里整理？

科长犹豫了一下，同意了，但嘱咐道：要注意保密，千万不能丢失。

我连忙说：是、是、是。

就这样，我们把会议材料带回家，两人一起埋头苦干，同时整出两份材料。一份由我送机要处，另一份由明之摘编成有用的情报，连夜送交吴克坚。

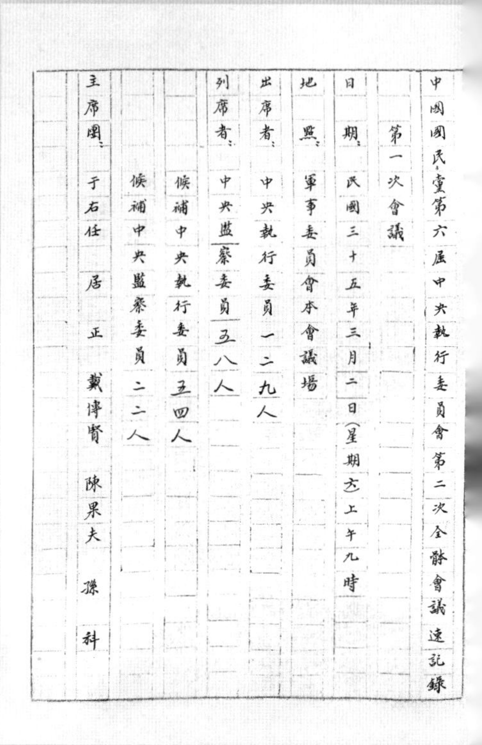
中國國民黨第六屆中央執行委員會第二次全體會議速記錄
第一次會議
日期：民國三十五年三月二日（星期六）上午九時
地點：軍事委員會本會議場
出席者：中央執行委員一二九人
列席者：中央監察委員五八人
候補中央執行委員五四人
候補中央監察委員二二人
主席團：于右任 居正 戴傳賢 陳果夫 孫科

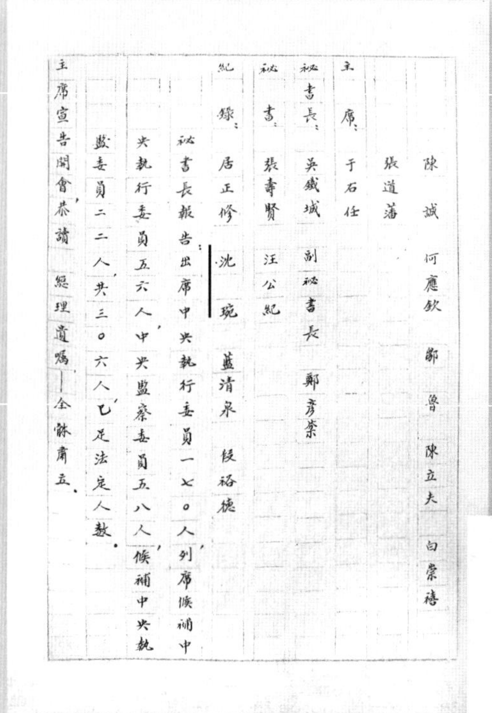
陳誠 何應欽 鄒魯 陳立夫 白崇禧
張道藩
主席：于右任
秘書長：吳鐵城 副秘書長 鄭彥棻
秘書：張壽賢 汪公紀
紀錄：居正修 沈琬 藍清泉 段裕德
秘書長報告：出席中央執行委員一七〇人，列席候補中央執行委員五六人，中央監察委員五八人，候補中央監委員二二人，共三〇六人，已足法定人數。
主席宣告開會，恭請總理遺囑——全體肅立。

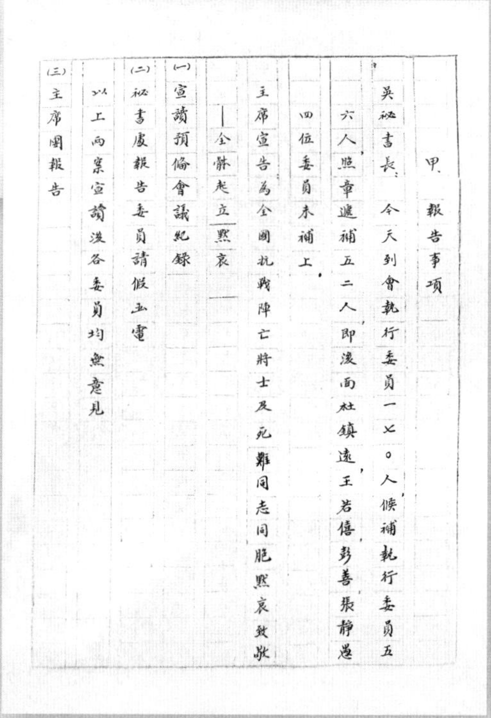
甲、報告事項
吳秘書長：今天到會執行委員一七〇人，候補執行委員五六人，照章遞補五二人，即後面杜鎮遠、王若僖、彭善、張靜愚四位委員未補上。
主席宣告為全國抗戰陣亡將士及死難同志同胞默哀致敬
——全體起立默哀
(一)宣讀預備會議紀錄
(二)秘書處報告委員請假函電
以上兩案宣讀後各委員均無意見
(三)主席團報告

1946年3月2日，沈琬参与记录的国民党六届二中全会有关会议文件（台湾国民党党史馆保存）

机要处的人看到我和明之夫妻俩日夜工作，都连声说我们是好职员，还让我们把夜班点心带回家。我们在心中暗暗好笑。

在1946年3月召开的国民党六届二次会议上，国民党顽固分子占了优势，他们把两个月前形成的政协会议决议称之为“党国自杀”，叫嚷“不能把统治权交给多党政府”。蒋介石在会上公开号召对政协所通过的宪法原则，“就其荦荦大端，妥筹补救”。就这样，这次会议通过了反对政协协议的五项决议。其中规定“各党派推选的国府委员要经国民党中常会任命”。这仍然是要由国民党一党专政。

我和明之一齐上阵，在长达两周的会议过程中，及时地陆续上报会议进展情况。会议一结束，就获得了国民党六届二中全会的全部材料。这对中共中央了解国民党反动派破坏停战协定、撕毁政协关于宪法草案中各项民主原则的决议、策动全面内战阴谋内幕，起到了重要作用。

吴克坚后来在1949年9月的一次会议上说：国民党六届二中全会，完全是反共的。它有一整套的计划。我们也都把它拿到，送给中央。中央的同志都抢着看。

吴铁城追查泄密

1946年3月—4月间，蒋介石在六届二中全会后，召集了多项小范围会议，会上策划全面反共、挑动内战的新阴谋，妄图借国共谈判来争取时间，依靠美国的运输力量，迅速调动大量兵力，去东北与我争夺。我获取了这些情报，立刻通过明之及时送给了吴克坚，直报周恩来。由于当时尖锐复杂斗争的需要，我党领导人不仅强烈批评国民党二中全会的决议，而且在公开场合揭露了蒋介石的这一阴谋，斥责国民党调动部队，抢占东北战略要地，扩大东北内战，并严正指出：破坏东北停战协议，破坏政协决议，责任在国民党当局。

对此，蒋介石非常恼火。中央党部秘书长吴铁城异常惊慌：中央小范围会议的机密内容，怎么会泄漏出去呢？他当即令机要处追查泄密原因。

机要处长张寿贤不得不召集处里有关人员通报这一情况，特别强调：吴秘书长要我们认真追查。

这立即引起了我的高度警惕：可能是我提供的情报带来了麻烦；因为国民党内部的反共军事部署等绝密问题，都是在中常会或蒋介石主持的小范围会议上讨论的，而这类会议都是由速记科长徐漂萍和我担任速记。徐科长是在这里干了几十年的老职员，一般不会怀疑他。我马上意识到，这次怀疑的目标，很可能会集中到我身上，而且三年前我还曾因徐仲航事件受过牵连。我的安全状况，眼下面临严峻考验。但我外表十分镇静，我已不是个新手。

我注意到，处长张寿贤虽然要大家回忆这件事，寻找问题所在，但抓得并不紧。张寿贤是江苏常州人，早在抗战前，就在南京中央党部机要处工作了，是中央党部机要处的老人。他文笔好，水平高，能力强，为人谦和。朱家骅担任中央党部秘书长后，他继续留任，并升任处长。他不介入国民党上层的任何派系，只埋头做业务工作。我分析，他此时的心理状态是害怕问题出在机要处，否则他这个处长也难辞其咎。另外，我很早就发现，他对吴铁城这个秘书长心怀不满。

一年前，曾经发生过一次吴铁城责令机要处追查泄密的事件。那天，吴铁城把张寿贤叫到他的办公室，严厉地说：军政部[1]有个军事机密报告，被南京汪伪报刊登出来了。你们机要处要好好查查！

张寿贤听了很不服气，但当面不便说什么，只能忍着。回到机要处，他就跟徐漂萍科长等他信任的同事大发脾气：军政部的文件泄密，去查军政部啊！找我们中央党部机要处干什么？

听者也都愤愤不平。科长徐漂萍拍着桌子抗议道：如果这样随便怀疑人，我们速记员要集体罢工！

徐漂萍是中央机关里资格最老的速记员，人缘很好，以往召开中央全会等大型会议，通常要请其他单位的速记员来帮忙，请人的事情都是徐漂萍出面协调，而且招之即来。张寿贤处长很信任他，倚重他。他这一拍桌子，更壮了张寿贤的胆。几个人商议了一下，认为机要处不能为军政部的泄密事件“背黑锅”，极力鼓动张寿贤去向吴铁城表示抗议。张寿贤真的就去找吴铁

① 军政部，1946 年 5 月国民政府“还都”南京后改为国防部。

城了。

张寿贤说：军政部的文件，首先是军政部里知道的人多，应先查查他们。我们中央党部机要处没几个人。速记员是可靠的，没有证据，也不能随便怀疑人嘛！我们工作这么辛苦，还要被怀疑，接受审查。以后再这样七查八查的，速记员都不敢上台记录了，我怎么办?

张寿贤在中央党部的处长里面，威信很高，吴铁城对他一直比较客气。他态度一硬，吴铁城就不便和他硬碰，于是缓和了一下口气说："出了这么大的事情，上面怪罪下来，我也没有办法呀！查一查总是应该的嘛！"然后向张寿贤挥了挥手，意思是"算了，算了"。

不久，听说是军政部的一个职员泄的密，他拿文件给敌伪报馆记者换钱花了。

吴铁城追查敌伪报纸的泄密事件时，我不在场，是我的速记同事居正修一五一十告诉我的。

可是，我心里比谁都明白，这一次吴铁城追查的泄密事件，与上次情况大不相同。因为3、4月份，蒋主持的小范围会议的这些情报是我送出去的，而党组织因为形势紧迫，公开使用了这情报的内容。所以这次追查泄密，完全有可能查到我的头上，不能不认真对付。

好在张寿贤处长和徐漂萍科长对吴铁城很反感，我听见他们私下说："又来了，又来查了，真讨厌！"平时大家敢怒不敢言，遇到这种事情就消极对抗。这对我来说，也起到了缓解心理压力的作用。

我回到家里，马上与明之商量对策。在遇到重大问题时，我总是把明之当成"主心骨"。明之想了一下，平静地说：要沉着冷静，见机行事。

我一听就急了：你不要只讲原则。沉着冷静，见机行事！我已经够冷静的了，现在要想想怎么"见机行事"！

明之一向老成持重，对我情绪化的言语，从来不往心里去。他一边做着家务一边思索。我这时也意识到自己过于急躁了，就和他一起做起了家务。

我说：吴铁城这个人很坏。你还记得吧，1932年他在上海当市长兼淞沪警备司令时，干了多少坏事！

明之点点头。过了一会儿，不慌不忙地说：这种事情，光是怀疑没有用，要有证据。你每天下班回家，几乎连门都不出，他们找不到你泄密的证据。现在他们不是还没有注意到你么？最好能够转移目标。

我听了眼睛一亮："'转移目标'这是个好主意，而且大有文章可做！"我想了想，对明之说，"我想利用内部矛盾，转移视线。"

明之听了我的具体思路，觉得很好。他安慰我说：没什么了不起的，思想压力不要太大，就像平常一样若无其事，千万不能让别人看出你心虚。

话是这么说，要真正做到若无其事，可没那么容易。

夜里，我久久不能入睡。我还是在为这次如何才能成功脱险苦苦思索，反反复复思考自己的所作所为有无破绽。我明白，这一次追查泄密案可能给我带来的危险，实际上比上次徐仲航被捕给我带来的危险更大。上一次，只要徐仲航顶住了，我就是安全的。这一次，险情直接奔我而来，中间没有缓冲地带。如果查到我头上，怎么办？

此时，我已经将个人安危置之度外，想得更多的是如何"转移目标"。根据我的"职业"敏感，我早就察觉周围确有被派来负有"特殊使命"、搞内部监督的特务，问题是如何巧妙地转移？对此，科长、处长、秘书长又会有什么反应？

睡在小床上的女儿小放不知梦见了什么，竟然发出咯咯的笑声。我不由得发出感慨：我们这一代人的努力，不就是为了下一代人过上幸福的生活么？将来他们一定会过上好日子的。

明之也被女儿的笑声惊醒了，发现我还没睡，就问：还在想那件事？

我回答："是，要想清楚一点，明天上班才好应付。你先睡吧。"其实这时我已初步想好了如何转移视线。我的心情渐渐平静下来，很快就睡着了。

第二天，张处长又被迫在办公室召集有关人员，检查分析泄密的原因，大家只好把手上的工作放下，应付这人人过关的一套。你一句，我一句，漫无边际，不得要领。我故意装作漫不经心的样子说："中央通讯社的××记者，最近好像来得更勤了。"其他同事马上附和道："是的，这个人很讨厌，是个'包打听'又很滑头。"科长也说："他是常来的。"

处长若有所思地轻轻点头，显然是表示赞同。

我根据自己的政治敏感性判断，此人根本不是"记者"，是负有特别使命的特务。他以记者名义在国民党机关内部搞监视由来已久，随便“打小报告”，因此处长和科长都很讨厌他。但据说此人有后台，处长不会为了这件事去和他对质。我分析，处长和科长们，都不希望本单位出事，一定会抱团儿排外，所以，我借机把注意力引向外部。

此时，主任秘书有急事找处长去修改文件。处长起身说：“反正机要处没有问题。算了，散会。”追查会就此结束。

后来，处长和科长再也没在大家面前提起此事，很可能我看似漫不经心的一句话，真的把他们的视线引向了外部。也许上峰怕又和上次一样，查来查去，再查出家丑，于是不了了之。

我很庆幸，他们没有继续追查这件事。

明之向吴克坚汇报了这件事情。吴克坚表扬说：你们沉着冷静，利用矛盾，转移视线，保护了党的机密，也保护了自己，很好。

周恩来口头嘉奖：“迅速、准确”

1946年4月，国民党根据六届二中全会确定的方针，蒋介石又连续召开两次由他钦点的少数军界高官出席的“最高军事会议”（不是“国防最高委员会”），我被指定去担任速记。这两次会议均由蒋介石亲自主持并拍板，主要是讨论确定向关外的东北，关内的中原等各个解放区进攻的军事部署、兵力调配、战区划分和长官任免等问题，并对中共将领、兵力特点、军队数量进行猜测和评估。

会上，一些军事头目气焰十分嚣张，狂叫：以400万“国军”之实力，有美国供应之新式武器装备，有日军投降后所得的109万人之武器装备，足以压垮区区百万“土八路”、“新四军”。

在这些叫嚣者中，尤以蒋介石的嫡系、时任国民党军政部长的陈诚最为嚣张。他叫嚷道：“保证在短时期内消灭共产党。”

一场空前的内战即将在全国爆发。

我将这两次最高军事会议中的重要内容，一字一句地速记下来，带回家。此时，我对蒋介石集团在抗战胜利后，不让人民休养生息，一意孤行顽固反共，把百姓再次推进内战的火坑，心里非常愤怒。同时又为自己将他们的反共部署悉数收入囊中，感到欣慰和振奋。

得到这些情报，我们二人立即开始“流水作业”。我在前面整理速记，明之在后面争分夺秒地摘编。我开了几个白天的会，明之就开了几个晚上的夜车，他几乎彻夜不眠。明之按约定的时间和地点，将情报送交吴克坚。周恩来看后立即命令：急电发往延安。

据当时在延安中央情报部工作的老同志盛炳道说，他曾亲手油印过这两次国民党“最高军事会议”的情报，分送中央领导同志传阅。

当时也在延安中情部工作的老领导王涛江说，党中央了解到蒋介石在两次“最高军事会议”上策划发动内战的阴谋和具体部署的详情，不久即根据国民党的兵力部署、进犯路线和作战序列，做了相应的兵力调动，及时派遣得力干部到重点战区。

当时在中共南方局任秘书长的童小鹏，在他的回忆录《少小离家老大回》中，专门写了一节《一条看不见的战线》，其中特别提到：国民党这两次“最高军事会议”的重要情报，全部由沈安娜获得后，报送中央。童小鹏写道：“使中央能根据敌人兵力部署、进犯顺序作相应的兵力调动，而立于不败之地。”

政协会议之后，明之和吴克坚接头的时间，大都安排在傍晚。这时下班人多，街道上很热闹，一般不会引人注意。他们在人群中擦肩而过，明之就将密藏情报的小物件递到了吴克坚的手上，随即各自走开。有时吴克坚会交代几句话：“×天后，在×地，老时间。”他们二人对重庆都很熟悉，一说就明白。

何时在何地接头，明之从来不告诉我。一方面是保密习惯，另一方面是怕我担心。

1946年4月底的一个夜晚，明之出门与吴克坚接头，去的时间比以往要长，我开始有点担心了。因为自1945年10月与吴克坚恢复联系后的半年多来，明之每次出去从来不在外面久留，事毕即回，今天不会出什么事吧？从事秘密情报工作，是什么事情都可能发生的。

当年的吴克坚与华明之

我正在焦急地等待，只见明之满面春风地回来了。这种情况以往很少有。

“你怎么去了这么久?”我有点埋怨地问。

明之喜气洋洋地说：“吴克坚同志今天约我到一个隐蔽的地方，悄悄跟我多说了几句话，他说：‘周恩来同志对今年1月至4月获得的情报，做了“迅速、准确”的口头嘉奖，这当然包括你们俩的工作成绩’！”

我听了特别高兴，我像是自言自语，又像是对明之说：得到党组织、得到周恩来同志的嘉奖，再苦再危险，我们也心甘情愿！

十一、新形势、新考验、新任务

（1946 年春夏—1948 年初　在南京）

派来新领导——何以端

1946年5月5日，国民政府宣布由陪都重庆“还都”南京。此后，国民党党、政、军机关陆陆续续迁回南京。

5月初，吴克坚先去南京，然后去上海。中共中央情报部派他负责开辟并领导沪、宁、浙、闽等地的情报工作。吴克坚在去南京、上海之前，约明之在重庆一个小茶馆里见面。他对明之说：“到南京以后，由何以端[①]直接领导、联系你们的工作。”出于对明之的绝对信任，他把何以端在重庆的住址告诉了明之。接着又说：“你们先在重庆见一面，把到南京后的工作安排一下。”明之说：“我知道了。”

吴克坚嘱咐说：“以后我们就不能经常见面了，你和安娜要好自为之！”

两人紧紧握手，互道珍重，然后告别。明之眼望着吴克坚在夜色中匆匆远去的背影，心中产生了几分怅惘。明之和吴克坚这半年不知多少次在夜色中接头，传递情报，接受指示。在明之的心中，吴克坚不仅是他和我的领导，还是党组织的化身，看见了他，就像看见了党组织。这一别，不知何时才能相见。

看着吴克坚的身影消失在重庆薄雾迷蒙的夜色中，明之这才转身绕了一段路回家。他没有把吴克坚调去上海的消息告诉我。他不想让我为此而伤感。

明之是在一个下着牛毛细雨的傍晚，找到何以端的住处与他见面的。明之打了一把重庆人常用的油纸伞，在伞把上系了一个红布条，这是吴克坚给他们规定的接头暗号。

何以端见了他的伞，问：“你的伞是在哪里买的？”

华明之答：“牛角沱。”

这样，暗号就对上了。

---

① 何以端（1900—1978），四川省营山县人。解放战争时期，是吴克坚情报系统重要组织者之一。新中国成立后，曾任军委联络部上海联络局局长、煤炭工业部设计院党委书记、第五届全国政协常委等职。

20世纪20年代何以端在法国

何以端讲一口浓重的四川方言，抑扬顿挫，语速比一般人慢，节奏感很强。明之和他一谈话，就发现他非常老练，情报工作经验十分丰富。

何以端和吴克坚年纪一般大，同是1900出生，但个子要比吴克坚小些，看上去也显得老一点。他于1919年入武昌外国语言专门学校学习，同年到北京，参加了五四运动，并与赵世炎等创办《工读》刊物。1920年11月，去法国勤工俭学，寻求革命真理，还当过矿工，下矿井采矿。1924年加入中国共产党，曾任旅欧共青团布罗尼支部书记，旅欧中国共青团支部书记。1928年，接受共产国际指示，加入法国共产党，担任法共中国语言组书记。1931年初，在巴黎组织东方民族反帝同盟，从事中法两国工运。1937年抗日战争爆发后，在法国积极宣传抗日救国主张。1939年奉召回国，在重庆从事情报和统一战线工作。

何以端与明之接头后说："国民党机关认识沈安娜的人很多，今后敌我斗争会更加尖锐复杂，为确保情报工作安全隐蔽，到南京以后，我与你们的联系肯定不能在你们家中，由你单独和我约定地点会面。我不和安娜见面。这样可以避免由于我联系的人多而构成对安娜安全的威胁。"显然，接头前，吴克坚已详细向何以端交代了我们俩的工作及一切情况。

明之问：到南京以后，我们俩在哪里见第一面？

何以端想了想说：就在夫子庙吧，那个地方好找。时间就定在下个月的第一个星期日，上午九点。估计那时我们俩都能到南京了。

"如果有情况没见到呢？"

"后备时间和地点是下一星期的老时间，老地方。"

1948年葛亦远在南京

"明白。"

何以端又交代说："明之，你是一位老党员，有地下工作经验。到南京后，交给你的任务要多一些。你先代表党组织联系葛亦远[①]。以后根据情况，还要派给你其他联络任务。"接着，他简单介绍了葛亦远的情况。

葛亦远是何以端领导下的一位1940年即打入"军统"的中共秘密党员。在重庆期间，他在党内先后由董必武、王若飞、刘少文、杨超、陈家康等人单线领导。1946年以后由何以端领导。多年以后，葛亦远回忆起与何以端共同战斗的岁月，感慨万千，他说："我虽然披着特务的外衣，但时时刻刻没有忘记，自己是一个共产党员，没有忘记自己的革命理想。何以端曾对我说，他的名字就是座右铭，包含两层意思，一是何以端端正正的做个共产党员；二是怎样才能端端正正的做个共产党员。我也经常以这个座右铭来鞭策自己。"

何以端与明之分别时，说出葛亦远在南京的住址和联络暗号，华明之默记心中。

重逢与永别

1946年5月，国民政府和国民党机关开始还都南京。我和明之商量决定，要尽快到南京，以便占住在中央党部秘书处的位置，可不能在混乱中，丢了重要工作岗位。为抢机票，我塞了一块大洋，才算先弄到一张机票。5月中旬，我独自带了小放和小新两个孩子，搭上了国民党机关为一般职员和家属租

① 葛亦远（1918—1998）湖南湘潭人，1938年加入共产党。后长期潜伏"军统"从事秘密情报工作。新中国成立后，曾任中央调查部及上海市委调查部处长、上海市委对台办公室副主任。

赁的“包机”，从重庆郊外的白市驿机场飞往南京。明之则因为他工作的单位“资源委员会”尚未“还都”，仍需继续留守重庆，没能与我们同行。

在重庆的八年，我们俩经历了人生的酸甜苦辣。现在要离开重庆，那经历过的酸甜苦辣顿时涌上心头。况且现在是我一人带孩子先走，所以在离开重庆前，我们认真打扮了一下，拍了一张照片。每一次生离，都有可能是

1946年春，沈安娜、华明之与儿女在重庆的最后一张合影

死别。所以，能拍照，要拍张照；能拥抱，要拥抱一下，再走……

我带着两个孩子搭乘的“包机”实际上是一架货机，机舱里堆满了行李和杂物，所有乘客都横七竖八地坐卧在行李中间。飞机螺旋桨发出的噪音震耳欲聋，要贴近耳朵大声喊叫对方才能听见你在说什么。因为受气流的影响，机身颠簸非常厉害，小放和小新晕机呕吐不止，孩子小，不懂事，边吐边哭，最后把嗓子都哭哑了。

飞机飞了不到一小时，不知何故，突然在一个不知名的机场降落。从舷窗向外看去，窗外是一片半人高的蒿草。机组人员宣布，任何人不准下飞机，以免有土匪来抢劫。刹那间，舱内大人小孩哭的哭，叫的叫，乱成一团。我紧紧搂着两个孩子，一动不动。过了半个多小时，飞机又颤颤悠悠地起飞了。一小

时后飞机降落，大家一看，不是到了南京，而是飞回了重庆白市驿机场。一问才知道，是飞机发生了故障，不得不返回重庆。

我疲惫地带着两个没精打采的孩子回来了。明之十分惊诧，不知发生了什么事。我把路上的经历简单述说一遍，他才长舒了一口气。

休整一夜，次日又去机场。飞机起飞后仍然颠簸不止。也不知飞了多长时间，终于到了南京。飞机降落了，我和孩子们才从痛苦的晕眩中解脱出来。

我的家被安置在“中南旅社”。中央党部包租了这家旅社的二楼和三楼，当作部分职员的宿舍。中南旅社坐落在国府路（现为长江路），位于后来建成的国民大会堂对面。

我到达南京，机关办公室还没有整理好，暂无工作可做。家也还没安顿好，我便抓紧时间带着小放和小新匆匆忙忙去了上海，看望公公婆婆和大儿子庆来。下了火车，直奔南市老北门旧仓街永安坊2号。

久违了，上海！久违了，老北门！

九年前的1937年8月，淞沪大战爆发，我遵照姐姐伊娜的嘱咐，轻装上阵，把刚满周岁的大儿子庆来交给婆婆带回上海，只身一人留在杭州。后来，因为与党组织失去联系，我又单枪匹马到武汉去找党，再后来遵照董必武的指示，跟随国民参政会的包船去了重庆，与公婆、大儿子一别就是九年！特别是对大儿子我似乎有一种愧疚的心情，常在梦中梦见他临别时的小模样。如今回到上海，真想马上抱抱庆来。

我刚一进门喊了“爹爹，姆妈”就哽咽起来。公婆和七弟家踪在战乱中熬过来，真不容易啊，还要抚育年幼的小庆来。随即，我就四下寻找庆来的身影。

婆婆故意问我：找什么？

我急切地问：庆来呢？

开朗的婆婆笑着对我说：庆来正在弄堂里和别的孩子一起玩。你自己去找吧。你要认不出他来，今天晚上不给你吃饭。

我马上到弄堂去找儿子。九年不见，我印象中的庆来还是一岁时的样子。如今不知道是什么模样。不过我心中有数。庆来在九个月时动过一次小手术，在头颈处留下一条小疤痕。如果看脸认不出来，看疤痕总能认出来的。

一大群孩子在弄堂里玩耍，乍一看，长得都很可爱。我除了看脸，还注意孩子的头颈。当看到第二个孩子时，发现有疤痕，再仔细看看模样，一点没错，这孩子就是庆来！九年不见，庆来已长到一米多高了。这是多么漫长的九年，这是多么难忘的九年。现在终于见到了九年来朝思暮想的大儿子，我百感交集，想喊一声："庆来，姆妈看你来了！"嗓子却哽咽，发不出声。我定了定神，这才轻轻叫了一声："庆来！"

庆来用疑惑的目光看着我，仿佛在问：你是谁？

我用上海话轻轻问儿子："庆来，侬晓得我是啥人？"

儿子怯生生地摇摇头。我心里很难受，却又很无奈。孩子刚满周岁就离开了，九年过去了，儿子哪里还会记得姆妈的模样？

我说："我是侬姆妈呀！"

儿子半信半疑地望着我，还是不能马上接受这个从天而降的妈妈。

我拉着他说："走，阿拉一道回家去！"我是想让婆婆看看，这么快就把儿子找回来了。

回到家里，婆婆看着我们母子俩想亲热，又有点不自然的样子，就对庆来说："庆来，伊是侬姆妈。快叫姆妈。"

庆来这才怯生生地叫了一声"姆妈"。

我应了一声，眼泪就止不住地流了下来。九年了，才听见大儿子叫了一声"姆妈"！九年前在杭州车站母子分别，庆来第一次叫姆妈时的情景如在昨天，第二次听到儿子叫姆妈，竟隔了漫长的九年！

我非常感激公公婆婆和七弟家骍，他们从庆来出生，辛辛苦苦抚养了这么多年。我感到欣慰的是，儿子庆来已经长大懂事了。

公公和婆婆给我讲述了一个庆来的故事：日本人占领上海期间，庆来六七岁时，爷爷奶奶让他去买早点。去那个卖大饼油条的小店，路上要经过一个日本人的哨卡。中国人从这里经过，都要给日本人鞠躬。可是小庆来宁可绕远，到另外一个不经过日本哨卡的摊子上去，也不给日本人鞠躬。有一天，他去了很久才回来，大饼油条都凉了。奶奶问他："怎么去了这许多辰光？"他说："我不愿给日本人鞠躬。"爷爷夸奖他说："好，有志气！我们没有力气去打鬼子，也决不能向鬼子低头！"

离别九年后，沈安娜、华明之终于在1946年见到了父母和大儿子庆来，一家人在上海合影

听了公公婆婆的讲述，我禁不住自豪地把庆来抱在怀里，赞扬道："好儿子，从小就有志气！"

小放和小新见了哥哥，有一种自然的亲近感。庆来见到弟弟妹妹，也非常高兴。但是弟弟妹妹从小在重庆长大，只会讲四川话，不会讲上海话，而庆来一句四川话也听不懂，语言交流出现障碍。好在他们的心是相通的，在一起玩儿得很开心。庆来带着弟弟妹妹去见他的那些上海小朋友，在上海的孩子们看来，那抑扬顿挫的四川话倒也别有情趣。

我这次回上海，还想见见姐姐伊娜。但是出乎意料地却得到这样的消息：姐姐早在1942年12月就因病去世了！伊娜在日军铁蹄下的上海从事秘密情报工作，历尽艰险，出生入死，终因积劳成疾，未能及时医治，默默无闻地走完了她平凡而伟大的人生道路。

自1937年"八一三"杭州一别，由于战火连绵，关山阻隔，我和姐姐长期不通音讯。如今抗战胜利了，姐姐却没能等到这一天。

我非常想了解和姐姐在杭州分手后的经历和生活，但是由于各种原因，一直没能如愿。“文化大革命”结束后的1980年，中央和各地成立了党史资料征集委员会，有关部门发现，一些中央特科时期和抗战时期情报战线的老领导、老同志在回忆时，经常谈到一个女同志的名字——沈伊娜，这才引起他们重视，提出要征集伊娜的事迹材料，并要我帮助做些工作。他们找到伊娜在上海从事地下工作时的直接领导人和已故领导人的爱人，以及与她一起工作过的战友，比较详细地了解到了伊娜的工作和生活情况。

伊娜从1934年参加革命，就在中央特科及后来的情报战线做党的秘密交通联络等工作，一直到1942年去世，历时共九年，由于工作需要和所处环境特殊，她与丈夫舒曰信时分时合，有时还一同从上海到南京、北平等地工作。领导经常把一些重要紧急的任务交给她，她每次都出色完成，从来没出现过任何差错。

伊娜的领导曾多次更换，1937年七七事变后，她在高原领导下担任交通员；1938年秋至1939年5月，在李云的直接领导下工作（后由李云证明她是共产党员，党龄从1939年算起）。那时李云交给她的主要任务，是送情报给八路军办事处转报中央。有时，她冒着生命危险，争分夺秒，抢在可能发生的危险之前，分送报警通知，解除同志危险。李云回忆说：交给伊娜做的事，我很放心。

1939年秋，沈伊娜、舒曰信等人转由刘少文情报系统的吴成方直接领导。吴成方记得，是刘少文带着伊娜来与他接组织关系的。刘少文与吴成方还决定，伊娜仍负责内勤交通。有一次，刘少文在上海检查工作，临时要伊娜执行一项重要而又紧急的交联任务。当时正下着瓢泼大雨，门口马路下水道堵塞，积水很深，伊娜立刻撩起旗袍，脱下布鞋拎在手上，赤脚淌水而行。脚被划破了，她浑然不知，迅速赶到目的地，完成任务后才发现，被划破的伤口流了很多血。刘少文曾称赞伊娜是“踏踏实实、埋头苦干的好同志”。

与伊娜共事过的一些情报老战士回忆说：“沈伊娜胆大心细，能够适应各种恶劣环境。在白色恐怖中，每逢遇到危急情况，她总能镇定自若，凭借自己的智慧和勇气，化险为夷。她很善于把情报伪装密藏，巧妙地躲过搜身检查。一次，她‘住机关’时，领导让她运送手枪，她换上一身比较漂亮的时装，装扮成端庄少妇，把手枪放在手提包的自制夹层里，大大方方地通过了军警岗哨，出色地完成了任务。”

伊娜当年的战友姚子健也是1934年由鲁自诚、舒曰信介绍入党的，他从南京国民党参谋本部陆地测量总局密取军事情报和军用地图，亲自送到上海舒曰信、伊娜家，由他们先后交给鲁自诚和王学文，受到党组织赞扬。70年后，已90高龄的姚子健每次见到我都会动情地说："当年你姐姐伊娜担任秘密交通员，担负的是高难度、高风险的任务，可是她每次都能顺利完成。有时遇到可疑人跟踪，她总能机智地甩掉'尾巴'，安全脱险。"

1938年，姚子健在香港

伊娜吃苦耐劳，心地善良，每当看见战友，特别是他们的爱人、孩子遇到困难，她都主动地伸出援助之手，全力帮助他们渡过难关。

建国初，我在上海工作。伊娜的战友刘佩侠大姐，从外地到上海。当她见到我后，立即上前紧紧拥抱，泣不成声。她对我说："安娜，一见到你，我就想起你的姐姐伊娜……你姐姐是我最亲密的战友，比亲人还要亲……"

原来，在抗日战争时期，刘大姐二胎临产前，偏偏爱人高原（沈伊娜和舒曰信等人的领导）不在家。伊娜就守在她身边，像照料亲姐妹一样照料她。将要临产时，伊娜找车把她送到医院，然后马上回家，照顾留在家里的大孩子。接着，又用自己的旧衣服、旧被褥改做了婴儿衣服和小被子以及尿布，送到医院。孩子生下来以后，伊娜又把刘大姐接回她家。工作之余，伊娜都要到刘大姐家里帮助做饭、洗尿布。直到她爱人高原执行任务回来。

刘大姐哭着对我说："伊娜这么好的同志，过早地离开人世，叫人想起来就伤心啊！"

另一位大姐潘丽华告诉我，当年她生病卧床不起，丈夫去外地执行任务，伊娜主动热情地照顾她，还做家乡菜肴和点心送给她，使她感到非常温暖。

伊娜的爱人舒曰信对她的感受就更深了。他说："伊娜做秘密情报工作不畏艰险、吃苦耐劳。她总是那么乐观，生活再艰苦，她也从来没有流露出一丝怨言。而对我在生活上的照顾是那么体贴入微。"

跟她一起"住机关"的人曾经说，伊娜为了让同志们吃好，休息好，工作好，一人承担了烧饭、洗衣等全部家务劳动。时隔四十多年(上世纪80年代)，这些曾经和她并肩战斗过的同志们，对往事记忆犹新。伊娜给他们留下了非常深刻而美好的印象。

沈伊娜去世时，年仅30岁。她没能看到八年抗战的最后胜利，没能看到新中国的成立，没能看到她曾经生活过的上海租界改天换地的变革……当然也没能过上一天舒适安定的家庭生活，默默地离开了人世。

1982年，经中共中央调查部调查核实批准："沈伊娜同志为中国共产党正式党员，1934年参加革命，党龄从1939年算起，其工作事迹、历史证明材料存入我党特科历史档案。"这体现了党组织对一个秘密情报工作者的负责精神。

1985年，在《红岩春秋》杂志上发表了我怀念姐姐沈伊娜的文章《地下战线无名小卒》。我这样写道："在当年血雨腥风中，有一些无名战士在默默奉献……沈伊娜没有突出的业绩，也没有什么传奇经历，她犹如中华大地上的一朵不起眼的小花，一株无名的小草，默默地生长，悄悄地枯萎，然后默默地化入土地，滋润着新的种子，在这儿繁衍新的生命。中国共产党伟大壮丽的革命事业，有无数像她一样的无名小卒，形成了一个庞大的阵营，经历了血雨腥风和各种错综复杂的斗争，才取得了中国人民解放事业的胜利。"

20世纪80年代，当年的中央特科领导人王学文，在为伊娜写的证明材料中写道："伊娜做掩护机关，保管秘密文件的工作，有时到妹妹安娜那里取重要的军事秘密文件，还是冒着很大危险的。她用巧妙的办法回避敌人的搜查，交给我，又由我交给上级。伊娜是个赤忱的青年，为人忠实可靠，严守纪律，勇于负责，给我印象很深，至今我还怀念这位好同志。"

王学文曾动情地对我说："你姐姐伊娜是一个忠实于党、勤恳工作、思想朴实的好孩子。交给她的工作，十分放心。我当时到她与小舒住的小亭子间，只有两个凳子，我们坐下了，她就只好站在一旁默默地听着……"

当时“默默地听着”的沈伊娜，后来默默地走了。虽然她身后没有留下一男半女，可是她的领导、战友和亲人们都永远怀念着她。

一家人互相“保密”

我在上海没住几天，便匆匆带着两个孩子返回南京。我怕南京有重要会议，漏记重要情报。

“还都”之后的中央党部秘书处在丁家桥办公，离我们住的中南旅社很远，要坐班车上下班。我们的孩子还小，没人照看不行，我就给泰兴老家的母亲捎信，让母亲到南京来帮助照顾孩子。母亲接到信，很快就来了。

老人家高兴极了！我17岁离开家乡，现再见到时，已经过去了整整14年。我这个当年的少女，如今已是31岁的少妇了！

老母亲到南京时，还带来了多年一直跟在老人身边的小伙计陈三。说是小伙计，其实老母亲早已把陈三当自己儿子一样看待。不久，庆来也被接到南京，三个孩子们都亲热地叫陈三为老伯伯。

我把家交给母亲，自己一心忙工作。

南京丁家桥国民党中央党部旧址（现湖南路10号）

1938—1949年，沈、华在重庆、南京从事地下情报工作时密藏过情报的铁皮箱

几天后，明之也随资源委员会的职员飞抵南京。一家老老小小七口人住在两间屋子里，很挤，但终于团圆了。

过了些日子，我发现，母亲和陈三像有什么秘密，他们老是在后屋嘀嘀咕咕，只要我一出现，他们就马上停止嘀咕，装作什么事也没有，大声扯起别的事情，给人一种很神秘的感觉。明之和我整理的情报，有时因未到送出的约定时间，就密藏在母亲住的后屋床下一只从重庆带到南京的破铁皮箱子里。铁皮箱内上面放杂物，下面放情报。经常从床底下拖进拖出，箱底都快磨破了，但是可以防老鼠咬，所以从重庆带到南京，仍用它来藏情报。在母亲看来，女儿和女婿也有些秘密的事瞒着自己。

一次，庆来在无意中对我说："外婆和老伯伯常常说'老四'什么的，说是想家，想'老四'了，不知什么意思。"

"老四"是谁呢？后来我与明之分析，抗战期间，泰兴黄桥一带，新四军抗日救国斗争非常活跃。我们猜想，母亲和陈三说的"老四"，大概指的是新四军吧？

原来，母亲和陈三在家乡一直为新四军的地下工作人员做掩护，帮助藏匿文件和武器。沈家实际上就是一个新四军的交通站，他们称陈三为"三哥"。母亲和陈三临出来之前，在家里小楼上为新四军藏的一批枪支刚刚取走。但他们担心交通员再回来就找不到"三哥"了。他们为不能再给"老四"工作而惋惜。他们知道国民党和新四军不是一家，蒋介石是要消灭新四军的。老太太到了南京才知道我们是国民党中央党部的职员。她认为女儿和女婿在国民党机关里工作，那就不能让我们知道共产党、新四军的秘密。

我从心里为母亲感到自豪，但眼下又不便和母亲说破，就提示他们，以后不要再说"老四"了。

我对明之说起母亲和陈三的秘密，明之笑道：没想到她老人家和陈三也做秘密工作呢！

我说：就这样，一家人互相保密吧！

我和明之自然不能对母亲和陈三说破自己的身份，我们不时要背着母亲和陈三在家里藏些东西——把装有密写情报的香烟和火柴盒伪装好，藏在母亲床下的杂物堆里，等明之去接头时再取走。有时密藏被母亲碰见了，就暗示她千万不能对外人讲，要帮助保管好。老人家做过“秘密工作”，见我们也神神秘秘的，渐渐明白是怎么回事了……，不过她也不问。直到上海解放，我们俩的身份公开了，老人家和陈三似乎并没有十分惊讶。

获取国民党高层绝密军事情报

1946年6月26日，蒋介石指挥对中原解放区发动围攻，自此爆发全国规模的内战。吴克坚通过何以端指示明之，转告我：重点搜集军事情报，以配合我军打败蒋军的进攻。

自1946年6月至1947年2月，蒋介石对解放区发动全面进攻的八个月中，一共从共产党手中夺取了105座城市，但他的兵力却损失了71万人。平均每占一座城市，就要付出七千人的代价。同时，由于蒋介石占领地盘的扩大，战线亦随之延长，军队补给发生困难。而共产党领导的人民武装力量不断开展游击战争，迫使蒋介石投入大量军队，来守卫交通线和这105座城市，蒋介石的机动兵力就大大减少了。因此，蒋介石不得不放弃全面进攻的方针，变为重点进攻陕甘宁解放区和山东解放区。

1947年3月13日，蒋介石派飞机轰炸延安。14日，由胡宗南亲自指挥七个师约十五万人的兵力，向陕北解放区大举进攻。

15日，蒋介石召开了国民党六届三中全会，他在会上狂妄地说：“要作战到底！”并攻击共产党“武装割据，妨碍统一”，煽动说：“这真是国家最大的不幸”。

蒋介石的讲话，引起与会代表的强烈反应。我坐在主席台的一侧，对会场上的情景一目了然。

在这次会上，蒋介石的嫡系亲信、参谋总长陈诚做军事报告。他在报告中介绍了国民党整军、扩军以及和解放军交战的形势，还不失时机地对共产党进行攻击。

陈诚说：“共党无理拒绝，紧闭和平之门，甘做人民之敌，破坏国家统一，扰乱地方安宁……遂使为救国而抵抗侵略之将士，不得不为救民而戡平内乱。”

这种陈词滥调不是情报，我早已听腻了，我只关心那些对打败蒋军真正有价值的情报。

3月19日，胡宗南部队占领延安。他在发给蒋介石的报捷电报中说：“我军经七昼夜的激战，第一旅终于19日晨占领延安，是役俘虏敌五万余，缴获武器弹药无数，正在清查中。”

此时正值国民党六届三中全会会议期间，当陈诚趾高气扬地在会上宣读电报时，我看到，坐在主席台上的蒋介石频频点头微笑，满面春风，得意洋洋。

实际上，胡宗南部队占领的延安是一座空城。在蒋介石发布轰炸延安的命令之前，中共中央已从打入胡宗南身边的中共秘密党员熊向晖那里，得到重要预警性情报。以毛泽东为首的党中央及时进行战略转移，主动撤出延安。胡宗南电报中所说“俘虏敌五万余，缴获武器无数”纯属谎言。此时，胡宗南在战略上已陷入被动，他的部队随后逐个被解放军击溃、歼灭，损失惨重。

我成功获得国民党1947年3月六届三中全会的全部文件，特别是参谋总长陈诚在小范围会上所做的绝密军事报告，以及他们对战局形势的分析情况，均由明之剪边、摘编、密藏后送交何以端，及时上报设在上海的吴克坚情报系统，然后发往延安中情部。

蒋介石生逢乱世，他能在军阀混战的年代，在国民党派系林立四分五裂的形势下脱颖而出，足以证明他决非等闲之辈。他在国民党各派之间玩弄权术，左右逢源。时至20世纪40年代末期，他的这套把戏就玩得更加纯熟、老练了。在各种会议上，一遇到派系之间因利害冲突争论不休时，他就拿出他的“太极”妙法，说：“再研究研究，下次请××做报告，今天暂不作结论。”

待到下次会议时，他拿出的意见，已是一锤定音。大家慑于他的权威，谁也不敢再吭声了。

我对蒋介石惯用的这套手法，耳闻目睹无数次。

蒋介石主持会议，通常比较斯文，讨论问题时，总要先问坐在前排的于右任、戴传贤、张继、居正等国民党元老，称他们为“先生”，随后再问其他人。一般情况下他很少插话，都是听别人说，有时甚至闭着眼听，像睡着了似的。但不时突然又会睁开眼睛瞪某人一眼，给人一种高深莫测的感觉。

1947年春，蒋介石一手挑起的全面内战连连遭到失败，人民解放军则开始转入战略反攻。他日益感到自己处境困难，形势严峻，心情越来越坏，脾气也越来越大。与此同时，他也越发害怕泄露“天机”。有时在最机密、最重要的会上讲党、政、军、特的关键问题时，他会突然对秘书长和速记员挥一下手，用浓重的浙江奉化口音低声嘟哝道：“下面这段话不要记。”

谁能不按总裁的脸色行事？所有的笔都停了，我和另一位速记员自然也不能例外。但我知道，他害怕泄露的“天机”，往往是党中央最需要的重要情报。于是，我就在心里默记主要内容，待到休息时跑到厕所里，用速记符号记在小纸片上，回家后整理成情报，再由明之交给何以端。蒋介石做梦也不会想到，共产党的情报人员正如张继所说的那样，就在他的身边。他不让记的绝密内容，说不定过不了多久，就会传到中共中央。

1947年5月，人民解放军在孟良崮战役中全歼国民党五大主力之一、全部美式装备的整编74师，共3.2万人，击毙师长张灵甫。

74师的惨败，使国民党高层大为震惊。

与此同时，在陕北战场上，胡宗南的部队也一个旅一个旅地被解放军歼灭。所谓“重点攻势”，实际上已告失败。

1947年五六月，蒋介石多次在中央训练团做报告，我随从速记。蒋介石大骂指挥官无能，又哀叹战事失利。

他说：“以我绝对优势之革命武力，竟为劣势乌合之匪所陷害。真是空前大的损失，能不令人哀痛？”

说到张灵甫阵亡时，蒋介石眼圈泛红，表情十分哀伤，几乎流出泪来，大庭广众之下，只能强忍着，但是明显看出他的身体在颤抖。这种情景，我坐在离蒋介石几米处，看得清清楚楚，这是我第一次看到蒋介石如此哀伤，说明这一仗打到了蒋介石的痛处。

接着，蒋介石分析这次失败的原因，说是“军官不懂战略战术，不读书。”他自称得到共军小册子《战略战术问题》，正在认真研究。

随后，他为他的将领们打气说：“今后提升，首先要看战绩，其次才是资历，要有‘不成功，便成仁’的精神，要精诚团结，共度国难，否则吾辈死无葬身之地。”

当时国防部也在为失利做检讨。他们认为主要失利于“不明共军实情”，说“共军的密码请了专家也破译不出”。

我敏锐地注意到，自1947年春天以来，蒋介石的心态发生了很大的变化，逐步暴露出他内心十分急躁、焦虑，如张灵甫毙命，蒋强忍眼泪等情景，近在咫尺的我看得一清二楚，现场气氛十分真切。我与明之分析，这些情况对中央领导会有参考价值。于是，我立即将蒋介石在中训团的报告及对战事渐失信心，情绪沮丧，甚至拭泪等内容写成情报，通过何以端、吴克坚上报党组织。后来据知，有关蒋介石对战争心境的动态情报，中央十分关注。

随着军事上的节节失利，国民党中央内部矛盾日益加剧。吴克坚通过何以端指示明之转告我：不仅要继续搜集国民党高层绝密军事情报，还要注意搜集国民党内部派系矛盾的情报，这对我党非常重要。

1947年6月，国民党召开“中常会”、“中政会”联席会议(“中政会”是中央政治委员会的简称，开会时又称“中央政治会议”，1947年前称“国防最高委员会”)。我照例担任这次联席会议的速记员。此次会议实质是军事检讨会，在蒋介石要求大家检讨军事失利和决定今后方向时，明显形成两派。

一派以陈立夫、谷正纲、梁寒操和国民党元老张继等人为核心，叫嚷要“追剿”到底，肃清后方，稳定军心，争取美援；另一派的代表人物邵力子等则主张慎重，认为美援有限，财政开支太大，军事上再打下去没有把握。两种意见争执不下。

蒋介石的得意门生、参谋总长陈诚积极主战，叫嚣要“三个月打出名堂”。一年前，国民政府还都南京，“裁撤军事委员会及其所属各部会，以及行政院之军政部，改于行政院设立国防部”。任命白崇禧为国防部长，陈诚为参谋总长。实权到了陈诚的手里。年轻气盛的陈诚毫不掩饰地吹嘘说国防部长有权，我参谋总长有能！”他所说的“能”，即能力、才干，典出孙中山的“人民有权，政府有能”。可是，陈诚的“能”体现在哪里呢？

在这次联席会上，谈到当前的战况，有人就挖苦陈诚是“常败将军”。

同为主战派的张继对陈诚也十分不满，说全是陈诚吹牛要在“几个月消灭共产党”，弄得现在骑虎难下。

蒋介石为陈诚开脱，但又不得不在大家面前装腔作势批评几句，随后说：“唉！也不能全怪辞修（陈诚的号），我也有责任。”

平时不大发言的国民党元老丁惟汾马上接茬说：“你老当然有责任，责任还大着呢！”

蒋介石听了大为恼火，随即拂袖而去，弄得会议又不欢而散。

在国民党此次中常会、中政会联席会议上，蒋介石、何应钦、白崇禧、陈诚等主要头目的讲话，他们拟采取的战略部署，联同内部矛盾、派系斗争的情况，我都一一详细记录下来，由明之编写为情报，随即送交何以端。吴克坚收到情报后立即报送延安中情部。后来据知，此次中常、中政联席会议的情报，受到党中央高度重视。

这次会议后，在蒋介石的主持下，决定掀起“全国总动员”，“戡平共匪叛乱”。

7月4日，南京颁布了所谓《戡平共匪叛乱总动员令》，宣布共产党的军队是“反叛”军队，要对解放区进行“讨伐”。蒋介石还把他的军事指挥部命名为“剿匪总部”。中央机关职员，都要参加“戡乱宣誓”。我身为中央党部职员、还是“特别入党”的国民党员，不得不随众人参与“戡乱宣誓”。

“戡乱宣誓”在中央党部礼堂举行。我站在队列的最后面，嘴里嘟囔着“誓言”，心里觉得非常好笑。这种宣誓有什么用？难道参加宣誓的人都能为党国赴汤蹈火？难道搞个“戡乱宣誓”，就能挽救国民党失败的命运？这些参加宣誓的人中，不知有多少像我一样“身在曹营心在汉”呢！

1947年8月2日，南京发布《后方共产党处理办法》，在各大城市逮捕“共产党嫌疑犯”，制造白色恐怖。

1947年9月9日，国民党召开六届四中全会及党团联席会议。行政院长张群在政治报告中哀叹：美援太少，外交上国际地位低下，军事上损失严重。

在这次联席会上，国防部长白崇禧连续作了三次军事报告，详细介绍各战场战况，妄估我部军力，特别是关于下阶段的战略部署。

蒋介石在9月联席会上还呼吁：国民党内要统一团结，要党团合作，同时把“三民主义青年团”并入国民党。他说：“共产党几年来力量增加了十倍。土八路只是原始叛乱集团，但组织严密，意志顽强；而我们则相反，抗战胜利后，大小官员忙于接收日伪资产发财，意志衰退。”蒋介石还说，他读过共产党的《增强党性的决定》和《关于调查研究的决定》，认为“共产党的工作方法科学”。他号召国民党要“学习”共产党的方法，来加强“本党”。同时责骂部下“腐化无能”。散会后，我听到有些国民党大官悄悄埋怨：“说我们腐化无能，那是无能的总裁领导的。”

我认为四中全会中最有情报价值的是白崇禧的三次军事报告。我聚精会神地全文记录下来，然后由明之整理、密写，送交何以端，之后由吴克坚掌管的密台报送中情部。

不久，何以端再次见到明之时，告诉他，组织上认为我1947年以来几个月陆续上报的情报非常重要，特别是蒋介石的心态；1947年6月，中常、中政联席会议实质是军事检讨会的情报内容；以及9月的六届四中全会和党团联席会上白崇禧的三次内部军事报告，都有重要情报参考价值，受到中央高度重视。何以端传达了党组织对我们的鼓励和肯定。

明之联系多名“情工”

自国民党“还都”南京以后，明之除继续指导协助、配合我的工作外，还由何以端指定，先后联系葛亦远、汪志道、王黎夫三位秘密党员，将他们搜集的情报汇总送交何以端，并将组织的指示传达给他们。这时明之的工作比过去多了，危险也比过去多了。

明之到南京后代表党组织联系的第一个情工人员是葛亦远。他们联系的时间较长，关系密切，配合默契，也充满了戏剧性。离开重庆前，何以端分别交代了华明之和葛亦远，让华到南京后与葛联系。由于明之随资源委员会职员“还都”南京晚了一些日子。葛亦远到南京后等了好几天，未见华明之来接头，他心急如焚，托人带口信给中共代表团董必武。董老即托人回口信告葛亦远：“华同志一定会来找你的，你见到他就同见到我一样。”过了几天，果然明之与葛亦远接上了头。

1940年，葛亦远遵照上级指示，从湖南去重庆，利用他的社会关系，由曹瑛代表党组织，派他打入国民党“军统”，并指定他的爱人吴德明当他的助手。

1941年4月，葛亦远参加“军统”第四期“高干班”训练，成了戴笠手下的“在册特务”。葛亦远虽然披着“特务”的外衣，却始终牢记自己是共产党员。后来他曾说，在“军统”里，有披着人皮的鬼，但也有披着鬼皮的人。他真正做到了“白皮红心”、“出淤泥而不染”，勇敢机智地向党组织提供了许多重要情报。如：军统头目戴笠死后军统机关的改组、人员变动、任务安排和潜伏特务情况；关于全国警察总署的内幕、动态和署长唐纵的活动，以及交通警察总局18个交警总队的人员编制、武器装备和布防情况；还有国民党宣布解散“民盟”、审讯民主人士的案情和准备逮捕进步人士的紧急情况等。这些情报都很重要，他都及时交明之，再由明之交何以端上报，为党的情报事业作出了贡献。

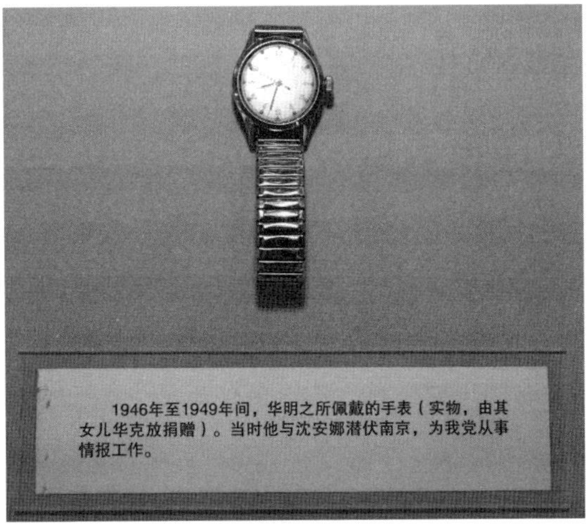

华明之在南京秘密接头时戴过的手表。它非常准时，从无误差

1946年9月，葛亦远刚到南京，暂时住在一个亲戚家。这个亲戚是国民党总统府文官局的局长。他不同意葛亦远住军统局招待所，对葛亦远说：“他们私生活多不检点，你家属不在，还是住在我家里好些。”因此葛亦远在这位亲戚家住了好几个月。

葛亦远认为，在一个国民党高官的家里接头，比在外面接头更安全，所以就约明之去他的住处。明之每次去都穿西服，戴礼帽，手拿报纸、公文包，风度翩翩，文明儒雅。其实这些都是为接头准备的道具。明之与葛亦远以表兄弟相称，经常与局长见面，并给局长留下了很好的印象。他对葛亦远说：你的表兄文质彬彬，仪表堂堂，有学者风度，像个英国绅士。

后来，葛亦远把母亲和妻儿从重庆接到南京，就自己租房子住了。明之到葛亦远家接头，都是葛亦远的母亲或者妻子在门口望风。有一次，明之正在葛亦远家中接头，在外面望风的葛亦远的母亲临时走开了一会儿。不巧，就在这时，葛亦远的一个军统特务同事突然进家。明之和葛亦远一点思想准备也没有，但葛亦远立即镇定地向这位同事介绍说："这是华先生，我表兄。"华明之马上热情地和他交谈起来，随机应变，侃侃而谈，然后很自然地告别。那个军统特务用十分佩服的口吻对葛亦远说："你表哥还挺有学问哪！"没有对明之产生任何怀疑。

1947年10月，国民党强迫解散了民主同盟。在这条新闻见报的同时，还公布了国民党逮捕数名进步人士的事件。根据组织指示，葛亦远和明之商量，可以通过关系了解有关情况。自军统局头子戴笠死后，军统局已改名为保密局。葛亦远当年在军统高干班的几名同学，现在都是保密局的骨干，其中一位还是他的同乡好友。这位好友当时新婚不久，葛亦远请他们夫妻到家里吃饭，葛的母亲和妻子陪好友的太太，葛亦远则单独和好友聊天。谈到报上登的那件事，葛亦远说：被捕的主犯是我的亲戚，你知不知道案件详情？

好友说：重庆方面已报来材料，如果你想要知道，我可以安排你自己去办公室看。

葛亦远说：因为是亲戚，还是多了解一些情况比较好。

于是好友便带他去了保密局的办公室。两个军统高干班的同学亲自迎送，并给他准备了茶水。他看到了七名在押人员的口供，很快就弄清了事情的来龙去脉。他发现此案还涉及在上海的知名民主人士许宝驹，特务可能是为了扩大线索，尚未对他实施逮捕。

葛亦远离开保密局后，立即用电话紧急约见明之，他确认无人跟踪，即绕道去约定的地点，在一处僻静的马路边，与明之接头。葛亦远凭着记忆告诉明之，明之又凭记忆向何以端报告了这一紧急情报。在很短的时间里，许宝驹迅速离开上海，脱离了危险。

事后，何以端表扬了葛亦远和明之，同时也指出，他们的这次行动是相当冒险的，如果那两位特务朋友设了圈套，那就有杀头的危险。然而，做秘密情报工作，有时就是要有这样的冒险精神，才能获得有价值的重要情报啊！

明之代表何以端联系的第二个情工人员是汪志道。当时汪志道在江苏省田赋粮食管理处任主任秘书，他从江苏军粮供应中，探得国民党军队和省保安团人员的数量、驻地、兵种配备等情况。

此外，在沪宁解放前夕，为了迎接大军渡江，向解放军提供粮草，他曾将苏南各县的存粮地点和数字列表，交给明之，由明之汇总后交给何以端，送上海供党组织参考。

明之联系的第三个重要情工人员叫王黎夫，是河南新乡人。

1939年6月，王黎夫在重庆国民党军事委员会政治部任办公厅调查科员，中共党组织叫他做情报工作，和他联系的中共党员先后有徐冰、张友渔、钱英、冯乃超。1943年，王黎夫到国民党中央社会部人事室工作，由周恩来和董必武直接领导。他经常从部长谷正纲那里得到一些重要情报。有一次，谷正纲要作报告，把公文包交给他临时保管，他利用这个机会，在皮包里发现了国民党中常会的记录，其中包括国民党在日占区和游击区全部上层人事安排等情况，将其抄录下来，通过张友渔交给党组织，后来受到周恩来和董必武的表扬。1944年，王黎夫调到国民党军政部储备司任上校专员兼办公室主任。1946年春，国民党“还都”南京后，军政部改为国防部，王黎夫担任国防部联合勤务总司令部（简称“联勤总部”）储备司代理司长。

1947年，王黎夫要求去延安，但周恩来不同意，说：没有人可以接替你的工作，你应该继续在敌人营垒里战斗下去。随后王黎夫转入吴克坚情报系统。明之奉吴克坚之命和王黎夫联系了一段时间，后由何以端直接联系。王黎夫曾获取很多重要情报，如：国民党中央军事机关及所属各兵种部队的编制、人数、装备情况，重要部门主要负责长官姓名、部队驻地、补给供应情况；国民党后备部队及征集规划情况；国民党军队部署及美国代为国民党空运、海运部队的情况；美国装备国民党军队的情况；每次大的战役，国民党军队部署及粮秣、被服装具的补给情况等。

在淮海战役之前，王黎夫曾两次去徐州，视察徐州“剿匪总司令部”。当时徐州“剿总”司令是刘峙，就是我在前面提到的那位重庆卫戍和防空司令，1941年6月5日“大隧道惨案”发生后，为应付公审搞欺骗性预演，连“说词”都背不下来的草包。王黎夫相机了解并掌握了刘峙所属部队粮秣、被服装具储备补给，包括仓库储存的数量，以及配备的坦克等重要武器的情况，并写成材料交给党组织。从他提供的情报中，可以得知国民党军队军需调运的方向和数量，对分析国民党军各个战场的兵力和调度部署等情况，有重要参考价值。

1948年后，王黎夫除了担任在南京的工作以外，联勤总部又派他任经理署驻沪代表。他时而在南京，时而在上海。当时国民党统治区社会动荡，人心惶惶，特别是京沪地区，秩序更加混乱。何以端以商人的身份来往于京沪之间，遇到难处，王黎夫就利用职权为他提供方便，例如买车票，买机票，遇有急事，还用军车送他去车站，并将他印有军衔的名片插入软席车厢门旁的卡内，避免宪兵的检查。

1948年10月，打锦州战役时，国民党为了不使锦州被服厂大批军用物资落到解放军手中，下令转移该批物资。当时海上运输忙碌，秩序很乱，王黎夫利用职权，将命令扣住不发，使锦州被服厂的18万套棉衣，20万双胶鞋，1万匹布，6万条军毯等物资保存完好。当东北野战军攻克锦州时，顺利地接收了这一大批物资。

做秘密情报工作，为了安全，一般情况下都是单线联系，不发生横向联系。明之分别联系葛亦远、汪志道、王黎夫，但葛、汪、王三人不交叉，不发生横的关系，他们更不了解我的情况。明之对我也不讲他联系三人的情况。

有一天，我和明之走在马路上，葛亦远从对面走来，明之不但不同他打招呼，还立即用身子把我挡住，不让葛亦远看见我。甚至连我们的直接领导何以端也不与我见面，以免因他联系的情工人员出事，牵连到我。党的指示都通过明之向我传达。何以端和明之在外面见面，两人也都不说各自的住处。这些做法，在敌我斗争十分尖锐的情况下，是完全必要的。

解放战争后期，何以端指示明之，要扩大军事情报来源，大胆争取发展

1938年，沈勤在武汉

平时观察认为可靠的人。明之感到我的二哥沈勤[①]思想进步，有一定政治基础，比较可靠。经何以端批准，由我通过中央党部副秘书长洪兰友的关系，介绍他到国防部联合勤务总司令部运输署工作。初期，何以端确定对沈勤作为“暗用”，让明之与他谈话，从中了解一些国民党部队调动情况。沈勤一五一十地对明之述说他知道的一切，随后由明之整理成文送交何以端。过了一段时间，我和明之觉得，哥哥沈勤有获取军事运输方面情报的条件，人又聪明机警，具有很大潜力，考虑让他发挥更大作用。

可是母亲却看不惯自己的儿子穿着国民党军官制服，神气活现地出入我们家。老人常对孩子们说：“看你们的舅舅，又披着‘老虎皮’来了！”我和明之听了直想笑，老人家的敌我界限还真分明。可我们却另有考虑。

1948年底，经请示何以端同意，正式发展沈勤为情工关系，就直接“明用”了。何以端指示，沈勤继续由明之联系，沈勤的主要任务是搜集国民党军事运输情报。

1949年初，沈勤被调到上海港口司令部航运组做联络、统计工作，又有了新的获取情报的便利条件。他按明之提出的要求，陆续提供了上海港国民党军运调度等书面情报。明之看后认为，沈勤的材料写得很清楚，字迹工整，不必重新整理，即将沈勤提供情报的原文送交党组织，对人民解放军了解国民党军队的调运动向，有一定参考价值。

① 沈勤(1908—1980)，沈安娜胞兄。毕业于苏州工业专门学校，后长期在盐务部门工作。1948年，成为吴克坚情报系统的正式情工关系。上海解放后曾在军管会重工业处等单位工作。享受离休干部待遇。

穿梭于沪宁的交通员——华藻

从1947年开始，何以端联系的情工关系越来越多，工作十分繁忙，而我的情报也特别多，且时效性强。可是何以端常常不能及时与明之联系。有一天，何以端问明之：你有没有合适的人选，担任上海与南京之间的交通联络工作？一定要可靠又机敏！

明之说：我回去想想。

回家后，明之和我一起，按照何以端"可靠又机敏"的标准，把能想到的人仔细筛选了一遍，最后选中了一个人。

再次与何以端接头时，明之说："我和安娜反复考虑，觉得我的六弟华藻[①]比较合适。"接着，他就向何以端简单介绍了华藻的情况。

1947年，华藻在上海

华藻，1938年入党，早期一直在上海从事学生运动。1942年他的名字上了敌伪的黑名单，党组织让他撤往苏北新四军根据地，担任上海和苏北之间的交通员。他为人机警、灵活，小时候曾被大哥戏称为"小滑头"。当年在苏北新四军根据地"江淮大学"时，党组织曾让他专门负责由上海带进步青年去学校，他极为谨慎，又善应变，因此从未出过问题。

何以端对华藻的条件很满意，对明之说：很好，有亲属关系，来往自然，好掩护。我马上向上级报告。

经吴克坚同意，何以端决定，此后由华藻专任我、明之与上海情报系统负责

①华藻（1920—1988），1938年10月在上海读中学时，加入共产党。长期从事学生运动和秘密交通联络工作。上海解放后，曾先后任上海联络局、中央调查部及中国科学院外事局处长等职务。1983年离休，享受局级待遇。

人吴克坚之间的政治交通。

吴克坚还特别指示何以端：华藻同志只做沈安娜、华明之的交通，不兼与其他情工关系联系。这是为了保护重要内线情工人员，避免不必要的交叉，引起暴露。

当时在全国各地的战场上，人民解放军与国民党军队的较量，多以国民党军队的失败而告终。但是在上海和南京等大城市，由于蒋介石于1947年7月颁布了《戡平共匪叛乱总动员令》，8月颁布了《后方共产党处理办法》，12月25日又颁布了《戡乱时期危害国家紧急条例》等一系列法规，南京、上海等国民党核心地区，一片白色恐怖。他们肆意抓捕共产党员和参加学生运动、工人运动的积极分子，以及进步民主人士，致使当时南京和上海等地关押政治犯的监狱人满为患。

华藻就是在这样的白色恐怖气氛中，穿梭于上海和南京之间传递情报的。一路上，他要不断地和形形色色的人打交道，非常危险。根据当时各条交通线上的情况，华藻行踪隐秘，来无影，去无踪。有时乘火车，有时乘汽车，有时乘轮船，只要发觉周围有可疑人员，就要多次更换交通工具。为了躲过特务的盘查，华藻把自己打扮成一个"跑单帮"的小老板，戴一顶鸭舌帽，穿一套劣质西服，一手提着酒瓶，一手夹着香烟，一坐下来就又抽又喝，但却是眼观六路，耳听八方。

尽管如此，明之仍然不放心。他嘱咐华藻道：你的工作必须做到万无一失，因为情报在你身上，非同小可。你作为交通员，上知领导人，下知情报员，责任重大，一定要处处小心啊！

华藻郑重地点一下头，又嘻嘻哈哈地说："大哥的教诲，小弟牢记在心，大哥大嫂放心好啦！"然后压低帽子，撩起长衫的一角，提起行李包，大步流星地走了。

明之目送他离去，微笑着和我说：六弟把自己打扮得就像个小特务。

华藻长期从事学生运动和秘密情报工作，积累了丰富的对敌斗争经验。过去的"小滑头"现在变得更"滑头"了。这里所谓的"滑头"，是说他机灵，随机应变的能力很强。他把一路上可能遇到的情况都事先准备了应对方案，上海的弄堂，南京的巷子，他都摸得清清楚楚，就连经常路过的一些用来歇脚的地方，也都了如指掌。

有一次，他在南京从我们家拿到密藏在南京板鸭里的情报后立即乘火车回上海。在火车上，他发现便衣警察特别多，像是有什么大的行动。为以防万一，他在中途一个小站下了火车，没想到又遇到国民党警备人员的盘查。华藻手提酒瓶和南京板鸭，不慌不忙地说去××镇看一个亲戚，叫×××。此人是周围闻名的土霸，方圆几十里没人不知道他。因为事先早有准备，所以华藻镇静地对答如流，消除了军警的怀疑，顺利地出了车站。

华藻有极强的语言天赋，会说好几种方言。还能够“见人说人话，见鬼说鬼话”。有一次，华藻从南京带情报回上海，在车上遇到几个黑帮人物的纠缠。他会讲那种黑道上的行话，几句黑话一说，对方就把他当成了朋友，最后，他又塞了点钱给他们，买得一路方便，安全顺利回到上海。

华藻和明之都是用上海和南京的食品密藏情报和指示。吴克坚给我们的指示，有时就藏在上海的奶油大蛋糕的底层，由华藻带到南京。明之把我搜集的情报交华藻带回上海时，则先用蜡纸包妥，再密藏在南京板鸭的肚子或脖子里。在上海，吴克坚情报系统做内勤工作的同志说：“南京板鸭来了！”就知道是南京的重要情报来了。于是“南京板鸭”成了“重要情报”的代名词。但那时他们并不知道情报的来源，更不知道我的名字。直到上海解放了，一位内勤人员告诉我，那时还发生过一件趣事。

一次，内勤人员接到南京板鸭，从肚里取出情报后，就把鸭子送给刚生了孩子的另一个内勤同志，让她滋补身子。但是内勤人员在整理情报时发现上下文衔接不起来，估计鸭脖子里面可能还藏有情报，就赶快跑去找，幸好鸭子还没下锅。果然又从板鸭长长的脖子里找到了细心的明之藏在里面的另一半情报。

这位担任内勤工作的女同志，后来还告诉我，为怕保姆看见有人把鸭子拿进拿出，引起怀疑和好奇，或者发现什么事情向外乱说，当天下午就找了个借口，多给了保姆几个钱，把她辞退了。这位内勤女同志宁可自己累一点，也要千方百计保守党的机密。

华藻所携带的情报伪装得很好，在多年的情报交通工作中，从未发生任何意外。经常与华藻联系的是吴克坚情报系统的一位主要骨干同志。华藻保密观念非常强，每次送情报到什么地方，交给哪位领导，对我们也从来不说。

1947年3月和9月，在国民党六届三中全会和四中全会上，参谋总长陈诚和国防部长白崇禧多次作军事报告，情报价值很高。我获得这些情报后，都通过华藻由南京带到上海。

吴克坚情报系统的这位主要内勤骨干拿到情报后，有时单独整理成报文，有时与其他情报综合整理成报文。然后由机要员（即译电员）译成密码，最后将密码报文交秘密电台的报务员发往延安（后移至西柏坡）中央情报部。这个情报传递过程要经过多少同志的艰辛而又危险的劳作啊！

所以，后来明之和我在回忆录中写道："情报工作的成功，是集体智慧和力量的结晶。没有交通员、秘密电台人员以及内勤人员的密切配合，单有情报员，是无法完成任务的。"

胜利在望忌大意

此时国民党加强了对蒋管区，特别是"中央地带"南京、上海等大城市的控制，报纸上几乎天天登载破获"共匪"组织、抓捕枪毙"共党"分子的消息。国民党中央党部也加强了保密管理。我已不能像在重庆时那样自由出入秘书室、印刷股偷看、偷取秘密文件了。此时，何以端根据中央情报部和吴克坚的指示，告诫明之：越是胜利在望的时候，情工人员越是要注意隐蔽、伪装，切不可麻痹大意，要避免无谓的牺牲。何以端几乎每次与明之接头，都要他代表党组织，把以上精神转达给他联系的几位情工人员，特别是我。

何以端与明之的接头地点经常变换，有时在胜利电影院里，有时在小饭馆、小茶室里，一般选择行人较多、四通八达的十字街头，便于接头后迅速分开。

何以端以商人身份为掩护，经常往来于沪宁之间。为了应付军警和宪兵特务的检查，他在随身携带的小提箱里放着蒋介石和白崇禧照片各一张，并写上"以端同志惠存，蒋中正"和"以端同志惠存，白崇禧"。每次宪兵特务检查行李，一打开手提箱，看见蒋介石和白崇禧的照片，都吓一跳，马上立正、敬礼，立即放行。

有一个打入国民党军队内部的情工人员，把情报藏在一本《剿匪手册》里，这样一般不会引起特务的注意。何以端认为这个办法好，大加赞赏，就向其他情工人员和交通员介绍这个办法，并要求大家多动脑子，多想妙计，迷惑敌人。

为了情报工作的安全，何以端长期居无定所，据说他当时几乎没有在一张床上睡五个夜晚。有一次，明之应约到何以端的临时住处接头，看到他在亲戚何以藩家的灶坯间（厨房），搭一块木板睡觉。

明之发现何以藩家住房并不紧张，就问何以端为什么住灶庇间，他说：这里方便，如果有宪兵来，爬起来就可以从灶庇间的后门跑掉。

1946年5月，中共代表团和南方局的部分人员在周恩来和董必武的率领下，由重庆抵达南京，在梅园新村设立机关。自此以后，周围就有许多特务进行监视。何以端联系的秘密情工人员多，按照秘密情报工作的纪律规定，他是不能到梅园新村党的公开机构来的。可是有一次，何以端因有紧急情报要送，而规定的联络时间又未到，为了不耽误情报的时效，万不得已，他冒险溜进梅园新村送情报。周恩来一方面肯定情报很重要，马上交人处理；一方面严厉批评了何以端的这种危险做法。

何以端将此事告诉了明之，诚恳地说：我们以后一定要引以为戒。在敌我斗争异常尖锐的情况下，更要严格遵守秘密情报工作铁的纪律。

在杭州和重庆时，明之抄写、密藏情报就已很有经验。到南京后，除必要的原件外，他大多用工程设计绘图专用的细尖钢笔和极薄的绘图纸，将情报写成蝇头小字，然后卷好。南京、上海多雨潮湿，明之小心地用防潮蜡纸包上，在火柴盒底部做个夹层，把情报藏在夹层里面。这样，一般很难被人发现，传递也方便。他同何以端在胜利电影院旁的茶室会面，香烟、火柴放在桌上，何以端临走时把火柴盒取走，既自然，又安全。

后来何以端曾说，我有时一天能收到三个火柴盒！

除此之外，明之还想了很多更巧妙的密藏办法，我把他那些自制的密藏物件戏称为“工艺品”。有时何以端看了，也禁不住连连称奇。这些“工艺品”，都是明之在夜深人静的时候秘密制作出来的。

每当到了晚上，老人和孩子睡了以后，他就用黑布把灯罩上，在灯下像女人做针线活儿那样，精心制作他密藏情报的物件，那情形决不亚于艺术创作。

送情报的时候，为了对付国民党特务的盯梢，明之几乎每天都要小心翼翼地演习甩“尾巴”。每条去联络点的必经之路，他都事先查清有哪些小巷和商店可以穿越。遇到可疑的人，既不惊慌，也不回头观望，而是照常多走一段路，然后找个墙角蹲下身子，装作系鞋带的样子，悄悄地向后看看是否有可疑的人。为了稳妥，他有时故意绕道走进僻静的小巷，有时换乘公共汽车，直到确信没有“尾巴”为止。

国民党还都南京以后，达官贵人们除了反共，就是纸醉金迷，吃喝玩乐之风十分盛行。

我和明之从重庆到了南京，交友的圈子扩大了一些，交友的方式随着环境的变化，自然也变化了一些。不能像在重庆那样，仅在家里吃个狮子头，打打牙祭。南京当时盛行打麻将和跳交谊舞。打麻将，我们陪不起时间，也赔不起钱。但是我们又想，如果一味“超凡脱俗”，不利于隐蔽伪装。于是我们就选择了跳交谊舞，通过这样的方式和同事打成一片。有点书生气的明之非常用心，在家里画出各种舞步的路线图，然后认认真真地学，几次跳下来，就跳得很有风度了，受到很多同事的赞扬，无形中融洽了和同事的关系。

这时我们一家的生活稍好了一点，便买了一个收音机，经常放大音量，收听当时的流行歌曲。我们就是要让周围的同事看到，我们与国民党的一般职员一样，也在赶时髦，也在纸醉金迷。我们清醒地认识到，越是胜利在望，就越是要注意隐蔽、注意安全，增加保护色，这样才不会被别人怀疑。

关于收音机，还有一段小插曲。我的速记同事居正修在50多年后的1999年，在《红岩春秋》杂志上发表的《和沈安娜一起速记》一文中写道：

当时听这个台（指中共电台）是犯法的，谁也不敢收听。我家住在南京树德里，这里是国民政府家属住宅，有国民政府高官住在里面，里弄门口有卫兵站岗，外人进不来。晚上收听中共电台是安全的。我参加党政最高会议记录，会

1947年，沈安娜、华明之在南京

上听到的军事报告都是官样文章，听到邯郸电台广播消息，往往事实证明内容是真实的。

有一次，我到沈安娜家里，房门开着，我把门关上，指着收音机上的频道，轻轻告诉她：晚上什么时间，收音机开到这里，是中共的邯郸电台，我天天收听，这里消息是真的，不是我们会上听到的那样。沈安娜似乎听不懂我的话，没有答话，也不开收音机，就和我说旁的事情了。

当时，我还以为沈安娜不喜欢收听中共电台广播。现在回想这件事，真是好笑。

时时处处伪装和保护自己，已经成了我的职业本能。我自然不会随便在别人面前，哪怕是共事多年、老实本分的好友面前，表现出自己真实的政治倾向性。

我为了更好地保护自己，和那些国民党元老的关系也相处得很好。我找了个机会，请国民党元老、书法家于右任[1]写了一幅字，装裱后挂在屋里。有客人来访，看到于右任写的条幅，都十分羡慕，因为能求到于右任的墨宝，那是要很大面子的。有了这样的面子，我和明之自然也就增加了一层保护色。于右任老先生不论是在重庆，还是在南京，一直对我这个经常可以看到的年轻女速记关爱有加，我也十分敬重这位爱国老人。

我还请在重庆做了八年邻居的国民党元老吴稚晖写了一幅字，挂在家里。

吴稚晖在重庆时已七十多岁了，性格古怪，生活无拘无束，一般会议很少出席。重庆夏日酷热，他在家里经常上身赤膊，一条中式裤子不系裤带，用西裤背带吊在肩上。他平时也不愿多见客人，总在门上贴个条子：吴稚晖不在家。

听说有一次，一个人来拜访，恰巧在门口碰见他，就恭恭敬敬地叫一声“吴委员”。

吴稚晖指指门上的条子说：不是吴委员不在家吗?

来客晓得吴稚晖说话幽默，以为是开玩笑，鞠躬说：真是难得吴委员在家。

吴稚晖正正经经地说：你认错了，我是吴稚晖的哥哥。

来客明知这里没有吴稚晖的哥哥，进去不是，转身也不是，啼笑皆非，搞得很尴尬。直到吴稚晖进屋后，才悻悻离去。

但是吴稚晖对住在隔壁的我们和两个孩子，却经常露出笑脸。

从我们家的阳台，可以看到吴稚晖的书房。两个孩子在阳台上看到隔壁书房里的吴稚晖，总会乖乖地喊：“吴公公好。”吴稚晖也热情地和孩子拍手打招呼。

到南京后，我向吴稚晖求字，他很痛快地答应了。

吴稚晖是国民党的元老，又是名人，有他的字挂在家里，我们的保护色彩就更浓了一些。

---

① 于右任 (1879—1964)，陕西三原人，祖籍泾阳。是清光绪年间的举人，1906 年追随孙中山加入同盟会。1910 年曾与宋教仁等办《民立报》。1912 年任南京临时政府交通部次长，1918 年返陕西，任靖国军总司令，1931 年后长期任国民政府监察院院长。

婉拒参选国民党立法委员

我在国民党机关工作了十几年，逐渐成为国民党党、政、军高层会议不可缺少的速记骨干之一。我的同事，特别是上司，对我的工作能力和个人修养颇为赏识。

多年来，我一向非常尊重于右任、居正、张继、吴稚晖等国民党元老。每次开会，老先生们通常都坐在前排，有时读文件读到某一页，他们翻来翻去找不到，我会主动帮他们找出来。偶然文件滑落到地上，我会马上过去帮他们拾起来。元老们都很喜欢我这个年轻勤快的女职员。

我刚进中央党部秘书处时，只是个小职员。1940年我任助理干事，1941年升为干事，1945年又升为总干事。

1947年底，中央党部为了减轻本部的经费开支，将部分工作人员的工资关系转到立法院，我此时也经常到立法院参加会议速记，并挂名为专员。当然我仍是个速记员而已。

1947年12月初，国民党准备“行宪”后的第一届立法会选举。在此次选举前的一次中常会开会休息时，元老们在一起闲聊，我从他们身旁经过，于右任突然对我说：沈小姐，我们亲眼看着你辛辛苦苦在党部这么多年了，绩能俱佳，想推荐你为立法委员候选人。

接着，坐在旁边的吴稚晖、张继、居正也附和道：是，是，我们一起推荐你!

我没想到会有这样的“好事”，一时不好表态，只是问候老先生们身体可好，把话题岔开了。

一年前，蒋介石不顾共产党和中国民主同盟的反对，联合两个小党（青年党和民主社会党）在南京召开了“制宪”国民代表大会，强行通过了一部宪法草案，下一步将要召开“行宪”国民代表大会。行宪立法会委员的选举，只不过是“行宪国大”的前奏。

当不当立法委员候选人，这个问题事关重大，我必须和明之商量决定。

回到家里，我将于右任等元老的推荐意见，讲给明之听了。明之想了想，用开玩笑的口吻故意问我：当立法委员，你也不是没有这个能力，是不是收入还可以多些？

是的，立法委员在国民政府里是个名利双收的好职位，许多人为此大走门路。

生死关头是考验，艰苦生活是考验，金钱诱惑是考验。名利地位，同样是严峻的考验。在这十多年里，我和明之曾多次面对重大抉择。现在，我再一次面临名利、地位与党的情报事业之间的抉择。抉择的过程自然也是一种考验。

我说：出风头的事，我打心里厌烦。况且，我们这么多年，从来没把钱看得过重。最重要的是党的情报工作。

明之又故意问我：当立法委员可以接触更多高官，是不是也能获取情报啊？

此时，我还在沉思，然后明确地讲了我的意见：实际上，中央党部的机要速记员要比立法院的立法委员知道的机密多得多。速记员可以连续不断地拿到系统的、完整的情报。立法委员就没有这么方便了。

明之笑着说：嗯，太好了。我完全同意你的意见。

听到明之肯定我的意见，我越发兴奋地说：你别看这个立法委员，我们瞧不上，我听说不少人为了争抢这个席位，吵得一塌糊涂，面子都不要了。如果我为这种事，到风口浪尖上去抛头露面，众目睽睽之下，一旦有人嫉妒，或者有人为与我争选票而不择手段，那不就成了众矢之的了，很有可能暴露我们真实的政治身份，那就会使我们干了十多年的秘密情报工作毁于一旦，给党组织带来损失。

参加立法委员竞选的利害关系，我和明之分析得越来越清楚了，我们决定不去竞选什么立法委员，不考虑个人的名利地位，而是要坚持在核心机要岗位，继续在不引人注意的速记岗位上，不断获取重要情报。

最后，我明确对明之说：我明天就婉言谢绝他们算了！

第二天会议前，我措辞委婉地对于右任等几位元老说：承蒙各位前辈器重，但我年纪还轻，阅历也浅，让我努力两年，再请诸位老前辈栽培。

元老们听了很受用，于右任说：沈小姐为人谦虚，勤于职守，难得难得！

中央秘書處

秘書長	葉楚傖	江蘇吳縣
副秘書長	甘乃光	廣西岑溪
秘書室		
秘書	王啟江	河北東鹿
	王子弦	湖南瀏陽
	陸翰芹	浙江杭縣
	楊公達	四川長壽
總幹事	王壽祺	江蘇武進

一三

幹事	徐漂萍	浙江海寧
	沈琢初	浙江吳興
助理	沈琬 安娜	江蘇
	錢緯川	浙江杭縣
	嚴蔓秋	湖南長沙
	唐堅	江蘇鎮江
	許育驊	浙江
	王恩喬	江蘇江都
錄事	朱琦	江蘇
臨時錄事	胥紫垣	四川

一四

中央秘書處

秘書長	吳鐵城	廣東中山
副秘書長	甘乃光	廣西岑溪
秘書室		
秘書	王啟江	河北東鹿
	王子弦	湖南瀏陽
	楊公達	四川長壽
	章渭浩 力生	江蘇無錫
總幹事	王壽祺	江蘇武進
	馮宗萼	浙江慈谿
幹事	鈕智厚	山東濟南
	倪邦生	安徽望永

總幹事	徐漂萍	浙江海寧(注
幹事	沈琢初	浙江吳興
	沈琬 安娜	江蘇
助理	錢緯川	浙江杭縣
	王恩喬	江蘇江都
	嚴蔓秋	湖南長沙
	陳耀模	廣東五華
	朱俊華	江蘇江寧
	胥紫垣	四川江北
錄事	楊品文	江蘇崇明
臨時錄事	郭兆珍 子奇	江蘇南通
[illegible]科長	李樸棟	湖南瀏陽

中央執行委員會秘書處

職別	姓名	別號	性別	年齡	籍貫	到部服務年月	備註
秘書長	吳鐵城		男	五八	廣東中山	三〇・四・	
副秘書長	鄭彥棻		男	四三	廣東順德	三四・六・	
秘書長辦公室主任	高自約		男	四〇	貴州貴陽	三〇・四・	
專員	蔣家驌		男	三五	浙江海寧	三二・十二・	
總幹事	陳以令	綸言	男	三二	廣東大埔	三四・九・	
幹事	張朔		男	三〇	廣東南海	三三・二・	
佐理員	蔣宗昌		男	二六	貴州貴陽	三四・二・	

中央執行委員會秘書處 四九

	李康五		男	三五	江蘇泰興	三二・四・
議事科長	謝靜山		男	三九	廣東三水	三一・六・
總幹事	陳耀模		男	三三	廣東五華	三〇・一・
	沈琬	安娜	女	二九	江蘇泰興	三四・九、
幹事	趙希傑		女	三五	河北	二五・五・
	沈善琪		女	三〇	江蘇吳縣	二六・五・
	趙孤雲	谷雲	男	二九	湖南瀏陽	三三・四・
助理幹事	羅學智	印和	男	二九	湖南湘潭	三一・九・
佐理員	陳行鑾		女	三一	廣東中山	三三・七・
編輯科長	沈遹之		男	四一	江蘇海門	十六・四・

中央執行委員會秘書處 五七

中央黨部職員錄
二十九年一月
中央秘書處人事處製

1940年的国民党中央党部职员录（部分），沈琬任中央秘书处助理干事

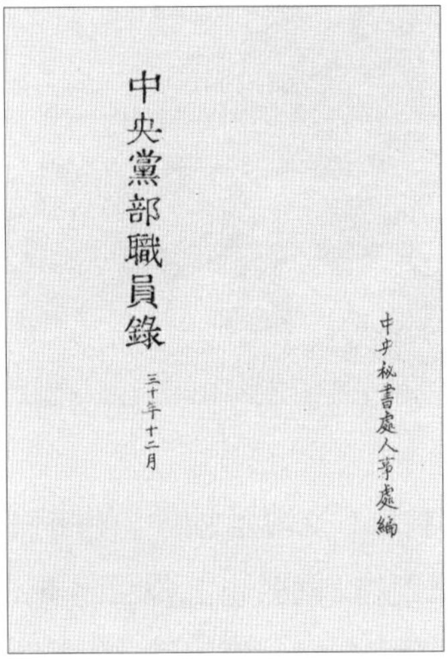
中央黨部職員錄
三十年十二月
中央秘書處人事處編

1941年的国民党中央党部职员录（部分），沈琬任中央秘书处干事

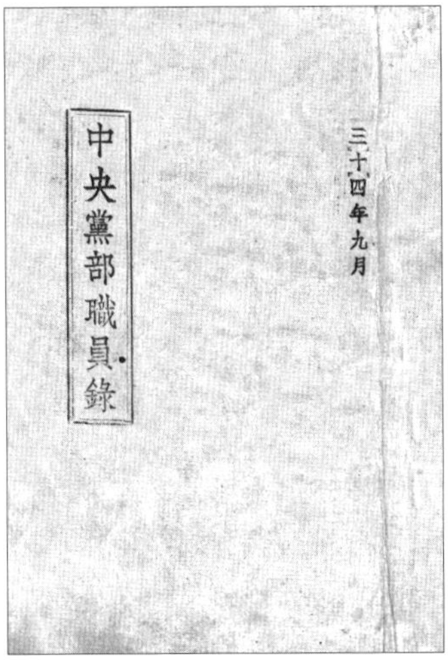
中央黨部職員錄
三十四年九月

1945年的国民党中央党部职员录（部分），沈琬任总干事

1948年，沈安娜、华明之在南京

婉拒竞选立法委员这件事，我和明之根本来不及请示领导，便断然作出了抉择。1948年秋，我奉命当面向吴克坚汇报工作。同时也汇报了此事，吴克坚感动地说："你们为了党的事业，对名誉、地位、金钱一概不顾，自愿做出这个决定，实在难能可贵！"上海解放后，在1949年9月的一次内部会议上，吴克坚又旧事重提，再次表扬了我们。

后来的立法委员选举，正如我预料的那样，竞争异常激烈。因为立法委员的政治地位和声望，比国大代表还要高一点，竞争立法委员比竞争国大代表还要激烈，到处都可以看到为竞选拉票的人。国民党元老张继于1947年12月突发心脏病去世。居正修告诉我，听人说，张继就是在立法委员竞选时，因为吵架气死的，可见当时竞争的激烈程度。

1948年1月，"行宪"后的第一届立法会，选出了立法委员据说有几百人。几个月后，孙科当选为立法院院长，并召开了第一届立法院会议。论理，立法院是中华民国最高立法机构，而实际上它只是蒋介石的橡皮图章。

我从1935年1月参加革命，就以速记员的身份开始做秘密情报工作，一直到1949年5月上海解放，我还是个速记员。明之也是从1934年一入党就开始做秘密情报工作，是国民党机关的一般职员，一直到上海解放，仍是个一般职员。

我们在国民党机关里不是没有晋升机会，而是党组织要我们做的秘密情报工作，不能让我们晋升，不能让我们离开这个位置虽不高、却十分重要的核心情报岗位。在我们的心中，党的事业、党的利益高于一切。

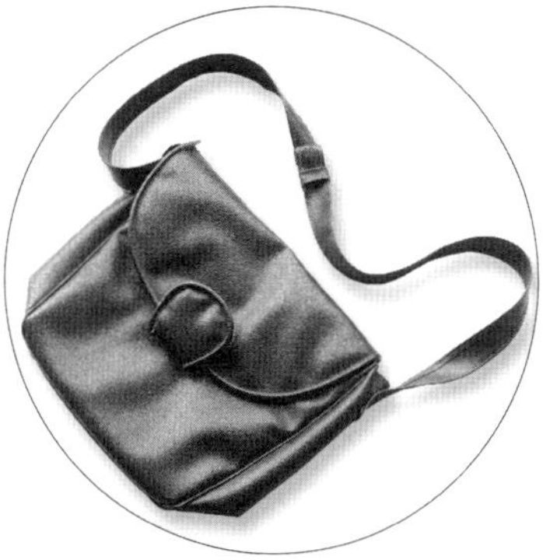

沈安娜挎着随身存放速记本的小皮包。皮包现收藏于上海市国家安全教育馆

十二、黎明前抓紧搜集重大情报

(1948 年初—1949 年初　在南京)

“国民大会”丑态百出

1947年下半年，解放战争的形势发生了巨大的变化，人民解放军由自卫防御转入全面战略进攻。蒋介石的日子越来越难过。自清朝倒台以来，中国一直处于战争状态，先是军阀混战，接着是国民党“围剿”共产党，然后是八年抗战，随之再次发生内战，严重影响了国家经济的发展。政府军费开支急剧增加，国库空虚，经济凋零，民不聊生，社会矛盾加剧。在这种情况下，蒋介石为了讨好美国政府，乞求美国援助，同时也为了平息国内矛盾和国民党内部各派的纠纷，他匆匆披上民主的外衣，召开了没有共产党和中国民主同盟参加的“实施宪法”的“国民大会”。

有人说，蒋介石坚持召开“国民大会”，是假装民主，实际上更加独裁。

这个被人们讥笑为带有“蒋记”标签的“行宪国民大会”，于1948年3月29日至5月1日在南京召开。

“国民大会”场面大，需要的速记员多，我自然是其中的一个，每天夹着小皮包到场速记。蒋介石在会上所做的施政报告，不得不承认国民党军队在东北战场上失利，在华中战场上也受到刘邓大军的严重威胁。

他发誓说：我必定在三至六个月内肃清黄河以南整个集结的匪部。

他还说：过去军事战略在于确保国防据点，而今后改为着重歼灭匪军主力，对若干地点，可暂时放弃。

像过去一样，蒋介石在大会上的报告是由宣读员代读的。他本人坐在一边听。施政报告假惺惺地宣称要“还政于民”。此时，一个“国大”代表以为真的可以讲民主了，在蒋介石的报告读完后，他就登台想提点意见。可他刚说了几句，便立即遭到蒋介石亲信们的围攻，说他这是对“总裁的最大的不敬”。

会场上嘘声四起，有人高喊：

“滚下去！滚下去！”

“把他拉下来！”

也有人说：“让他讲下去嘛！好话坏话都要听完嘛！”

两厢意见不同，会场上吵成一片。后来甚至有人动手打了起来。有的女代表从来没见过这种阵势，以为要出人命了，吓得吱哇乱叫，浑身发抖。

会场工作人员上前劝架，想把双方拉开。不料，四个“国大”代表竟然迁怒于一个劝架的会场工作人员，对他施以拳脚，打得他头破血流，被抬到医院救治。

这场闹剧，把蒋介石高唱的“民主、团结”的假面具剥得精光。有些在场的职员和宪兵看着这种表演，忍不住在一旁偷偷乐。这场会议没有轮到我速记，我坐在大会代表后排侧席上，看得一清二楚，也忍不住想笑，但是我马上意识到这样不妥，赶紧用手帕捂着嘴，不露声色。我想看看蒋介石是什么神态，却发现，蒋介石不知什么时候已经退出了会场。

国防部长白崇禧在“国大”会上所做的军事报告，对我来说，都是些公开的东西，没有什么价值。这个报告遭到许多代表的质询。有的代表还要东北败将陈诚、熊式辉出席大会对战局做解释，甚至有人拍着桌子高呼：“陈诚是不是该撤职查办了？”

此时陈诚在东北遭到人民解放军的沉重打击，他所率领的48万军队被人民解放军重重包围，只得龟缩在长春、沈阳、锦州等几个孤立的据点里，形势岌岌可危。

其实这次“行宪国大”的最终目的，是选举总统和副总统。选举的过程使这场闹剧达到了高潮。我在中央党部工作了十来年，早已熟悉了蒋介石等国民党高官的那一套作风，大会一种表情，一套言词；小会一种表情，一套言词；私下里又是一种表情，一套言词。他们当面客客气气，互相吹捧，背后互不服气，讲怪话，揭老底。

“行宪国大”是一次权力分配的大会，利益分割的大会，充分暴露了各路诸侯的真实嘴脸。

总统、副总统以及各部门候选人，均由国大代表和立法委员提名，然后由国民党中央委员会认定。我亲眼看到，国民党内部为此争得不可开交。在“中常会”上，C.C.系、政学系、黄埔系往往为了一个提名各不相让，“中常会”开成了“长常会”，经常是上午、下午、晚上连着开，速记工作日夜不停，速记员苦不堪言。

如果说下面的人为争权夺利表现得还算真实的话，那么，蒋介石本人在总统选举问题上的表现，就实在是过于虚伪了。

1948年4月4日，国民党在南京丁家桥中央党部召开六届中央委员会临时全体会议，惟一的议程是讨论总统和副总统候选人问题。

蒋介石在会上说：“总统不一定是国民党员，可选党外人士，但必须了解国家大事，对国际问题有研究。”接着又补充道，“要在美国有影响的人。”

大家都明白，蒋介石这段话的指向性很明确，只有当时任北京大学校长的无党派人士胡适最合适。

此前外界已有传言，说胡适要当总统候选人。现在蒋介石一表态，证明那些传说绝非空穴来风。

有人分析，蒋介石之所以要推荐胡适当总统候选人，是为了迎合美国人的口味，为自己树立“民主形象”。他是国民党总裁，实权仍抓在他的手里。胡适即使当了总统，也是有名无实的。可是，国民党内部并不理解他的一番苦心。会上，几个国民党元老当场表示坚决反对。也有人私下里说，这本来就是“老头子”（指蒋介石）导演的一场戏。

蒋介石讲话完毕，大多数代表反应强烈，会场顿时乱成了一团。

蒋介石宣布休会，下午继续开会。然后走出会议室，进了设在中央党部的总裁室。平时蒋介石并不在这里办公，只是来中央党部开会时，用于会前、会后休息或接见什么人。

中央党部机要处就在总裁室旁边，此时我们速记员要抓紧时间到机要室整理记录，正好看见很多国民党元老跟着蒋介石进了总裁室，其中有陈果夫、戴季陶、邹鲁等。只听隔壁总裁室里，哭的哭，闹的闹，大都要求蒋介石收回在会上说的话。

下午三点，继续开会，平时很少发言的邹鲁首先发言。他慷慨激昂，声泪俱下地说：总统非总裁来当不可！这关系到党国的命运和前途。

接着又有多人附和，大讲总裁出任总统的重要意义。似乎蒋介石不当总统，天就要塌下来了。

等到众人的发言渲染得差不多了，最后蒋介石果然改口。他“唔唔”了几声说：本总裁经过慎重考虑，决定采纳大多数同志意见……

1948年4月4日，蒋介石（中立者）在南京丁家桥国民党中央党部礼堂主持国民党六届中央临时全会。主席台右二为沈安娜在速记

第二天，临时全体会议休会一天，开了一天中常会。上午讨论总统候选人，下午讨论副总统候选人。最后决定，“本党总裁蒋介石和司法院院长居正为总统候选人”，很显然，居正只是个陪衬而已。副总统候选人为孙科、李宗仁、程潜和于右任。在6日继续召开的临时全体会议上，总统和副总统候选人全部通过。

“国民大会”的总统选举毫无悬念，蒋介石以2430∶269的绝对优势击败了他的象征性对手居正，从而当选中华民国总统。对此，谁也不感到惊奇。

倒是副总统的选举结果，有点出乎人们预料，更确切地说，是出乎蒋介石的预料。

关于选举副总统，蒋介石已内定孙中山之子孙科为候选人。国民政府原来不设副主席，前不久，蒋介石特别安排孙科当了副主席，其目的不言而喻，日后只要换个副总统头衔就可以了。没想到半路杀出个程咬金，桂系首领李宗仁要当这个副总统，致使选举一波三折，并最终导致蒋介石指挥棒失灵，如意算盘落空。

蒋介石认为，若李宗仁选为副总统，对他的威胁最大。因为李宗仁是拥有相当军事力量的地方实力派，在目前对共产党战事节节失利的局势下，桂系大有伺机取而代之的可能。蒋介石让国民党显要人物一起出面，向李宗仁施加压力，劝李宗仁退出竞选。但李宗仁坚持不退，于是蒋介石亲自找李宗仁谈话。据李宗仁后来回忆，那次谈话火药味很浓。

蒋介石说：“你还是自动放弃的好，你必须放弃。”

李宗仁说：“委员长，这事很难办呀。”

蒋介石说：“我是不支持你的。我不支持你，你还选得到？”

李宗仁恼火地说：“这倒很难说！”

蒋介石也动了气：“你一定选不到！”

李宗仁不客气地反驳：“你看吧！我可能选得到！”

蒋介石满脸怒容，猛地从沙发上站起来，连声说：“你一定选不到，一定选不到！”

李宗仁也从沙发上站起来，毫不示弱地说：“委员长，我一定选得到！”

蒋介石气得来回走个不停，嘴里直吐气：“哼！”

两人不欢而散。

李宗仁以前曾说过：蒋先生是有名的威仪棣棣的大独裁者，一般部下和他说话，为其气势所慑，真可说是不敢仰视，那里还敢和他吵嘴。

李宗仁这次不但敢和大独裁者蒋介石吵嘴，并一口咬定，副总统他“一定选得到”，原因何在？

原来，李宗仁有美国人在暗中支持。1946年至1947年，李宗仁在任北平行辕主任时，就已在全国树立了威望。美国驻华大使司徒雷登上任前，李宗仁就见过他。李宗仁的诚挚和对中国内战所持的那种相对开明态度，给司徒雷登留下了很深的印象。渐渐地人们都说，如果蒋介石与共产党和谈失败的话，那美国政府一定会选择李宗仁作为中国的领袖。

由于这些外界的原因，副总统的选举过程异常激烈，三轮过后不见胜负。这时几位副总统候选人只剩下李宗仁和孙科。蒋介石不仅给孙科竞选费用，还让宋美龄亲自出马，既宴请女代表，又宴请代表夫人，请求大家支持孙科。尽管蒋介石公开表示不支持李宗仁，但是，李宗仁仍然志在必得，他用汽车往南京运钞票，据说还把金佛送到了信佛的戴季陶家里。

我们家住的中南旅社以及孩子上学的新生小学，就在国民大会堂对面。此时，高音喇叭在不停地唱票，“李宗仁”、“孙科”、“孙科”、“李宗仁”的声音不绝于耳，弄得孩子们回家就抱怨：“外面吵死了！老师讲课都听不清。这些大人在干什么？！”

我和明之被孩子们的天真逗得笑起来，笑得眼泪直流。连小孩都看烦了这场闹剧，真是太可笑了。

经过四轮激烈的争夺，选举结果终于揭晓，李宗仁以微弱的多数票击败了孙科，当选副总统。

1948年5月20日，当选总统、副总统就职典礼在南京举行。

本来事先准备了总统和副总统的大礼服，由上海的一家非常有名的服装店承制。可是不知什么原因延误了时间，直到就职典礼这天早晨才将礼服用专车送到南京。据侍从室传出的消息说，蒋介石为此很不高兴，说不穿大礼服了，改穿文官礼服蓝袍玄褂。

副总统李宗仁听说总统不穿总统大礼服，他也不好穿副总统大礼服了。

他是军职，只好穿着佩有金色三星上将领章的军便服上台。后来他自嘲地对别人说：那天就职典礼主席台上，我就像总统的随从副官。

在“四姐妹舞厅”

1948年秋的一天，我接到通知：吴克坚要见我。

通知是专门负责与我和明之联系的沪宁交通员华藻传达的。吴克坚要求我以回婆家探亲为由，到上海秘密口头汇报。经华藻各方探查，将接头地点定在浦东大楼“四姐妹舞厅”。

吴克坚与我和明之分别两年来，已先后收到不少我们提供的军政情报。上报中央后，均认为很重要，很及时。此时吴克坚虽从他领导的各方情工人员中已获得很多重要情报，但仍认为有必要亲自见一见我：对我们的工作给予肯定，就一些问题听听我的补充汇报，并提出今后工作的要求。

对于吴克坚和我来说，在国民党统治的中央地区，情报系统的主要领导人与重要内线情报员接头联络，严格说来，这将是一次有相当风险的会面。

1948年，国民政府的经济形势每况愈下，夏秋之交，通货膨胀，法币迅速贬值，一石米五千元，要用麻袋装钞票才能买回家。平民百姓苦不堪言。国家经济已经接近崩溃的边缘。为了稳定蒋家王朝的统治，蒋介石加强了政治上的控制，尤其是加强警特部门的统治。蒋介石批准国防部保密局局长毛人凤的报告，在原有六千多特务的基础上，又增两千多人，大小特务多如牛毛。蒋介石还让毛人凤布置了一系列暗杀活动。此时的白色恐怖，可以说比30年代初期还要严重。报纸上，广播里，几乎每天都有中共党员和进步人士被捕、被害的消息。但是把特务暗杀当作政治上的最后赌注，其结果只能是众叛亲离。全国各地人民反饥饿、反内战，群众游行，工人罢工，示威、请愿活动更是风起云涌。

我和明之眼见国民党军警特务横行霸道，已经感受到蒋介石政权的岌岌可危。我们互相鼓励说：“这是黎明前的黑暗，胜利的曙光就要出现了！”我们也互相提醒：“越是黎明前的黑暗，越要多加小心。”

我要在这样一个黑暗的时刻到上海去秘密接头，明之不能不为我担心，于是我们便细细地商量起来。明之说：现在南京和上海的形势很严峻，特务和军警很猖狂，你一张纸片都不能带，速记本也不能带。除了已书面上报的之外，还有不少内容，我们理一理，你要完全凭脑子记，当面口头汇报。

我点点头，两人商议了大半夜。临行前，我已经出门了，又返回屋里，在每个孩子的脸上亲了一下，并紧紧拥抱了明之。明之在我的背上轻轻拍了拍，那意思是说：放心去吧，不会有事的。

沿途，我看到一些稍大点儿的车站上，军警密布，岗哨林立，气氛紧张，大有“山雨欲来风满楼”之势。车上的便衣特务也很多，不时有形迹可疑的人在车厢中窜来窜去。但我心里很坦然，我身上没有携带任何怕检查的东西，胸前别着中央党部的徽章，那些便衣特务每次从我面前走过，只是瞥我一眼就过去了，没敢找我的麻烦。

抵达上海以后，我提着礼品先到南市老北门公婆家，问候老人。在那里换了件衣服。晚上八点整，在华藻的陪同下，准时到达约定地点与吴克坚会面。

吴克坚穿一身西装，看上去像一个洋行的高级职员。我手提坤包，打扮得比平日入时。

我和吴克坚在舞厅一角落坐下，一边吃零食，喝咖啡，一边低声谈工作，补充书面情报的不足。为避免引起怀疑，我们偶尔下舞池跳上一曲。吴克坚不大会跳舞，只是装装样子而已。两人基本上与一些不跳舞的闲客一样，俗称“摆测字摊”，只是吃喝聊天，加上嘈杂的音乐声，正好掩护。

华藻头戴一顶礼帽，坐在离吴克坚和我不远的、灯光昏暗的角落里，不时到外面探探动静。他把帽沿儿压得很低，灯影中很难看清他的脸。

吴克坚对我说：你们近年报来的东西，老头子（指蒋介石）的讲话，以及那些军事头目的报告，上面认为很重要，很好。你记的是他们的原话，拿的是他们的原件，“家里”一直很重视。现在的形势是，他们节节败退，我们节节胜利，正处于“大打”的前夕。在这个时候，除了打仗方面的情况依然很重要，“家里”还非常关心他们的内部——党内和军内的矛盾，特别是他们的“统帅”近来的心态和情绪。你经常在老头子主持的各种会上，会看到真实的情况；在你的同事中，也会听到一些真实的情况。除了你们已报的书面材料外，“家里”很需要动态方面的情况。

他要我讲详细点，具体点。

我思索了一下，压低声音慢慢说：总的来说，失败和内讧使老头子的心态可用“暴躁”二字来形容。他大发脾气后，说话上气不接下气，手也哆哆嗦嗦直打颤。他丧气时，还当众哭过。他的爱将和嫡系陈诚、张灵甫等人是为他卖命的，可打不过我们，老吃败仗。老头子很伤心，却还要耐着性子在会上听人大骂陈诚。桂系头目白崇禧故意保存实力，不卖力，老报丧气消息，像是存心气老头子似的。

我此时特意讲述了书面情报未曾报告过的一事：平时很少说话的国民党元老丁惟芬，也公然在去年一次中常会、中政会的联席会议上指责老头子：对败局负有责任，责任还大着呢！把老头子气得拂袖而去。会议竟然不欢而散。当然，也有保皇派、马屁精打圆场，结果双方对吵谩骂，丑态百出。看来老头子已经控制不了局面了。

我顿了一下，环顾一下四周，又接着说：听接近老头子的人说，老头子在家里也不得安宁，夫妻矛盾不小。蒋夫人美龄与孙夫人庆龄虽然政见并不一致，但毕竟是同胞姐妹，同在上海、美国生活学习过，感情还是很好的。老头子过去对待孙夫人，碍于总理（孙中山）的面子，有所节制，现在听说到了要对孙夫人和其他爱国人士“下手”的地步。一些黑道头目就是老头子要用的“手”。如果孙夫人等民主人士再不服管，即“就地处理”。而夫人要保姐姐，还要保张学良，为此与老头子又哭又闹，大吵了好几次。在家里，只有大儿子经国比较听话，还能安慰安慰老头子。

吴克坚听到此处不露声色，但警觉地不住点头，说：“家里”对老头子内外交困、四面楚歌的心态，会感兴趣的。“上面”很想知道这些深层动态情况。以后你要注意搜集这方面的情况。

接着，我又按吴克坚的要求，口头补充了一些书面材料无法详细讲述的内容。如国民党高层某些人已“政心”动摇。军内嫡系部队与非嫡系矛盾加深，军心更显不稳。他们各派的观点分歧是什么，相同之处又在哪里。

最后，吴克坚对我说：你和明之前一时期的工作很有成绩。“家里”很满意。你今后的工作重点仍是了解战局变化过程中的军事动向，同时还要了解蒋的心态及内部矛盾。敌人的矛盾，就是我们间接的后备军。掌握了他们的内部矛盾和派系斗争，有利于我们对他们进行分化瓦解。多方面采取团结、分化、争取、利用和斗争的手段，对我们取得最后的胜利会有帮助。你和明之要多注意安全。胜利见!

我点点头，因为接头地点敏感，不得不努力掩饰自己兴奋的心情，匆匆与吴克坚握手告别。

在灯红酒绿的环境中，在优美舒缓的舞曲中，不时会传来警车拉着警笛呼啸而过的声音。这真正是黎明前的黑暗，反动派在垂死挣扎，疯狂地在上海、南京残杀、迫害共产党和进步人士，乃至无辜的青年学生。此时的上海，被笼罩在一片白色恐怖之中。每逢警车经过，或有可疑的人露头，华藻就会特别机警地观察动静，以防不测。

会面结束后，吴克坚先离开，不远处另有人暗中接应。华藻和我随后离开。华藻护送我回到上海的家，第二天又送我登上返回南京的火车。

1984年，吴克坚在回忆录中提到了他和我的这次见面，他写道："我记得沈（安娜）冒很大危险亲自到上海向我面述情报，由我经过当时秘密电台发给党中央、社会部。一直到1949年5月上海解放，一直是安全的。"

吴克坚这次与我接头，其实对他来说也是有一定危险的。但他又必须冒这个险，因为党中央急需大量详细的情报，他必须汇总来自各方面的情报材料，自然需要来自"大本营"的我口头汇报的第一手材料，也是非常重要的。

陈布雷之死

1948年11月，辽沈战役结束，淮海战场上两军处于对峙状态。人民解放军以60万兵力将国民党军队80万人围困在徐州等地，对"国军"来说处境危殆。这时国民党内部争吵得更凶了，主战、主和派之间的矛盾日益激化。

在11月间，蒋介石召开了多次中常会，我照例对每次中常会的内容照单全收。此时，"划江而治"的意图在国民党高层浮出了水面。以蒋介石为首的主战派，如陈立夫、戴传贤等人，认为苦撑半年，美苏必战，中国就会有转机。邵力子、陈布雷等主和派认为根本打不下去，不如趁早以长江为界，南北分治，重整江山。张群、孙科都赞同这个“划江而治”的意见。

1948年11月11日，蒋介石主持召开临时中央政治会议，我担任速记。这次会议主战、主和两派争吵得特别激烈。蒋介石的心情越来越沮丧，但主战的决心仍然没变。

会上，我看见身材瘦小的“国策顾问”陈布雷鼓足勇气，颤颤悠悠地小声“忠谏”了几句，蒋介石竟严厉斥责陈布雷：你脑筋衰弱得不够用了，怎么老是跟我唱对台戏？我说的话，你竟要删去！

我听了，不由得吃了一惊。蒋介石所说的“我说的话，你竟要删去”这件事，我很清楚。

几天前，蒋介石在中常会联席会议上咬牙切齿地说过这样一句狠话：“抗战八年，剿匪也要八年！”我当时速记中是有这句话的。后来听说，陈布雷在整理蒋介石这次讲话时，建议删去。蒋介石即对陈布雷大发脾气说：“这句话是表示我破釜沉舟的决心，有敌无我，有我无敌。不能删去！”蒋介石还叫侍从室的人到中央党部机要处核查速记员的记录原稿。我的速记原稿中自然有这句话。

陈布雷体质瘦弱，面庞干瘪，他以才学和沉稳的处事风格，深得蒋介石的信任。蒋介石1927年发表的《告黄埔同学书》是陈布雷为他写的第一篇文章。1936年起任蒋介石侍从室第二处主任。凡重要文电，大都出自陈布雷之手。蒋介石在一般会议上讲话不喜欢用稿子，速记员整理出来的讲话稿，也都是陈布雷审阅润色，然后经蒋介石核定发表。

陈布雷曾担任国民政府教育部次长、中央宣传部副部长、中央党部秘书处副秘书长。后被蒋介石任命为“国策顾问”。他跟随蒋介石多年，对他十分忠诚，被人称为蒋介石的“文胆”。现在蒋介石竟在中央政治会议这样重要的场合，当众训斥陈布雷，最后还对他说：“书生误事，你该去休息了！”可见蒋介石心情沮丧，把气撒到一向对他忠心耿耿的“国策顾问”身上了。

面对蒋介石的训斥，陈布雷没有争辩，他心里很明白，“领袖”对他不只是撒撒气，而是他们之间的政治分歧已经无法弥合，无法挽回了。他木然退出会场。

全场的人都静静地看着陈布雷那个瘦小的背影消失在会场门口。我的心里有一种说不出的滋味。

接着两派又继续激烈争吵，几个人同时讲话，弄得我和另一速记员都无法记录。这次会议争吵的时间最长。从上午一直吵到下午两点以后才结束。

我把这几次中常会、中政会的情况，特别是“划江而治”的图谋以及蒋介石主战决心和暴躁心态，都写入情报，由明之整理上报吴克坚。

1948年11月14日，南京《中央日报》刊登了一条引人瞩目的消息：陈布雷突患心脏病逝世。然而，国民党高层几乎人人都知道，陈布雷是服安眠药自杀的。但是他为什么自杀，当时很多人并不清楚。

陈布雷平时少言寡语，说话细声细气，眼睛眯成一条线，人们很难看到他的目光。但是大家都很尊敬他。一是因为他生活俭朴，工作兢兢业业，除非开会或蒋介石召唤，他经常整天伏案工作。二是他常以“无派、无系、无权、无势”自诩。从不参与国民党各派系之间的斗争，非常超脱。

陈布雷的夫人在上海，孩子也不在身边，当时南京家里只有他一人。陈布雷喜欢早起，一般六点就起床，然后开始一天的工作。那天早上，已经八点了，还没有见他起来，秘书推门推不开，感到奇怪，因为他平时是不上闩的。秘书叫他也不应，用力踢开房门，发现他仰卧在床，嘴巴大张，早已气绝。床头柜上留有两只空了的安眠药瓶子。

医生诊断，死亡已经七八个小时。

陈布雷留有三份遗书，一致总统，一致秘书，一致后人。

从致总统信中，可看出他自杀前的心情：“近年以来，目睹耳闻，饱受刺激……。”

蒋介石闻陈布雷自尽，到陈布雷家中，站在遗体前流下了眼泪。他看完遗书，一言不发。临走，对跟随其后的陶希圣说：好好料理后事……

追悼会上，蒋介石为陈布雷题写了“当代完人”的横幅。尽管如此，知情人还是为陈布雷的自杀感到心寒。

陈布雷在致秘书信中，对后事交代：“物价日高，务必薄殓、薄棺、薄埋。”还嘱咐秘书，要把家里借来的沙发、靠椅还给宣传部。

陈布雷在致后人信中嘱咐：“勤俭正直，坚忍淡泊，永葆我家之家风。”

当时各大报都以“油尽灯枯”四个大字标题形容陈布雷之死，原来有人在陈布雷的日记后面发现有这样一句话：“我现在已到了油尽灯枯的时候了。”

有人分析，陈布雷之死，原因在于对国民党政权的绝望。也有人分析，最使他惊奇的是，他发现自己的小女儿竟是共产党的地下党员。连自己的女儿都投向共产党，岂不证明国民党的失败已不可避免？

陈布雷的小女儿陈琏自抗日战争开始，随父亲到重庆。1939年7月，她在重庆国立二中读高中时秘密加入中国共产党，隶属于中共北碚特别区委。后来她考入昆明西南联大，毕业后在北平贝满女子中学教书。1947年9月，刚结婚一个月的陈琏与丈夫袁永熙在北平被国民党特务逮捕，并被押解到南京受审。因为他们一直不承认自己是共产党员，也没查出陈布雷有什么机密泄露给女儿，蒋介石才网开一面，对陈布雷说：“畏垒（陈布雷的字），你对党国是忠心的，我知道。这样吧，你可以把女儿领出来，要严加管束，严加管束。”

蒋介石哪里知道，“严加管束”也是没有用的。在国民党的高官当中，不知有多少人的子女是中共党员呢！就连陪着蒋介石一起当总统候选人的国民党元老居正的女儿居瀛棣和女婿祁式潜（又名徐大可）也是中共党员！他们原在新四军工作，后到上海，在吴克坚的直接领导下做情报工作，是对中共党组织有贡献的情报人员。更让国民党特务和宪兵意想不到的是，吴克坚与他们联络，经常是在居正家的客厅里！再没有比这里更安全的接头地点了！

国民党元老的女儿是共产党，蒋介石“国策顾问”的女儿是共产党，国民党政府里、军队里一些高官也投向共产党，这说明了什么？

像陈布雷这样多年追随蒋介石的“国策顾问”都绝望了，自杀了，这不正预示着国民党反动政权垮台已为时不远了么？！

国民党在南京的最后几次“中常会”

1948年12月31日，蒋介石在他的黄埔路总统官邸举行晚宴，到场的有李宗仁、孙科等四十多人。

辉煌耀眼的彩灯映出的是一张张忧心忡忡的阴沉面孔，无人笑谈，惟闻杯盏之声。在座的都是国民党要员，他们深知局势的严重，隐隐意识到这是蒋家王朝“最后的晚餐”了。

餐后，蒋介石以低沉的语调说：现在局面严重，党内有人主张和谈。我对于这样一个重大问题，不能不有所表示。现拟好一篇文告，准备元旦发表。蒋介石说这番话时，仍然板着那张上海人说的“死人面孔”，可以听出他内心极度的无奈和恼火。

蒋介石让张群给大家念文告。这纸文告，洋洋数千言，旨在“求和”文中也暗含“下野”之意。但他对和平提出了五项先决条件，归结起来就是，要在保存国民党的“宪法”、“法统”和军队等条件下，才能同共产党重开“和谈”。这实际上是一个很有欺骗性的和平阴谋。

张群念完文告，全场鸦雀无声。蒋介石扭头问坐在右边的李宗仁对这篇文告的意见，李宗仁答道：“我与总统并无不同的意见。”

这时，C.C.派骨干分子谷正纲等人语带悲腔，坚决反对发表这个有总统下野表示的文告。也有人表示同意发表。于是双方又开始争论。

本来就心怀鬼胎、怒火中烧的蒋介石，被人们的争论挑得火更大了，他咬牙切齿地说：我不想离开，是你们这些国民党员想让我离开！我之愿意下野，不是因为共党，而是因为本党内部的某一派系！

这“某一派系”，无疑是指李宗仁和白崇禧为首的桂系。

几小时之后，城墙上就出现了这样的标语：“蒋总统不辞退，共产党就不和谈”、“蒋总统不辞退，就没有希望得到美国的援助。”有人认为这是李宗仁为首的主和派干的。

事实上，此时美国大使馆一直赞成和谈，支持李宗仁及其主和派。

1949年元旦，蒋介石的“新年文告”发表了。同日，蒋介石召集国民党高级官员在南京总统府举行团拜仪式，似在向大家告别。

但是蒋介石还不引退，是想等待共产党方面对他的元旦求和文告的反应，他在“走开以前”，还要布置许多事情。元旦那天，在蒋介石发表文告的同时，毛泽东为新华社写了新年献词《将革命进行到底》。1月5日，新华社又发表了《评战犯求和》。

1月10日，规模巨大的淮海战役结束，“国军”大败。

1月14日，毛泽东发表了《关于时局的声明》，提出八项和平条件。

面对淮海战役的失败，面对共产党的八项和平条件，主和派认为别无选择，只好接受。

蒋介石犹如热锅上的蚂蚁，在南京频频召开了一系列会议，研究对策。我和机要处的职员忙得不可开交。

蒋介石看到毛泽东《关于时局的声明》后，即召集他的智囊团陈立夫、谷正纲、彭昭贤、李唯果、黄少谷、陶希圣等十余人开会讨论。会议做出三项决定：

一、对中共所提和平条件不做拒绝表示，要以和平姿态争取延长三个月的时间，在江南最少再征集50万军队。

二、和谈由国民党和民社党、青年党三党出面，以民、青为前锋，以证明南京政府并非一党政府，而是三党政府。

三、统一对和谈的领导，中心地点需在上海；对不受蒋领导而奔走和平的人物及碍于环境不能逮捕之民主人士，授中统以特权，不择手段对付之。

1月15日，蒋介石又召集国民党高层人士张治中、邵力子、张群、吴忠信四人研究和谈问题。蒋介石在会上说，先研究一下中共提出的和谈八条件。接着他对张治中和邵力子说："政府中只你二人不是中共指明的'战犯'有和谈资格。"会上，张治中和邵力子都主张与中共和谈，认为不要失去机会，再打下去，会大家同归于尽的。张群还拉张治中、邵力子一起劝蒋介石引退，以争取美援。

1月17日，蒋介石召开国民党中常会，讨论与中共和谈问题。

1月20日，蒋介石再次召开国民党中常会，讨论蒋介石引退，与中共和谈问题。

在南京召开的这最后几次中常会，我都参加了速记。我将蒋介石主持的中常会决定及蒋等人的所谈、所想、所为以及其他布置，一一记录下来。由华藻带回上海，上报吴克坚，随即上报西柏坡的中情部。

1月21日下午二时，蒋介石在南京黄埔路总统官邸召集国民党中央常委临时会议，这是蒋介石在南京主持的最后一次国民党中常会。

会议由孙科主持。我和居正修担任速记。这也是我奉命打入国民党中央党部十余载，最后一次担任国民党中常会的速记。

会议开始前，蒋介石还没有到场，会场气氛非常紧张，个个如同热锅上的蚂蚁，露出备受熬煎之状，不少人预感南京难以保住。

有人说：过年也过不好了。

邵力子说：完了完了，全是好战的结果。

就连参谋总长顾祝同也说：再也打不下去了。

有人猜测，蒋介石想以广州为“陪都”，宋子文已被派去广东省当主席，行政院长也改由孙科充任。

众人非常关心军事方面的形势，便向一名高级军事人员打听消息。没想到他竟对大家说：“共军已抵达长江北岸，龙潭（南京）已在共军大炮射程之内，京沪铁路随时有中断的可能，诸位应早作准备。”

全场顿时一片混乱。有的呆若木鸡，不知所措，有的摇头顿足，连声叹气，有的三三两两交头接耳，惶惶不安，都盼赶快散会，另谋出路。

我听见两个中央常委在互相出主意。一个说：你的家眷该先去广州。

另一个说：你的孩子小，要早些安排呀！

还有的虽然表面镇静，但都在暗中料理后事。

这帮昔日趾高气扬、盛气凌人的大人们，现在都惶惶不可终日，如丧家之犬。

我趁官员们七嘴八舌之时，扭头用手势和表情暗示身旁的速记同行居正修：不要等了，一走了之。

居正修因为经常参加各种会议，早已感觉到国民党政府末日不远。国民党“总统府”要用他工作，却只给他一张去广州的机票，不管他全家老小八口人的出路，他不愿眼看着骨肉被拆散，已于半个月前，把家眷送回家乡海宁。但自己何去何从，思想斗争十分激烈。

居正修为人老实正派，他的心绪，我早已看在眼里。所以暗示他“不要等了”。

会毕，居正修想方设法购买去上海的车票，离开南京，弃暗投明。居正修在1998年发表的一篇文章中感慨地说：“沈安娜暗示我走新生之路，使我避免了骨肉分离。”

正在大家议论纷纷的时候，会场突然安静下来。我不用看就知道，是“老头子”出场了。

蒋介石缓步走到他的座位上，像往常一样，扫了众人一眼，自己先坐下，然后示意大家坐下。我注意到，今天他的神情格外凝重。

蒋介石出示他和李宗仁的联名宣言，宣布“由副总统代行总统职权”。蒋介石终于“引退”。

这次会议，实际上就是蒋介石正式宣布“引退”的权力移交仪式。

我清楚地记得，当时的场面甚为凄婉。蒋介石声音低沉，似有无限悲伤，与他平日慷慨激昂骂共产党、训斥部下的情景截然不同。与会者中，已有人黯然流泪，有的竟泣不成声。

C.C.系少壮分子谷正纲忽然起立，含泪大声疾呼：“总裁不应引退，应继续领导，和共党作战到底！”

蒋介石以低沉的语调说：“事实已不可能，我已做此决定了。我今天就离开南京。”说完，起身便走。

李宗仁忙问：“总统今天什么时候动身，我们到机场送行。”

蒋介石说：“我下午还有事要处理，起飞时间未定。你们不必送行！”

这时突然，老态龙钟的于右任急忙追上前去，喊道：“总统！总统！”

蒋介石停步问道：“何事？”

于右任说：“为和谈方便起见，可否请总统在离京之前，下个手令把张学良、杨虎城放出来？”

蒋介石把手向后一甩，不耐烦地敷衍道：“找德邻（即李宗仁）去！”说罢，加快脚步离开，像是怕有人再找他麻烦似的。

于右任这位长须髯髯的古稀老人，在众目睽睽之下，讨了个没趣儿，尴尬地慢慢走了。其他人也黯然地离开了总统官邸。我亲眼看到了国民党历史上这极为黯然的一幕。

这次会议后，机要处接到通知：各机关文书档案尽快分三类处理，一类文件即特别重要的马上带走。我被分配整理机要处需要带走的一类文件，于是我又趁机挑选了一些有情报价值的材料。

早在1948年底，我和明之就接到上级的指示，要我们抓紧搜集有关国民党高层重大动向的情报。我及时将有关国民党近期这些会议的情报交给华藻，急送吴克坚，供党中央决策参考。

十三、从“地下”走到“地上”

（1949 年春　在上海）

上海解放了!

1949年农历新年过后，根据中央情报部的指示和国民党各党政机关纷纷南迁的动向，吴克坚明确指示我和明之，在适当的时候由南京撤至上海，不必跟随国民党机关继续南行。党组织要留下一批老党员，作为骨干力量，参与新中国的经济建设和情报保卫工作。

这就是说，我与明之即将结束十几年的情报生涯，从此可以脱离那令人生厌的、腐败的国民党中央机关，重新回到母亲的怀抱。为此我和明之兴奋了几天几夜。我们和三个孩子在南京拍了最后一张合影留作纪念。我和明之拟分两批撤离南京去上海。明之迅速将老母亲和三个孩子以及陈三，先期送回上海，安置在南市老北门父母的家里。

2月，何以端传达吴克坚的指示：牢牢掌握情报工作的原则，即使是胜利在望，也不能掉以轻心。何以端指示明之，随资源委员会部分人员一同先期撤到上海，继续做情报工作，不要参与资源委员会的策反工作，避免任务交叉

1949年2月，沈安娜、华明之一家五口在南京留下最后一张合影

暴露身份，策反工作另有专人负责。而我则独自一人仍留在南京，并兼任立法院院会速记，相机搜集情报。

此时，中央党部秘书处、机要处准备南迁广州。我是多年的速记骨干，人称“快手”，自然上了撤往广州的人员名单。已升为秘书室秘书的原处长张寿贤，秉承秘书长陈立夫的旨意，要我跟随中央党部去广州。但他并非简单地执行命令，而是很含蓄地问我道：沈小姐，你有什么打算？

我事先已与明之商议了一套对付张寿贤的“说词”，我对张寿贤说：我肯定是要跟着中央党部走的。但是我现在走不了哇。立法院院会还在南京召开，需要速记员。

为了让他和秘书长陈立夫放心，我把自己的印章和刻有沈琬名字的戒指交给张寿贤保存，张寿贤觉得有了我的印章、戒指，也好向上峰交代了。他们相信，跟了他们这么多年的沈小姐是会跟他们去的。随后我又说了一句：我得回趟上海，把家务事安排一下。你放心好了，我一定会跟着走的。

张寿贤听了此话，羡慕而又感叹道：“你真好啊，上海还有个家，可以回家。”他明白了，我哪有那么傻？我是不会随他们走的。很可能是个“金蝉脱壳”之计。但眼下这种形势，他又能怎么着呢？

陈立夫本来是要速记科长徐漂萍也跟着走的，但徐漂萍已在苏州找到工作，早将妻儿送回老家了。

徐漂萍对张寿贤说：我家里还有点事，需要安排一下再回来。

我们都是骨干速记员，知道国民党的机密实在太多了。按说不能轻易放我们离开中央党部，但是张寿贤并不为难我们，睁一只眼闭一只眼，放我们一条生路。陈立夫是要我们当“殉葬品”的，而张寿贤没有要求所有人都这样做，他可以从其他单位，自己愿意跟着走的速记员中再选人使用。

我感到：张寿贤这个处长还是比较仁义宽厚的，他不勉强任何人。再者，那时众人已作鸟兽散，谁还管得了谁？

1949年2月中央党部迁往广州后，直至4月，我独自留在南京，以立法院工作为主，有时搜集到重要情报，等不及华藻按预约的时间来取，就以老人或子女有病为借口，亲自送去上海。我胸前佩戴着中央党部的徽章，有这枚徽章“保驾”，一路通行无阻。因为行前来不及整理情报，我就随身携带着记有情报内容的速记纸片。到上海后，我把自己关在老北门华家二楼的亭子间里，将速记纸上的会议记录整理成文。华藻等在门外，随时准备送出。经常与华藻联系，接受情报的是吴克坚情报系统的主要骨干同志。此时，快到外出接头的时间了，华藻在门外催道：大嫂，好了吗？辰光快到了！

我匆匆回应说：马上就好，马上就好。

华藻从我手中接过情报，立即伪装密藏，急匆匆出门去，在事先约定的马路边与来人接头，将情报悄悄交他。华藻是不能看我所写情报的。我也不知道华藻在什么地方接头，把情报交给谁。即使在胜利在即时，我们仍严格遵守单线联系的规定，各司其职，避免暴露。

直到4月20日解放大军横渡长江南京解放前夕，我才匆匆从南京撤至上海，脱离国民党机关，回到了党的温暖的怀抱。

在整个解放战争期间，吴克坚坐镇上海，以沪、宁、杭三角地带为基础，兼顾国统区其他重点城市，广泛开展情报、统战、策反等工作，所辖各类人员几近千人。为共产党的情报事业，建立了不可磨灭的功勋。我和明之也是这一情报系统中的一对无名战士。

1949年5月1日，经周恩来批准，中央情报部对吴克坚在解放战争时期领导的情报工作和这一战斗集体所做出的显著成绩给予嘉奖。

中央嘉奖电全文如下——

克坚并转全体工作同志：

几年来你们在克坚同志领导下，不避艰险，任劳任怨，坚守岗位，获得敌人各种重要情报，建设和保证了同中央的联络，直接配合了党的政治和军事斗争的胜利，你们的工作是有成绩的，特电嘉奖。并望在胜利中勿骄勿躁，为全国解放及解放后同各种敌人作长期的隐蔽战争而继续努力。

1949年5月26日凌晨，解放军从徐家汇方向进攻上海，国民党军队溃不成军，逃跑的逃跑，投降的投降，解放军很快就占领了苏州河以南的市区，几小时就解放了上海的大部分地区，国民党市政府大厦也竖起了白旗。只有苏州河北岸还有国民党残余部队在负隅顽抗，流弹不时嘶叫着飞过城市的上空。

但是我和明之已经按捺不住胜利的喜悦，我们想高喊：“我们胜利了！”当时我还不便出门，党组织交代，对潜伏特务暗杀、破坏等秘密活动，要保持高度警惕。明之有点无所顾忌，一大早就兴高采烈地带着孩子们走出家门，跑到公馆马路（现金陵东路）去看望入城的解放军战士。

公馆马路有老式骑楼[①]，明之看到，在店铺门前的骑楼下，半露天的人行道上，一群十八九岁的解放军小战士，一个个抱着枪支，或坐或卧，疲惫地酣睡。他们严守纪律，丝毫不侵扰居民。明之真想大声高呼：“亲爱的战友们，我们胜利会师了！”但他不忍心打扰这些疲惫的战友，激动的泪水情不自禁地夺眶而出。

孩子们天真地问：爸爸，他们是什么人？怎么在外面睡觉？

明之告诉他们：这就是解放军！是他们把上海解放了！

孩子们还小，不知道什么是“解放了”，不知道爸爸为什么激动得泪流满面。

漫漫长夜已经过去，一抹朝霞映红东方晴空，明之暗暗在心里说：“我们十几年的‘地下’生活终于结束了！”

上海解放了！我和明之非常想马上与党组织取得联系，可是按照老规矩，我们只能等党组织找我们，不能去找党组织。

下午，我和明之还是不知道党组织在哪里。从“地下”走到“地上”，自由了，解放了！我们想喊，我们想唱。可是到哪里去喊？到哪里去唱？

那时沪西战事尚未完全结束。我提议：我们到毛先生家里去看看吧！

于是，我们就跑去看望住在柳亚子先生家的恩师毛啸岑夫妇。

毛啸岑夫妇是1946年5月由重庆回到上海的。他们到上海后，继续参与中共领导下的地下情报工作，并参与创建了由共产党暗中出资运作的“中信商业银行”（初期名为“中级信用信托公司”）。我从南京撤回上海以后，就知道毛啸岑夫妇的情况，但是由于双方身份特殊，各忙各的，没有机会见面。现

① 骑楼，是一种二层以上部分“骑”在人行道上方的楼房，一层的店铺门外即是人行道，故称“骑楼”。上海南京路、金陵东路的部分路段就是这样的建筑。

在上海解放了，我们终于可以大大方方地欢聚一堂了！

毛啸岑夫妇正沉浸在上海解放的喜庆气氛之中，突然看见我和明之闯了进来，更加欣喜若狂！

这时柳亚子到北京参加全国政协会议去了，只有柳亚子的女儿和外孙在家。我们都是认识的，久别重逢，格外高兴。

马路上已经有工人敲锣打鼓扭秧歌，欢迎解放军大部队进城。我们和毛啸岑夫妇、他们的儿子毛安澜，以及柳亚子的女儿和外孙一起，在家里又说又笑，又唱又跳，欢庆胜利，欢庆上海解放。事隔50多年，我与毛安澜还清楚地记得当时的情景。

1949年5月，明之36岁，我还不满34岁。我们参加革命的起点是上海，现在又回到了上海！心中充满了对未来新生活的美好向往。

上海解放了，人民解放军第三野战军司令员兼政委陈毅担任上海市长。他急需一批优秀干部参加"军事管制委员会"，接管上海工业部门。一位老同志向陈毅推荐明之："老华是一名老党员，政治可靠。打入国民政府资源委员会工作多年，比较熟悉工业。"

陈毅当即表态："立即调来。"并问吴克坚："是否要向克农同志打个招呼？"

李克农当时是中央情报部部长。明之和我从事秘密情报工作，属吴克坚情报系统，归中情部领导。吴克坚对陈毅说："我们马上放人。李部长那里我负责汇报。"

第二天，明之就穿上军装，戴上了"军管会"的徽章，到上海市军事管制委员会报到。随后被任命为上海市军管会重工业处人事科副科长。

与此同时，我根据吴克坚的指示，参加了吴克坚领导的、筹建军委情报部上海情报局的工作。一天，陈毅市长要召集工商界人士开会讲话，吴克坚推荐我临时担任速记。我未及更衣，穿了一身旗袍去参加会议。陈毅一看，笑道："安娜同志，你现在为军管会做速记，穿这个不行。"马上让人给我发了一套灰布军装，胸前挂着我所属的机关"中共中央华东局"的徽章。

我和明之穿上人民解放军的军装、佩戴了"军管会"和"华东局"的徽章

1950年的沈安娜和华明之

沈安娜、华明之保存的“军管会”和“华东局”徽章

以后，我们过去在国民党机关共过事留在上海、南京的同事们见了，都大吃一惊。

我的一个速记同行说：沈琬伪装得那么好，过去从来没有发现她有什么可疑的地方。

明之在资源委员会的同事说：华先生过去那么文雅，却是个冒着生命危险干革命的共产党员！看不出，看不出！

一位旧同事感慨地说：从沈小姐和华先生的身上，我明白了共产党必胜，国民党必败的道理。

多年以后，一位国民党高级将领在比较国民党的特务工作和共产党的情报工作时，深有感触地说："本党情报人员大多为地痞流氓或帮会分子所充任，都是不学无术，胡作非为之辈，贪污、贩私、包庇、栽赃陷害、腐化堕落、勾心斗角、作恶多端；工作则多为捏造情报，此为人知的公开的秘密。而中共方面对我方的情况了如指掌，又加科学的分析与判断，合情合理，一阅而知，其出自有知识、有眼光、有技巧之手。"

1961年2月8日，李克农（中）访问上海八路军办事处旧址。沈安娜（右一）陪同

回首往事　感慨欣慰

新中国成立后，根据党组织的安排，明之离开了隐蔽战线，而我继续坚持在隐蔽战线上，一干又是30多年。

1983年底，我们俩同时办理了离休手续。我从上海市国家安全局离休，明之从上海国际问题研究所离休。我们先后被国家安全部党委聘为咨询委员。明之高兴地说："我又回'娘家'了！"后来，我们一同从上海移居北京。

1955年，沈安娜着军装在上海

曾有人问我们：你们俩的家庭出身、生活环境，并不是“饥寒交迫的奴隶”，为什么在白色恐怖的上海，毅然投身到共产党领导的革命队伍，从事出生入死的地下情报工作？

回首往事，我们感慨万千：在黑暗的旧中国，我们虽不是“饥寒交迫的奴隶”、但我们同样是“奴隶”，是精神的“奴隶”！我们唱着《义勇军进行曲》：“起来，不愿做奴隶的人们……”冲破精神上的牢笼，追求光明、正义和真理。在黑暗中，我们紧跟共产党，走救国救民的革命之路，把心紧紧贴在苦难深重的祖国和劳苦大众身上……我们参加革命之后，根据党组织的安排，打入国民党内部，默默地从事党的秘密情报工作，在艰难困苦的条件下，不断坚定革命理想，提高理论水平。我们之所以十几年矢志不移，多亏遇到了很多好老师，好兄长，好领导。

我常常深夜想起：上中学时，为我打下爱国主义思想基础的刘伯厚老师；离家出走前，给了我们姐妹俩两块银元的蔡振东老师；在“南洋高商”时遇到的毛啸岑老师和师母沈华昇。他们都是我们的恩师。还有国民党机关里的正派公务员，如浙江省政府的薛元燕科长、国民党中央党部机要处张寿贤处长、徐漂萍科长、速记员居正修，在我处境险恶的时候，无形中保护了我们。

我们常常对晚辈说：中央特科的王学文，是引导我们走上情报之路的第一位好领导；“三次被捕”的鲁自诚，是我们的革命引路人；在特务的严刑拷打、残酷折磨下，仍然保持革命气节、保守党的秘密的徐仲航，更是我们的恩人——没有他的宁死不屈，就不可能有我们的今天；其他的直接领导人吴克坚、卢竞如、何以端，点点滴滴教会了我们做党的情报工作的基本原则，他们都是我们的好领导、好老师。所有的老师中，最伟大的老师就是中国共产党！特别是有幸得到老一辈无产阶级革命家周恩来、董必武、邓颖超等的耳提面命，悉心栽培。在我们的成长过程中，党的领导恩重如山！我们只不过是懂得“知恩图报”，踏踏实实一辈子践行对党组织的誓言和承诺，一辈子践行好老师、好领导的谆谆教诲。

一直有人问我：“沈老，您在国民党的营垒中整整14年，您向党组织一共提供了多少份情报？”我一开始就回答：“我不知道，你们不必做这种统计。”对此，明之明确地说过：中国共产党的隐蔽战线，一直是以党的领导为核心，组成一个坚强有力的战斗集体，共同完成党交给的任务。如果这个战斗集体中间某一个环节出了差错，或者违反纪律出了事，对整个工作就会产生程度不同的影响，甚至会发生不堪设想的后果。因此，隐蔽战线上每一个无名战士，譬如我和安娜，就是这个大机器中的部件和螺丝钉。取得的成绩，都是党的领导的结果，是集体智慧和力量的结晶！

明之生前还多次动情地说：“我们俩一辈子手牵手，心连心，相依为命，相濡以沫，为了共同的理想、信念和事业，携手战胜一切困难，白头到老。”人们说我们是一枝“出淤泥而不染”的“并蒂莲”！对此，我们深感欣慰。

1999年10月1日，沈安娜、华明之登上天安门，庆祝新中国成立50周年。他们说：我们早期的理想实现了，我们是幸运的幸存者

沈安娜与华明之相濡以沫、白头偕老（1994年摄于北京）

2005年，罗青长与沈安娜一起佩戴着“抗日战争胜利60周年”老战士纪念章在北京合影

结语　向无名英雄致敬

我们两个后辈李忠效、华克放在为沈安娜、华明之两位前辈整理此书时，满怀对无名英雄崇高的敬意。我们看到了党组织和领导同志的不少敬词赞语，现收录部分如下。

1983年7月7日，邓颖超大姐在中南海接见沈安娜和华明之时，对沈安娜说："你这个小速记，不是什么官，作用可大啊！你是打入敌人核心的内线同志。"

然后又对沈安娜和华明之二人说："你们地下时期演的戏，一个在台前，一个在台后，配合得很好，作出了贡献。"

1983年7月7日，邓颖超在中南海接见沈安娜和华明之

1984年，吴克坚与沈安娜、华明之在北京合影

1984年，中共隐蔽战线的老前辈、84岁的吴克坚在他的回忆录中写道："沈（安娜）、华（明之）他们夫妇深入虎穴，面临险境，胆大心细，沉着应战，严密纪律，长期埋伏，为党提供了许多国民党中央某些方面有价值的重要情报，从未出过差错，未被敌人觉察，完成了别人无法代替的任务。……他们是一对真正的无名英雄。"

1989年，原中央调查部部长罗青长曾说：

沈安娜、华明之同志是在长期的对敌斗争中，我们隐蔽战线可以引以为自豪的无数无名英雄之一。在他们的身上凝聚着周恩来、董必武、邓颖超等老一辈无产阶级革命家的谆谆教诲和深情厚望，受到隐蔽战线老前辈王学文、吴克坚等同志的直接领导。可以说，如果离开党的领导，我们隐蔽战线的战士就会寸步难行、一事无成。这是曾经在敌人营垒战斗过的老同志感触最深的。是党给予了他们智慧和力量，是党在危难时刻给他们指明了方向。由此可见，隐蔽战线的同志们都要有崇高的理想，坚定的信念，严格的纪律，永远忠诚于党的事业。

1989年，罗青长与沈安娜、华明之合影

在沈安娜、华明之的身上，我们还可以看到隐蔽战线的老同志“威武不能屈、贫贱不能移、富贵不能淫”的优良品质。面对国民党的高官厚禄，他们始终不为所动。即便在生死考验面前，他们也临危不惧，处乱不惊。这种革命情操在新的历史条件下，特别值得大力提倡。我们隐蔽战线的同志们一定要自尊、自重、自强、自信，“出污泥而不染”，经得住和平环境下的各种考验。

沈安娜同志之所以能打入敌人的心脏十四载，不仅未被敌人识破，而且获得了大量核心机密，不能不说她精湛的速记技能给她提供了方便可靠的掩护条件。这也给我们提供了一个启示，凡是立志献身于党的隐蔽战线的同志们，不仅要通晓各项情报保卫业务，而且要精通一两门专业。

沈安娜、华明之同志和隐蔽战线上成千上万的无名英雄一道，兢兢业业、默默无闻地为党工作。他们这种无私奉献的精神，理应受到人们的赞许、钦佩，祖国和人民永远不会忘记他们对革命事业的特殊贡献！

1989年12月，原中央统战部副部长、中央党史资料征集委员会副主任童小鹏曾写下这样一段话：

“我党情报战线的无名英雄沈安娜和同她共同奋斗的华明之是对党无

限忠诚、有勇有谋的战士，是坚决执行中央‘隐蔽精干、长期埋伏、积蓄力量、以待时机’方针和灵活运用南方局‘勤业、勤学、勤交友’三勤政策的典范。他们的丰富经验，在今后情报战线的长期斗争中，仍有重要的现实意义。”

1990年6月，肖克（右二）、童小鹏（左一）与沈安娜、华明之在北京召开的《中共中央南方局党史文献丛书》座谈会上合影

2003年6月12日，华明之老前辈以90岁高龄在京辞世，国家安全部在他的“生平”中有如下敬语：华明之同志建国前一直从事党的地下情报工作，……他出色地完成任务，多次受到上级的表扬和嘉奖，在党的隐蔽战线上做出了重要贡献。……他是我党隐蔽战线上有丰富斗争经验的老战士。

2010年6月16日，沈安娜老前辈以95岁高龄在京辞世，国家安全部在她的“生平”中有如下敬语：沈安娜同志是我党隐蔽战线的杰出女战士。……她打入敌内长达14年，向党组织提供了大量国民党中央党、政、军各方面高层内幕情报，其中有些具有战略、预警价值，为配合党的对敌斗争发挥了重要作用，多次受到组织、领导的表扬和嘉奖。……她离休后，亲笔撰写了回忆录等各种材料，给后人留下了珍贵的工作史料和精神财富。……她是对党绝对忠诚、富有隐蔽战线斗争经验的无名英雄。

附　录

无形战线
——红岩村抒怀

肖克

1986年11月下旬，在重庆参观红岩村，知我党在抗日战争及解放战争时期，在敌占领区及国民党统治区，将公开与秘密、合法与非法、军事与政治等工作，结合得很好，对开展这些区域党的工作及全国革命战争的胜利，起了巨大作用。读了《南方局党史资料》，看到李凯写的沈安娜斗争事迹，了解到我党在城市及打入敌上层活动的人的具体情况。我党过去在这方面的工作，成绩很大，钱壮飞等就是突出的代表，感赋古风《无形战线》。

毕生事征战　虎穴曾未探
老来红岩村[1]　史传遂吾愿
旧舍连新馆　临江倚岩巇
曲径翠阴浓　美景亦文苑
导游话当年　信史见文献
中国烟战来　灾难深而远
三山同压顶　天怒与人怨
人人歌无衣[2]　奋起而揭竿
内战接外战　戮力歼敌顽
工农为主力　三宝居大端[3]
我党主乾坤　枪杆出政权
胜算操自人　方略有奇正[4]
一支无名军　在虎穴驰骋
无正正之旗　无堂堂之阵
哨设敌心窝　神昧鬼不觉
站岗不带枪　放哨无帐幕
时时观风云　处处察微末
战场虽无形　甲兵在胸中
按住敌脉搏　指头卜吉凶
利于党决策　亦能制苍龙[5]
中有世家女　不轨世家规
深闺不屑处　远走而高飞
自立谋生计　自强以求知
既恨民贼暴　尤念民族危

矢志求真理　真理不我欺
自有知音人　同德而同轨
从此得先导　进入新营垒
欣然入虎穴　探查虎首尾
虎出追其踪　虎伏防为祟
虎凶迷其目　虎穷促其萎
同侣在敌营　心迹怀马翁
生死皆不问　名位安足论
党性诚为命　政策是所宗
出淤泥不染　迎风暴折冲
活用两面策[6]　进退皆从容
秘密连公开　合法掩非法
上下层相分　貌离而神洽

阵图布千军　妙算仰周公
不用千钧棒　赛过孙悟空
人人自为战　配合解放军
踢倒三大山　胜过古共工[7]
山姆忙救驾　正好来送终
世知毛瑟枪　少闻隐蔽战
不识夏伊尹[8]　不辨殷吕望[9]
汤武事征诛　得之天下王
二千余年前　孙武已盛赞[10]
今人胜前人　当仁自不让
红岩久留连　足倦目不闲
渝城冬夜长　悠思久回旋
居今而数典　其勿忘当年

①红岩村是重庆嘉陵江南岸斜倚半山的村落，解放前是八路军驻重庆办事处和中共中央代表团及南方局（领导国统区工作）的办公地点。

②无衣是诗经秦风章的一段，歌颂赴敌从戎的高昂气概，“修我戈矛，与子同仇”；“……修我戈戟，与子偕作”；“修我甲兵，与子偕行”。

③指我党在中国革命中战胜敌人的三大法宝——统一战线，武装斗争，党的建设。

④奇正二字，是借用《孙子》势篇“三军之众，可使必受敌而无败者，奇正是也”。“战势不过奇正，奇正之变，不可胜穷也，奇正相生……孰能穷之？”我的诗有“胜算操自人，方略有奇正”两句，是泛指我党各个方面的制胜之策。所以接下去是“一支无名军……”回到诗的主题。

⑤苍龙，旧称太岁星，古代方士以太岁星所在为凶方，称太岁为凶神恶煞，我在诗中所指苍龙，是指当时蒋介石统治集团。我们确实多次制住过。如蒋介石要发动第三次反共高潮，我们及时察觉他们的阴谋，就及时在国内外揭露，他们迫于内外压力，知道我们有准备，就不敢干了。

⑥派到敌占领区及蒋管区的工作人员，都要采取革命的两面政策。

⑦共工，古代传说中的天神，与颛顼争为帝，怒而触倒不周之山，他是胜利

的英雄，我诗中有“胜过古共工”之句，因我们一下推翻了三座大山。

⑧伊尹，又名伊挚，传说是奴隶出身，了解夏朝情况，商汤用他作宰相，讨伐夏桀，代替了夏朝。

⑨吕望，即姜子牙，了解殷朝情况，见周文王于渭水之滨，以他为师，后辅武王灭商。

⑩孙武所著《孙子》最后一章说：“昔殷之兴也，伊挚在夏；周之兴也，吕牙在殷。……”同一章又说：“故明君贤将，所以动而胜人，成功出于众者，先也。先知者……必取于人，知敌之情者也。”

1986年11月末作于重庆

1987年1月下旬注于北京

主要参考资料

中共中央党史研究室著：《中国共产党历史》(第一卷)，中共党史出版社，2002年版。

段浩然、张天荣等著：《中共党史讲话》，解放军政治学院出版社，1985年版。

丛笑难主编：《中国革命史》，解放军出版社，1986年版。

金冲及主编：《毛泽东传》，中央文献出版社、人民出版社，1998年版。

金冲及主编：《周恩来传》，中央文献出版社、人民出版社，1998年版。

中共中央文献研究室编：《周恩来年谱》(1898—1949)，中央文献出版社、人民出版社，1989年版。

袁小伦著：《周恩来与蒋介石》，光明日报出版社，1997年版。

南新宙著：《周恩来一生》，中国青年出版社，1987年版。

穆欣著：《隐蔽战线统帅周恩来》，中国青年出版社，2002年版。

刘立群著：《周恩来挫败蒋介石的“溶共”梦想》，《红岩春秋》，2004年第三期。

董必武传记编写组编：《董必武传略》，法律出版社，1985年版。

董必武年谱编辑组编：《董必武年谱》，中央文献出版社，1991年版。

金瑞英主编：《邓颖超，一代伟大的女性》，山西人民出版社，1989年版。

金凤著：《邓颖超传》，人民出版社，1993年版。

黎辛、朱鸣召编：《博古，39岁的辉煌与悲壮》，学林出版社，2005年版。

吴葆朴、李志英著：《秦邦宪(博古)传》，中共党史出版社2007年版。

童小鹏著：《童小鹏回忆录•少小离家老大回》，福建人民出版社，2000年版。

童小鹏著：《风雨四十年》(第一部)，中央文献出版社，1994年版。

林成西、许蓉生著：《中共中央特科——白色恐怖下的特殊警卫部队》，新浪网。

布赖恩•克罗泽著:《蒋介石传》,亦凡公益图书馆网。

宋平著:《蒋介石生平》,吉林人民出版社,1987年版。

张紫葛著:《在宋美龄身边的日子》,团结出版社,2003年版。

尹骐著:《潘汉年的情报生涯》,人民出版社,1996年版。

开诚著:《李克农》,中国友谊出版公司,1996年版。

韩厉观、陈立平著:《华克之传奇》,江苏人民出版社,1991年版。

柯兴著:《关露传》,群众出版社,1999年版。

胡肇枫、冯月华、吴民著:《剑胆琴心》,四川人民出版社,1999年版。

俞前著:《毛啸岑》(内部发行),吴江市政协学习和文史委员会,2000年版。

李约汉、徐元蒂著:《红岩村女主人》,中央文献出版社,1999年版。

岳先、秦少智编著:《虎穴龙潭》,群众出版社,2003年版。

荣孟源主编:《中国国民党历次全国代表大会及中央全会资料》,光明日报出版社,1985年版。

孙彩霞著:《中国国民党历次代表大会简介》,南开大学出版社,1989年版。

全国政协编:《回忆国民党政府资源委员会》,中国文史出版社,1988年版。

苏仲波、杨振亚主编:《国共两党关系史》,江苏人民出版社,1990年版。

王泰栋著:《陈布雷外传》,中国文史出版社,1987年版。

余湛邦著:《张治中》,吉林文史出版社,1992年版。

徐朝鉴主编:《重庆抗战丛书》(16册),重庆出版社,1995年版。

重庆市文化局等编:《重庆大轰炸图集》,重庆出版社,2001年版。

药英、段建国著:《王世英》(《中共党史人物传》第二十六卷),陕西人民出版社,1985年版。

戴茂林、曹仲彬著:《王明》(《中共党史人物传》第五十八卷),陕西人民出版社,1996年版。

凌辉、李仲凡著:《吴克坚》(《中共党史人物传》第七十三卷),中央文献出版社,2000年版。

何蜀著:《沈安娜》(《中共党史人物传》第八十五卷),中央文献出版社,2004年版。

重庆市委党史研究室编:《中共南方局大事记》重庆出版社,2004年版。

魏斐德著:《间谍王——戴笠与中国特工》,团结出版社,2004年版。

程思远著:《李宗仁先生晚年》,华艺出版社,1996年版。

全国政协文史资料委员会编:《中国命运的大决战》(第四卷),安徽人民出版社,2000年版。

刘绍唐主编:《民国大事日记》,台湾传记出版社,1986年版。

黎莉莉著:《行云流水篇:回忆、追念、影存》,中国电影出版社,2001年版。

王铭鋆编著:《军统和中统秘史》,海南出版社,2002年版。泰兴县志编撰委员会编:《泰兴县志》,江苏人民出版社,1992年版。

沈安娜、华明之著:《我们从事地下情报工作的回顾》,内部资料,2002年版。

后 记

我的母亲沈安娜是中共隐蔽战线的杰出女战士。1935年,她未满20岁,在上海一片白色恐怖下，投身革命，成为“中央特科”后期的一名小兵。我的父亲华明之，1934年21岁在上海加入共产党，与母亲同为“中央特科”的一员。在党组织的培养教育下，在充满风险的秘密情报工作中，他们的爱情之花美丽绽放，成为对党绝对忠诚的夫妻情报组。1938年5月在武汉，周恩来、董必武同志指示母亲沈安娜，打入国民党核心机关——中央党部机要处，任速记员；父亲华明之从旁指导、帮助、掩护，共同为党搜集情报。直至1949年5月上海解放，根据组织指示，他们从“地下”走到“地上”。在长达14年的“潜伏”生涯中，他们向党组织提供了大量国民党中央的党、政、军高层内幕情报，其中许多具有战略、预警价值，为中国人民的解放事业作出了重大贡献。

早在1980年，父母根据中共中央党史资料征集委员会和中共中央调查部的要求，分别撰写了回忆录，上报党组织。在这之后的十几年里，他们在应邀讲课和应约撰稿的过程中，不断回顾、总结、修改，并核对有关史料。2002年，他们在原各自回忆录的基础上，进行订正、增补，共同合写了约6.7万字的《我们从事地下情报工作的回顾》，作为年近九旬的两个老战士向党组织的一个总的汇报。该回忆录得到了组织的肯定。

与此同时，父母亲不顾年老体弱，应邀在国家安全机关，给年轻同志们讲述他们“丹心素裹”的往事。凡听过讲课的同志，无不时而惊讶，时而唏嘘，被他们富有传奇色彩的真实故事所打动。很多同志提出，何不写出一本书，配上老人家精心珍藏的老照片，让后人在静静的阅读过程中，感悟他们的精神、情操和人格魅力，理解中国共产党领导的隐蔽战线成功的秘籍。

2004年，我们家属邀请军旅作家李忠效和我一起，以沈安娜、华明之2002年的回忆录作为基本依据，以自述实录的形式，整理和撰写了《丹心素裹的岁月》一书。经过慎重思考，母亲对此书提出了六个字的要求："真实、准确、全面"，并经常提醒我们："要给后人留下真实的历史，一定要将口述记忆和文字史料相互印证、鉴别。"为此，我们不断根据她老人家口述的线索，一一去核对。譬如，她卧病在床时对我说：1934年冬，曾协助于熙俭先生翻译《邓肯女士自传》。李忠效立即到国家图书馆书库查找，居然找到了此书的第一版（1934年，商务印书馆发行）。她还想起，1938年春，在武汉，参加了欢迎外国学生代表团的大会，听了周恩来、王明的讲话。我在《周恩来年谱》中，证实了1938年5月25日，在武汉各界欢迎"世界学联代表团"大会，王明、周恩来确实与会致辞。诸如此类的许多细节，我们都尽可能核对史料。结果大多与母亲的回忆口述基本一致。慢慢地，我们悟出了母亲"好记性"的原因：她从年轻时就既是情报员，又是速记员，一辈子习惯了用脑、用手，记人、记事、记原话。至于那些刻骨铭心的大事、重要的话，更是一辈子不会忘的。我们为了查阅历史资料，在国家图书馆、中央党校图书馆等处，查找借阅了上个世纪民国时期，三四十年代的不少书籍、报刊。我们还去了重庆、南京、泰兴、上海、杭州，这几个父母生活、战斗过的地方，寻访旧址，实地考察和采访，掌握了一些第一手资料。

在此过程中，母亲经常嘱咐："不要把我拔高了"。曾有好心人撰文称，沈安娜是"按住蒋介石脉搏的人"。她老人家明确地说："只有党中央、中情部、南方局、周恩来能按住蒋介石的脉搏，我们个人怎么可能？"对于父母的谦虚低调，我们自始至终认真地按他们的要求去写。在2004年之后的四年里，母亲不顾高龄，夜以继日，反复审阅，并多次亲笔修改。2008年在成书之前，母亲明确表示："我们是组织的人，写的书要报党组织审核。"后经审核，得到了肯定。母亲甚感欣慰。

2013年，在父亲华明之诞辰100周年之际，我们三子女又编辑了《华明之沈安娜画传》。《画传》收录500多幅图片，其中不乏十分珍贵的老照片。此次公开出版《丹心素裹》一书，选用了《画传》中约上百幅老照片，以飨读者。

2014年，中央电视台“新影制作中心”经国家安全部批准，以《丹心素裹的岁月》一书为蓝本，拍摄六集纪录片《潜伏十四年》。该片编导沈芳及其团队，不辞辛苦，钻进档案，找到很多国民党保存下来的有关沈琬（沈安娜）的资料。其中有许多珍贵的档案。例如，在台湾的国民党“党史馆”找到了1938年6月29日，时任国民党中央委员、中央党部秘书长朱家骅等三名中央委员批准的沈琬等人“直接入党”的审批表格；还找到了1939年1月21日，刚打入国民党中央党部任机要速记员不久的沈琬，用毛笔抄写的国民党五届五中全会预备会议记录。在南京中国第二历史档案馆，找到许多由沈琬担任速记的国民党中全会、中常会会议原件，找到不少中央党部载有沈琬名字的职员名录。以上这些珍贵的文档资料，在此次公开出版中，都已收录，增加了此书的史料价值。在此，衷心感谢沈芳编导及其团队。

《丹心素裹》一书，在成书过程中，李忠效作为专业作家，擅长报告文学写作，承担了主要撰写工作。我的兄弟庆来、庆新以及亲人们也全力多方协助。许多同志和朋友如王志良等，都默默地帮助我，反复打印、审读、校对、修饰照片。他们出于对隐蔽战线老前辈的敬仰，在幕后倾力襄助。我特别要提到，国家安全部以及上海市国家安全局的领导和同志们，持续不断地对该书给予了热情的支持。还有中共党史出版社的副总编吴江同志，从2008年就提出希望公开出版《丹心素裹》一书。终于在今年，作为中共党史出版社的重点项目，公开出版了。在此，我和我的亲人及李忠效同志，对为该书出版尽责尽力的所有领导和同志们，表示诚挚的感谢和深深的敬意!

父母亲晚年时常怀念、想念一生中的许多领导、恩师和挚友。其中经常探望、念叨的就有老领导罗青长同志。我们将罗青长部长1989年关于隐蔽战线无名英雄的讲话，作为本书的“代序”。以罗部长的三子罗援将军2010年悼念沈安娜的挽联，作为这篇“后记”的结尾：

冰清玉洁独立寒秋傲霜雪　丹心素裹智闯虎穴斗敌顽

华克放

2016年5月